Oliver Ritter

Magische Männlichkeit

Mann-sein aus initiatischer Sicht

Verlag Zeitenwende

Oliver Ritter
Magische Männlichkeit
Mann-Sein aus initiatischer Sicht

Schlüterstraße 13, 01277 Dresden
www.verlag-zeitenwende.de
buecher@verlag-zeitenwende.de

Umschlaggestaltung: Verlag Zeitenwende, Oliver Ritter
Satz: Verlag Zeitenwende

ISBN 3-934291-37-6

Inhaltsverzeichnis

Das Heiligtum ist erreicht,
der Prinz steht aufrecht.
Die große Weltuhr zeigt fünf vor zwölf.
Am nachtblauen Firmament
erstrahlt der Polarstern,
ein blitzendes Feuer im Eishauch der Wüste.
Dschadaan, die getreue Stute,
hat ihren Blick in den Kreis des Herrn gesenkt,
und dieser, die Hand an der Hüfte,
durchbohrt die Schleier der Endlichkeit.
Friede der Welt
und Segen allen Geschöpfen
die auf der Reise sind.

(Mario Assan)

Vorwort

Lange haben wir gezögert, die vorliegende Schrift zu verfassen. Das Thema Mann-Frau wird heute bis zum Überdruß abgehandelt und es fällt nicht schwer zu begreifen, daß eingebrachte Nuancen keine neuen Erkenntnisse, sondern Appetithäppchen in einem gesellschaftlichen Roulette verkörpern, das kreist und kreist und vor allem den Mann immer schwächer macht. Mag er nun mit dem „Softie", dem „Macho" oder irgendwelchen Kombinationen beglückt werden, die ihn alle paar Monate neu und ultimativ herausfordern.

Zu dieser Unterhaltung möchten wir keinen Beitrag leisten. Wir wollen auch niemanden überzeugen oder bekehren, sondern jeden bei seiner Wahrheit belassen. Andererseits gibt es immer mehr Männer, die sich nicht mehr mit Halbwahrheiten und Modemaschen zufrieden geben, schweigende, ratlose, aber ernsthaft suchende Männer und damit vielleicht die Vorhut einer neuen Generation, welche die Feuertaufe des neuen Jahrtausends bestehen wird. Für sie ist das Buch geschrieben.

Wir leben in einer Zeit, die einen unbarmherzigen Krieg gegen alles Männliche führt. Der Mann hat es leider noch nicht gemerkt. In den Medien wird er als trottelhaft, eitel und dumm verspottet. In jeder modernen Frau gärt der Männerhaß. Und sie macht keinen Hehl daraus. Woher kommt dieser Haß? Die Zeitung brachte kürzlich eine interessante Notiz. Im Treppenhaus wurde ein Mann das Opfer von zwei maskierten Frauen, die Geld haben wollten. Im Portemonnaie waren fünfzig Mark. Da zogen sie ihm die Hosen herunter, kastrierten ihn und sagten: „Wer so wenig Geld hat, muß bestraft werden!"

Wir haben die Sache nicht deshalb erwähnt, weil sie so schön rabiat ist (auch Männer mißhandeln Frauen, wird man da nur erwidern können), sondern weil sie so leuchtend symbolhaft ist: Geld als „Vermögen", als „Potenz", für dessen Fehlen der Mann bestraft wird. Er hat kein Recht mehr, als Mann herumzulaufen. Dies ist ein Lehrstück gewesen! Statt „potent" zu sein, das heißt die Verantwortung für sich, die Frau, die Söhne und Töchter und schließlich die Erde zu übernehmen, ziehen die Männer es immer noch vor, Sirenenklängen zu lauschen. Nach der Frauenemanzipation müsse sich nun auch endlich der Mann emanzipieren. Er müsse seine weiblichen Anteile ausleben. Er habe das Recht dazu. – Männlichkeit als Verschlossenheit, als Dauerkrampf, als Gefühlblockierung? Das kann es doch wohl nicht sein. Aber viele glauben es wirklich und schleppen dieselbe als böses Gewissen mit sich herum. Da brauchen sie sich nicht wundern, wenn sie erleichtert werden ...

Was ist Männlichkeit wirklich? – Dieses Buch will die Antwort geben. Leider handeln die meisten unserer Zeitgenossen das Problem der Geschlechter in recht oberflächlicher Weise ab. Sie argumentieren vom anthropologischen, biologischen, soziologischen oder psychoanalytischen Standpunkt. Wenn Männern und Frauen überhaupt eine unterschiedliche Wesensart zuerkannt wird, handelt es sich meistens um „Rollen", um Eingravierungen der Erzieher auf der „tabula rasa" unbescholtener Menschlichkeit. „Typisch männlich" und „typisch weiblich" gilt denn auch meist als Schimpfwort. Moderne Frauen empfinden „weiblich" als Diskriminierung – obwohl sie peinlichst auf eine geschlechtsspezifische Rechtschreibung achten. Bleibt also wenig übrig als Druckerschwärze, die primären Geschlechtsmerkmale und allenfalls noch beim Mann atavistische Reminiszenzen an Raubtierinstinkte und Keulenmentalität. Hier dürfen denn gern auch die „Gene" herhalten: „Er kann halt nicht anders."

Es gibt aber noch einen anderen Ansatz, ein Wissen, das den Kernpunkt der Traditionen verschiedenster Völker ausmacht. In anderen Kulturen als der westlichen ist es noch heute lebendig und diese schauen in mitleidsvoller Gelassenheit auf unsere Verwirrungen. Ihr Bezugspunkt wurzelt in dem, was über den Menschen und seine Beiläufigkeiten hinausgeht, in einer übermenschlichen, kosmischen Wirklichkeit. Wir wollen ihn übernehmen, weil wir glauben, daß er der einzig verläßliche ist. Von dieser Warte erscheint das Geschlecht nicht als schmückendes Beiwerk an der allgemein menschlichen Ausstattung, es ist vielmehr eine Urkraft, die das Sein der Menschen zutiefst durchströmt und gestaltet. Es ist kein Zufall, ob wir im Körper eines Mannes oder einer Frau zur Welt kommen. Wir sind körperlich Mann oder Frau, weil wir es transzendent schon sind und das Geschlecht, weit entfernt etwas unwesentliches zu sein, weist uns den Weg, auf dem wir uns zu entwickeln haben. Dies ist freilich ein anderer Ansatz, als ihn New-Age-Apostel und Integrationsfanatiker propagieren. Die Integration sogenannter weiblicher Anteile hilft den Männern keineswegs, zu sich selbst zu finden, sie werden nur aufgeweicht. Mann muß sich ja fragen, *wohin* etwas integriert werden soll und kann, wenn keine verläßliche Basis da ist. Das Ergebnis ist allzuoft nicht die verheißene „Ganzheit", sondern ein unbestimmtes Gemengsel, das weder Fisch noch Fleisch ist.

Im übrigen wird der Mann auf dem Weg zu sich selbst auch im Eigenen überraschende Kräfte finden, die ihn harmonisieren. Er ist eben kein Gefühlskrüppel, wie ihm weisgemacht wird, er fühlt nur anders. Und wenn er seinen Weg immer leidenschaftlicher, kompromißloser geht, wird er durch die Gefühle zu jenem Licht finden, das sein Geschlecht als wahrhaft königlich auszeichnet und ihn zuinnerst mit seinem Glanze erfüllt. Dabei möchten wir ihn begleiten. Wir möchten ihn ermuntern, den „männlichen Weg" zu gehen und ihm die entscheidenden Punkte zeigen, an denen der magische „innere König" geweckt werden kann. Dabei beziehen wir uns auf die zeitlos gültigen Werte männlicher Selbstbestimmung, auf Leitbilder traditionaler Kulturen und esoterischer Lehren, die bis in die Neuzeit herrschten und die Begriffe von männlicher Tugend und Ehre prägten.

In einer Gesellschaft, aus der die Götter gewichen sind und die entstandene Leere mit billiger Schleuderware gefüllt wird, in einer Gesellschaft der Larven und Automatismen, aus der das Menschsein selber gewichen scheint, betrachten wir die in diesem Buch in übersichtlichem Rahmen vollzogenen Bergungsarbeiten als wirkliche Lebenshilfe.

Karlsruhe, im Januar 2001

1. KAPITEL

VERFALL UND URBILD

„Back to the roots" – Zurück zu den Wurzeln, lautet ein Slogan der Schwarzenbewegung in den USA. Die Schwarzen konzentrieren sich auf ihre afrikanische Abstammung, um eine eigene kulturelle Identität zu entwickeln. Überall in der Welt regen sich jetzt Bevölkerungsgruppen, die ihr Eigenrecht, ihre eigene geistige Welt fordern. Was den Basken, Iren und Georgiern nützt, kann den Männern nicht schaden. Auch die Männer sollten, um zu sich selbst zu finden, in die Vergangenheit schauen. Um Orien-tierung zu finden, aber auch, um Fehlentwicklungen zu begreifen. Denn das Heute ist Kind des Gestern und Vater des Morgen.

Zentrale Themen in diesem „Verfall und Urbild" betitelten ersten Teil des Buches sind

1. eine typisierende Gegenüberstellung von Matriarchat und Patriarchat,
2. die kulturell bedingten Ursachen der Entmännlichung,
3. die im Kosmos verankerten männlich-weiblichen Urbilder,
4. eine hierauf bezugnehmende Wesenbestimmung von Mann und Frau.

Wenngleich dieses Buch für Männer geschrieben ist und den Mann behandelt, kann das weibliche Gegenüber nicht ausgespart bleiben. Das eine Geschlecht ist dem anderen die Matrix, auf deren Grund es erst Leuchtkraft und Form gewinnt.

1. Matriarchat und Patriarchat

Auch in Büchern, die dem Manne angeblich dienen wollen, wird das Patriarchat verurteilt. Es ist zum Synonym für Ausbeutung und Unterdrükkung geworden. Bewußt oder unbewußt führt man dabei ein Zerrbild des Patriarchats vor Augen, eine Verfallserscheinung. Deshalb ist es wichtig, den wahren Geist dieser Einrichtung wenigstens kurz zu markieren und dem Matriarchat gegenüberzustellen.

Wir können nicht guten Gewissens Mann sein und gleichzeitig die kulturelle Grundlage des Mannseins infrage stellen. Solch eine Haltung ist schizophren. Das Patriarchat ist Wurzel und gleichzeitig konsequente

Folge männlichen Selbstbewußtseins. Wir sollten also wissen, wovon wir sprechen.

Ein historischer Exkurs ist auch deshalb sinnvoll, als die Mutterkultur weithin als zeitlich älter aufgefasst wird. Das Patriarchat bekommt damit, gerade aus feministischer Perspektive, den Charakter des Angemaßten und Abgeleiteten. Die Grundlage dieser gedankenlos kolportierten Anschauung ist in dem völkerkundlichen Werk J. Bachofens Ende des letzten Jahrhunderts zu sehen. Der Forscher sah in der Mutterkultur den ältesten Zustand der Menschheit, aus dem sich vaterrechtliche Kulturen vor nur etwa 5.000 Jahren entwickelt hätten. Bei allem Respekt vor der wissenschaftlichen Leistung Bachofens muß sein Konzept doch heute in einen weitergefaßten Rahmen eingefügt werden.

Um begriffliche Klarheit zu schaffen, sollen die typischen Merkmale der Mutterkultur und der Vaterkultur zunächst einmal kurz umrissen werden.

In der M u t t e r k u l t u r steht, wie schon der Name sagt, die Frau als Prinzip der Zeugung im Mittelpunkt allen Geschehens. Die höchste Wirklichkeit wird verkörpert durch eine Göttin, der gegenüber sämtliche Wesen – einschließlich Götter – als untergeordnet, hinfällig und vergänglich erscheinen. In der kretischen Kultur zum Beispiel hat Zeus keinen Vater und zur Mutter die feuchte, irdische Materie. Er ist sterblich.

Unsterblich allein ist der weibliche, ewige Nährboden allen Lebens. Der Typus der „Großen Göttin" war vor allem im asiatisch-mittelmeerischen Raum vertreten: durch Isis, Aschera, Kybele, Tamid und besonders Demeter. Die Mütter sind eng mit der Erde verknüpft, mit Wachstum, dem lebenspendenden Wasser, der Fruchtbarkeit in der Natur. Aber auch in der unterirdischen Welt regieren sie, im Verborgenen, in der Nacht, in der Finsternis. Einige Formen des Mutterkultes sind dämonisch und orgiastisch geprägt mit einer deutlichen Absetzung des Männlichen. In den Mysterien der Kybele zum Beispiel kastrierten sich Mysten, von Raserei gepackt, um an dem weiblichen Typus, der höchsten Offenbarung des Heiligen, Anteil zu haben. In den Tempeln der Artemis waren Priester vielfach Eunuchen oder dienten in Frauenkleidern.

Erhebt sich die Mutterkultur über das grob Naturhafte, wird als „gereinigte, himmlische Erde" der Mond bedeutsam. In dieser „demetrischen" Form begegnet man keuschen Jungfrauen, die ohne Gatten empfangen, den Göttinnen des geordneten Pflanzenwachstums und Ackerbaus.

In der Mutterkultur wird die Erdbestattung bevorzugt, im Gegensatz zur männlich geprägten Feuerbestattung. Das Schicksal des einzelnen ist nicht die Befreiung von der Materie, sondern die Rückkehr in die Tiefen der Erde, die Wiederauflösung in der Großen Mutter, die ihm das vergängliche Leben schenkte.

Angesichts der gleichen Herkunft aller ist das Sozialleben kommunistisch geprägt, besonders in der Frühform des Mutterkultes, in der auch das Geschlechtsleben ungeordnet verlief. Später bildeten sich Familien, die in Sippen naher Verwandter weiblicher Linie zusammenlebten. Die Männer waren häuslich, sozial und politisch untergeordnet, was etwa darin zum Ausdruck kam, daß Ehen auf Initiative der Mädchen geschlossen wurden und der junge Mann zu seiner Frau übersiedelte. Er arbeitete für seine neue mütterliche Sippe unter Leitung der Ältesten, die auch das persönliche Leben der Familienmitglieder beeinflußte. Ehen wurden verhältnismäßig unkompliziert geschlossen und konnten sowohl auf Wunsch des Mannes als auch der Frau wieder gelöst werden. In diesem Fall wurde dem Mann verständlich gemacht, daß er seine Habseligkeiten packen und sich entfernen möge.

Im Gegensatz zum Matriarchat ist das P a t r i a r c h a t durch einen Zug nach „oben", zur Transzendenz gekennzeichnet.

Nicht die Erde, sondern die Sonne als lichthaftes Prinzip der Unveränderlichkeit ist Bezugspunkt, nicht das Werden, die Kreatürlichkeit, das passive Aufgehen im „Geheimnisvollen" und „Unentrinnbaren", sondern Sein, Form und Zentralität. Die entscheidende Einrichtung ist das Königtum, in dem sich die Sonne symbolisiert. Dem König werden dieselbe „Glorie" und derselbe „Sieg" zuerkannt wie der Sonne – Zeichen der höheren Natur –, die jeden Morgen über die Finsternis triumphiert. „Als König steigt er den Thron des Horus empor, gleichzeitig mit seinem Vater Ra (der Sonne)" heißt es in einer ägyptischen Einweihungstradition. Die Macht des Königs war ursprünglich eine göttliche, womit er gleichzeitig oberster Priester, „pontifex", war, Brückenbauer zwischen dem Natürlichen und Übernatürlichen. Von ihm hingen das Wohlergehen des Reiches wie auch die sittlichen Eigenschaften des Volkes ab.

Seine polare Funktion wird besonders in der hinduistischen Vorstellung des „Cakravarti", „Dreher des Rades", deutlich. Aus seiner Mitte heraus kann der König die Kräfte und Tätigkeiten, die dem „Werden" entspringen, beherrschen und regeln. Nicht durch weltliche Eigenschaften wie Intelligenz, Mut oder Gewalt, sondern kraft seiner göttlichen Autorität. „Wer durch die himmlische Tugend herrscht, gleicht dem Polarstern. Er bleibt fest an seinem Ort, aber alle Sterne kreisen um ihn", sagt Konfuzius. Nach Laotse ist diese himmlische Kraft ein „Handeln ohne Handeln" (wei wu wei), ein Siegen ohne zu kämpfen, ein sich Gehorsam verschaffen ohne zu befehlen, ein An-sich-ziehen ohne zu rufen. Doch davon später ausführlicher. Wichtig ist, daß das Patriarchat durch die Ausrichtung auf ein Zentrum gekennzeichnet ist, das die einzelnen Teile ordnet und modelliert.

Gesellschaftlich folgt daraus eine hierarchische Gliederung, wie sie am reinsten im indischen Kastenwesen begegnet. Könige, Priester und Krieger bilden die Oberschicht, es folgen die Bürger, darunter die Knechte und Arbeiter. Moderne Menschen empfinden das Kastenwesen als ungerecht, da sie in seiner Abgeschlossenheit die persönliche Freiheit behindert sehen. Die traditionale Sichtweise ist grundsätzlich anders. Freiheit besteht nicht in „Abschweifung", in frei sein „von etwas", sondern gerade in frei sein „zu etwas", nämlich zur Wurzel des eigenen Seins. Das Kastenwesen verhalf dem einzelnen, seine Eigennatur (dharma) zu erkennen und zu verwirklichen. Es wurde deshalb nicht repressiv erlebt, man fügte sich ein wie in eine naturgegebene Ordnung (bekanntlich verfügte Indien nie über wirtschaftliche und politische Druckmittel, sein System zu behaupten). Man kann auch nicht sagen, daß ein Ding oder Amt an sich höher oder niedriger als ein anderes betrachtet wurde. Entscheidend war vielmehr die Fähigkeit, jede Tat um ihrer selbst willen, in der Hingabe an ein Ideal zu verrichten. Niemand, auch nicht der Knecht, fühlte sich durch die Zugehörigkeit zu seiner Kaste gedemütigt, denn jede Verrichtung, auch die geringste, hatte ihre Entsprechung auf einer anderen Ebene und ermöglichte dadurch Teilhabe. Die Betätigungen untergeordneter Art wurden als Symbol der übergeordneten aufgefaßt und verwirklichten diese in einer spezifischen Form. Für die Kriegerkaste zum Beispiel konnte der äußere Krieg zum Symbol für einen höheren, geistigen „Krieg" werden und den Weg dorthin weisen. Jede Laienwissenschaft entsprach einer heiligen Wissenschaft. Auch die Künste und Handwerke (Musik, Tanz, Theater, Maurerkunst) spiegelten je transzendente Möglichkeiten und Bedeutungen. So konnte jede Funktion und Tätigkeit zum Ausgangspunkt für einen je andersgearteten Aufstieg werden. Robert Bly (*Eisenhans*) hat das Prinzip sehr gut begriffen, wenn er schreibt: „Das echte Patriarchat holt durch den Heiligen König die Sonne herab in jeden Mann und jede Frau der Gesellschaft."

Auch wo die Kaste weniger deutlich hervortrat als im arischen Indien, gab es ähnliche Einrichtungen. Erwähnt seien die mittelalterlichen Gilden und Zünfte. Auch hier wurden die Mitglieder über die gemeinsame Kunstfertigkeit hinaus durch ein ethisch-religiöses Band zusammengehalten. Die Gilden hatten ihre besondere Einweihung, ihren Schutzheiligen, ihren Hausaltar. Ehre, Sauberkeit und Unpersönlichkeit in der Arbeit standen im Vordergrund (entsprechend dem Treueprinzip der Kasten).

Natürlich hatten in dieser Ordnung auch Männer und Frauen ihren je eigenen Bereich. Die Frau war dem Manne untergeordnet in dem Sinne, daß er ihr als Bezugspunkt diente. Als Ehefrau war sie – einem rauhen Ausdruck der Römer gemäß – „In manum viri", in der Hand des Mannes. Ein anderer Bezugspunkt waren die Kinder. Die Frau verwirklichte sich also als Gattin und Mutter. Für den Mann gab es andere Seinsweisen, zum Beispiel als Krieger oder Asket, in denen er sich seinerseits einem übergeordneten Prinzip unterwarf.

Hier muß noch die Bedeutung der männlichen Initiation erwähnt werden. Es herrschte die Auffassung, daß ein Junge nur durch das aktive Eingreifen älterer Männer zum Mann werde. Nahte die Pubertät, wurde er aus dem Bannkreis der Mütter „gewaltsam entführt". Man legte ihm manchmal Frauenkleider an, um seinen unvollkommenen Status symbolhaft hervorzuheben. Durch besondere Techniken wurde dann ein als Todeserlebnis wahrgenommener „Niveaubruch" herbeigeführt, der die

Qualität einer zweiten Geburt hatte. Die Folge war eine Umwandlung des gesamten Wesens, durch die er innerlich wie äußerlich an der Männerwelt Anteil bekam.

Wenn vieles in dieser knappen und unvollständigen Skizze auch fremdartig anmutet, dürfte doch deutlich geworden sein, daß das Patriarchat in seinem Sinngehalt ein System bildet, in dem sich die Einzelteile durch Treue zur eigenen Form, aber auch durch Bezogenheit auf ein Höheres auszeichnen. Hierarchie und Differenzierung sind also ein herausragendes Merkmal des Patriarchats. Ihr tieferer Sinn ist eine Art Stufenfolge geistiger Teilhaftigkeiten, in der sich letztlich der Sieg des Kosmos (= Schmuck, Ordnung) über das Chaos spiegelt. Wenngleich es natürlich völlig utopisch ist, in absehbarer Zeit mit einer Wiedergeburt dieser Ordnung zu rechnen, werden Männer auf ihrem Weg doch von ihr berührt werden ...

2. Das Patriarchat so alt wie die Menschheit?

Die ältesten Spuren patriarchaler Kultur auf geschichtlichem Boden reichen bis in die ältere Steinzeit zurück, dürften also rund 17.000 Jahre alt sein. Aus dieser Zeit datieren die Felsmalereien in den Höhlen Südfrankreichs, die unerhört lebendigen Darstellungen von Bison, Antilope und Mammut. Die Forscher sind sich fast ausnahmslos einig, daß diese Höhlen nicht dem Jagdzauber oder Wohnen dienten, sondern Kultstätten waren, in denen Jünglinge in die Welt der männlichen Spiritualität eingeweiht wurden. In der Grotte von Lascaux erblickt man zwischen Bison und Eberschwein die Gestalt eines scheinbarer in Todenstarre liegenden Mannes. Sein Vogelkopf wie die ihn umgebenden Runen weisen darauf hin, daß er mit dem Sonnengott identifiziert wird und in Trance in geistig-kosmische Sphären aufsteigt.

Der gesamte Symbolkreis der älteren wie auch der jüngeren Steinzeit deutet auf eine einheitliche Gottes-Sonnen-Religion. Auf deutschem Boden stellen die Externsteine im Teutoburger Wald die älteste steinzeitliche Mysterienstätte dar. In Nordfrankreich und England sind viele megalithische Kultstätten erhalten, die bedeutsamste ist der Sonnentempel von Stonehenge, erbaut etwa um 2.000 vor Chr. Alle diese Anlagen bargen Kulträume für die Feiern der Sonnenwenden und waren mathematisch genau konstruiert und ausgerichtet.

Die Jahresabschnitte der Sonnenbahn waren für den Steinzeitmenschen verschiedene Offenbarungsstufen der geistigen und göttlichen Schöpfersonne. Diese waren klar unterschieden von der physischen Sonne. Die Schöpfersonne, Gott selber, war unvorstellbar und unerfaßbar, er konnte nur mit bildhaften Mitteln, in heiligen Zeichen, symbolhaft dargestellt werden. Hierbei sind die Symbole bedeutsam, welche die Unveränderlichkeit des Prinzips betonen, die Beständigkeit Gottes jenseits des irdischen Wandels von Aufstieg und Abstieg, Tod und Wiedergeburt, der in verschiedenen Runen verkörpert wurde. Das ist zum einen das in der Steinzeit allgemein verbreitete Symbol des Kreises mit dem Punkt in der Mitte, das manchmal auf den Menhiren und Dolmen riesenhaft dargestellt ist, zum anderen die Swastika und andere Variationen des Sonnenrades. Sie sind Ausdruck der Kreisbewegung um ein feststehendes, unverrückbares Zentrum.

Bemerkenswert ist nun, daß nicht nur in Nordeuropa, sondern auch in Nord- und Südamerika, in Afrika und in Asien bereits in der Steinzeit die Hieroglyphik und Kultsymbolik der Lichtreligion begegnen. Die übereinstimmende Struktur läßt den Schluß zu, daß diese Kulturen auf einen gemeinsamen Ursprung zurückgehen, auf eine vorgeschichtliche, längst verschollene Hochkultur. Die Träger dieser urzeitlichen Kultur kamen aller Wahrscheinlichkeit nach von dem untergegangenen Erdteil Atlantis. Anthropologisch gesehen wäre das der Cromagnon-Mensch, der gegen Ende der Eiszeit im westlichen Teil Europas auftauchte und sowohl kulturell wie als biologischer Typus dem eingeborenen Eiszeitmenschen weit überlegen war.

Die Mythen der Völker, in denen sich die historische Erinnerung bewahrte, geben zahlreiche Hinweise auf einen „westlichen Garten" jenseits der „Wasser des Todes", mit dem sich die Sehnsucht nach dem verlorenen Paradies verband. Die Erinnerung einer Katastrophe, die den Zyklus einer vorhergehenden Menschheit beendete, kleidete sich am häufigsten in den Mythos der Sintflut. Wir finden ihn von den Iranern bis zu den amerikanischen Urvölkern, von den Griechen bis zu den Hindus, von den Völkern der atlantischen Afrikaküste bis zu den Kelten und Skandinaviern. Plato und Diodor berichten vom Ende des atlantischen Erdteils als einer historischen Tatsache.

Aber selbst die Kultur der Atlanter könnte bloß Widerhall einer noch gewaltigeren Kultur sein, die alle Züge der „geistigen Männlichkeit" trägt. Die klassische Mythologie spielt beziehungsreich auf eine nordisch-hyperboräische Urheimat an, die in der Nähe des Nordpols gelegen durch Übereisung vernichtet wurde. Wir können das interessante Thema nicht weiter ausspinnen, der Interessierte sei vor allem auf die Studien des italienischen Kulturforschers Julius Evola verwiesen, besonders sein Hauptwerk *Revolte gegen die moderne Welt*.

Immerhin dürfte bei aller Kürze deutlich geworden sein, daß die Kultur des Patriarchats, die immer „sonnenhaft" ist, Gotteskönigtum, Hierarchie und männliche Einweihung kennt, bis in fernste, wahrscheinlich prähistorische Zeiten zurückreicht. Auch das Matriarchat reicht in uralte Zeiten zurück, denn die Ausbreitung der „Söhne des Lichts" nach Amerika, Afrika und Asien ist von der Erinnerung an Kämpfe mit erdhaften, „dunklen" Völkern begleitet, die mehr oder weniger unterworfen wurden. Schlechterdings unüberschaubar sind die Vermischungsgrade, die gegenseitigen Beeinflussungen, die im Vorherrschen oder Zurückweichen der einen oder anderen Kultur zustandekamen. So kann in einer matriarchalen Epoche das Sonnenprinzip zwar erhalten bleiben, taucht aber plötzlich als Kind im Schoße der großen Mutter auf, womit es natürlich entwertet ist. Nur eine sehr oberflächliche Betrachtungsweise wird solche Erscheinungen als Entwicklung interpretieren. Im Hintergrund bleibt der fundamentale Gegensatz zweier Kulturen, die sich begegnen und Verbindungen eingehen können, im Grunde aber fremd gegenüberstehen. Beide sind wahrscheinlich so alt wie die Menschheit, wie die Geschlechter von Mann und Frau.

3. Ursachen der Entmännlichung in der Industriegesellschaft

Ist die heutige westliche Industriegesellschaft matriarchalisch oder patriarchalisch? – Zumeist wird ihr patriarchaler Charakter hervorgehoben, mit der Begründung, daß Männer alle entscheidenden Einrichtungen wie Handel, Verwaltung, Armee, Kunst, Wissenschaft, Technik usw. geschaffen hätten.

Besonders die rasant um sich greifende Technisierung wird in ihren gefühllos-mechanistischen Abläufen als männlich, ja hypermännlich gewertet. Andere meinen, daß gerade die Perfektionierung der Technik, die Aufhebung von Initiative und Wagemut zugunsten umfassender Sicherheit, Obhut und sozialer Versorgung ein extrem mütterliches Klima geschaffen habe. Auch daß immer mehr Frauen in bisher unangefochten männliche Positionen aufsteigen, wird als „Wende“ und „Sturz“ des Patriarchats deklariert. Wieder zeigt sich die Notwendigkeit, die Begriffe zu klären. Spricht man von Machtverteilung und Quotenregelung oder geht es um eine bestimmte Struktur?

Legt man die traditional ausgewiesenen Merkmale zugrunde, wird man an unserer Gesellschaft ebensowenig matriarchale wie patriarchale Züge entdecken können. Was auffällt ist ihre hermetische Abschließung gegen jede Art „höherer Wirklichkeit“ und geistige Autorität, die gerade die formtreibende Kraft des Patriarchats ausmachte. Andererseits kann man in der programma-tischen Nivellierung und Ausrichtung auf den kleinsten gemeinsamen Nenner ebensowenig das Ideal einer besonders erdnahen Lebensweise erblicken, eher die ausbeuterischen Interessen einer globalen Profitmaximierung. Bleibt man nicht auf der Ebene bloßer Allegorien, Proporzhanseleien oder parteilicher Zuweisungen (männlich = ausbeuterisch), muß tatsächlich gesagt werden, daß unsere „Kultur“ in bemerkenswerter Weise jenseits von männlich und weiblich steht.

Diese historisch wohl einmalige Situation spiegelt sich konsequenterweise in der Verwirrung in der Geschlechterfrage. Was bedeutet es heute, ein Mann, eine Frau zu sein? Was ist männlich, was weiblich (wenn nicht gerade eine Beschimpfung)? Nichts zwischen Mann und Frau ist mehr selbstverständlich. Die Frauen entwickeln immer mehr „männliche“ Eigenschaften, die Männer immer mehr „weibliche". Die Frauen scheinen die neuen Spielräume zu genießen und als Feld der Selbstverwirklichung zu betrachten. Ihr Auftreten ist energisch und ungezwungen, manchmal sogar militant. Ob die Vermännlichung ihnen wirklich gut tut, ist eine andere Frage. Die Warteräume der Therapeuten sind gerade von weiblicher Klientel überschwemmt. Zerrüttung und „burning-out" sind nicht mehr nur männliche Attribute.

Trotzdem wirken eher die Männer als Leidtragende der sozialen Umwälzung. Wohl nicht nur, weil sie verlorenen Privilegien nachtrauern, durch die sie die Frau „unterdrücken" konnten, sondern im Kern eigentlich deshalb, weil sie im Gegensatz zu den Frauen kein Ideal haben, dem sie nachstreben, das sie verteidigen können, und sei es auch noch brüchig und pervertiert. Frauen und Männer haben ihre Identität verloren. Aber die Frauen bilden sich wenigstens ein, sie hätten eine. Das macht den Unterschied.

Wer in den Spiegel schaut und sein Selbstbild als Trümmerfeld wiederfindet, der leidet. Er leidet noch mehr, wenn ihm nicht nur sein Bild, sondern auch die Erinnerung an das Bild verlorengegangen ist. Sein Leiden ist zwar nicht so akut, aber bohrender, quälender. Dumpf, in vergeblichen Bergungsversuchen, trägt er die Last des Versunkenen durch sein öde gewordenes Dasein. Da er sich nicht so genau erinnert, was und wo er es verloren hat (und seine Umwelt tut alles Erdenkliche um ihn abzulenken), wird er anfällig für herbeieilende Schlepper und Nepper. Aus dem Trüben wird dann so manches hervorgefischt. Die Selbstbilder, die dem Mann heute angeboten bzw. zugemutet werden, zeichnen sich praktisch alle durch eine zutiefst unorganische Seinsweise aus. Es sind Abziehbilder, gültig für eine Saison, dann kommt wieder etwas Neues. Wer in der Zeit des „faceliftings" auch eine künstliche Seele verpaßt haben will, soll seine Haut dafür herhalten. Bestimmt ist er „up to date" und jeder bekommt ohnehin, was ihm zusteht. Die hybriden Geburten, gespeist aus Modegags und feministischen Forderungen, können eines jedenfalls nicht: ein authentisches Bild von Männlichkeit übermitteln, das Bild einer leuchtenden, kraftvollen Energie, die alle großen Kulturen gekannt und bewundert haben. Männliches Charisma – wo ist es heute noch vertreten? Weder in den Familien, in denen der Platz des Vaters durch ein geducktes, zeitungsraschelndes Etwas ersetzt ist, noch in der Öffentlichkeit, am wenigsten in der großen Politik, wo es am nötigsten wäre. Die letzten europäischen Charismatiker waren vielleicht Johannes XXIII. und De Gaulle. Was folgte, sind armselige Funktionäre und Clowns gewesen. Wir leben in einer vaterlosen Gesellschaft. Der Platz des Mannes ist leer. Die sozialen Experimente sind nicht nur Ausdruck des männlichen Vakuums, sie beschwören es geradezu. Wir müssen uns fragen, wie es zu dieser erschreckenden Leere gekommen ist.

Es wurde erkannt, daß vor allem die Industrialisierung zum Totengräber authentischer Männlichkeit wurde. Jahrtausende konnte der Mann durch seine Arbeit wesentliche Aspekte seiner Natur verwirklichen. Wir brauchen da gar nicht zum vielzitierten Keulenschwinger herabzusteigen, der Frau und Kinder gegen Tiger und Löwen verteidigen mußte, auch der Landmann auf seiner Scholle wurde als ganzer Mann gefordert, auch der Handwerker, auch der Künstler. Jeder Beruf der vorindustriellen Ära nahm den Ausübenden in ein ganzheitliches Erleben hinein. Wetter und Jahreszeit waren für Aussaat und Ernte wichtig, der Tischler prüfte sein Holz, haute es vielleicht selbst, Jagd und Fischfang standen unter subtilen Voraussetzungen. Eingebunden in einen natürlichen Horizont, der Respekt und Verantwortung abverlangte, schaffte der Mann sein Werk, das dennoch ein höchst persönliches war. Er begleitete es von Anfang an, formte und prägte es durch Talent und Gestaltungswillen. Wenn es seine Hände verließ, war es ein Stück von ihm, eine Schöpfung, die lebte, auf die er stolz war. Auf manchen alten Fotos gereifter Männer – und Frauen – erkennt man noch diesen Glanz der Zufriedenheit, die eingefahrene Ernte eines harten, aber erfüllten Lebens.

Damit machte die Industrialisierung ein Ende. Wie bekannt, wurden die Männer durch List oder Gewalt aus ihren heimischen Schaffensräumen hervorgeholt und den Fabriken als nackte Arbeitskräfte zum Fraß vorgeworfen. Fortan gestalteten sie nicht mehr, sie wurden gestaltet. Und zwar durch den Treibhammer. Durch mechanische Handgriffe wirkten sie an Produkten mit, die sie nicht überblicken konnten, die ihnen gleichgültig waren. Sie degradierten zu stumpfen Anhängseln und Maschinen. Diese wahrhaftige Versklavung, die das Arbeitsleben bis heute in immer perfekterer Weise bestimmt, begründete eine in ihren Ausmaßen noch kaum zu erfassende Tragödie. Männliche Arbeit, egal in welchem Bereich, ist immer abhängiger, immer fremdbestimmter geworden, seit einigen Jahrzehnten auch immer passiver, so daß sie oft nur noch „abgehockt" wird. Millionen Männer in aller Welt zwingen sich Tag für Tag zu stupiden Verrichtungen, die keinerlei Raum für persönliche Fähigkeiten, Talente und Ausdruckbedürfnis bieten. Ihre einzige Motivation ist Pflichterfüllung und das ist recht wenig, wenn man bedenkt, daß die Arbeit rein zeitlich den Schwerpunkt des Lebens ausmacht. Das heroische Ideal durchzuhalten, ein reibungslos funktionierendes Rädchen zu sein, kann der Sinnleere, der notwendig auftauchenden Enttäuschung und Frustration kaum einen adäquaten Ersatz bieten. Dennoch leiden die meisten lohnabhängigen Männer stumm und standhaft, und wenn sie ihre Arbeit verlieren, leiden sie noch mehr, da die letzte Identifikationsbasis abhanden gekommen ist.

Leidende Männer, die sich kaum noch verwirklichen können, haben katastrophale Folgen. Zunächst einmal für die Familie. Die Industrialisierung hat es fertiggebracht, daß der Platz des Mannes in der Familie praktisch getilgt wurde. Seine Arbeit wurde aus der Privatheit in eine anonyme Öffentlichkeit verlegt. Sie führt ihn morgens aus dem Haus, um ihn abends zurückzuspeien, damit er notdürftig Kraft schöpfe. Aber ein Mann, der Jahre oder Jahrzehnte zu entfremdeter Arbeit gezwungen wird, kehrt nicht wirklich zurück. Es ist ein entleerter, von der Arbeitswelt aufgesaugter Mann, der zurückkehrt, ein schweigender, verdunkelter, in sich verschlossener Mann, der gerade noch motiviert ist, den Fernseher anzuschalten. Die Industrialisierung hat den Mann nicht nur äußerlich, sondern auch innerlich aus der Familie entfernt. Er ist abwesend, auch wenn er äußerlich anwesend ist.

Es wurde erkannt, daß vor allem die Söhne durch diese Abwesenheit aufs Tiefste geschädigt werden. Wenn sie den Vater nur abends ein bis zwei Stunden erleben, dazu noch gereizt, mißmutig oder einfach nur abgekämpft, wenn sie nicht wissen, was er den ganzen Tag treibt, weil er über seine lästige oder abstrakte Tätigkeit kaum etwas sagen mag, dann wird der Vater zu einer schemenhaften Figur, zu einem Mann ohne Eigenschaften. Der unbegreifliche Nebel, der den Vater umgibt, bietet Raum für Gespenster, sät Keime des Mißtrauens und der Entfremdung. Auf jeden Fall wird er zur Randfigur, von der man nichts besonderes erwarten kann. Ein Vater, der in der Familie keinen Raum einnimmt, der alle wichtigen Entscheidungen, vor allem in der Erziehung, der Frau überläßt, schadet natürlich auch den Töchtern. Sie werden kaum das nötige Vertrauen für einen späteren Partner aufbringen können, die Wut vieler Frauen gegen das Patriarchat resultiert aus der Enttäuschung über die fehlende Stärke des eigenen Vaters. Die Söhne aber sind in ihrer eigenen Existenz betroffen. Sie blicken fragend auf ihre Väter, um nur ein winziges Zeichen zu finden, nach dem sie sich ausrichten können. Das Bedürfnis nach Vater, einer Substanz, die so kostbar wie Salz ist, ist ungeheuer. Die Jungen beten, auch wenn sie es niemals zugeben würden, nur dieses eine Gebet: „Vater unser, der du bist..." oder „Vater, dein Wille geschehe". Es kommt kein Zeichen. Die Suche nach der eigenen Identität greift ins Leere.

Die älteren Kulturen hatten die Überzeugung, daß ein Junge nur durch das aktive Eingreifen erwachsener Männer zum Mann werden könne. Die Initiation während der Pubertät war eine Offenbarung des Heiligen. Heute reicht die Kraft der Männer nicht einmal für die weltliche Orientierung. Die Männer, an die man sich anlehnen kann, denen man bei der Arbeit zuschauen kann und die den Jungen die Schüchternheit vor den Frauen nehmen, gibt es nicht mehr. Jedenfalls nicht in der westlichen Welt.

Was wird aus Jungen, die keine männlichen Leitbilder haben? – Gar nichts, sie sind zu ewiger Jugend verurteilt. Seit etwa 40 Jahren hat unsere „Kultur" eine Form entwickelt – in Sprache, Mode, Musik, Verhaltensweisen – die diesen unnatürlichen Status widerspiegelt, ihn sogar noch glorifiziert und Kapital daraus schlägt. Der Markt liegt der jungen Generation zu Füßen, und auch wer eigentlich nicht mehr jung ist, muß dem Jugendwahn huldigen, wenn er nicht retttungslos „out" sein will. Für ältere Menschen gibt es kein besseres Mittel, um akzeptiert zu werden, als schrille Klamotten zu tragen, auf Skatern zu rollen, ein Studium anzufangen oder wengistens fleißig die Zeitung zu lesen. So lange wie möglich müssen sie „mithalten", der Unrast der Zeit hinterherjagen. Das mag vordergründig recht „peppig" wirken, offenbart aber letztlich die Not ihres

Unerfülltseins. Durch alle Generationen geht heute das Lebensgefühl, daß das „Eigentliche" noch kommen werde, daß bis dato noch nicht viel gewesen ist. Diese Einstellung hält eine gewisse Spannung aufrecht, die allerdings jäh auch umkippen kann in Resignation und Verzweiflung bis hin zum Selbstmord.

Man kann heute nicht mehr in Ehren alt werden, schon deshalb nicht, weil einen sonst leicht der Bannfluch der kollektiven Verdrängung trifft. Wer altert wird abgeschoben und stirbt, weil er nicht mehr beachtet wird. Er stirbt nicht aus Altersgründen, er stirbt, weil er vernachläßigt wird. Man vergleiche hierzu die Kulturen des Ostens, in denen die Alten oft Positionen der Reife besetzen, denen Verehrung zuteil wird. Die biblische Wendung „Er starb alt und lebenssatt" dürfte bei uns auf die wenigsten Menschen zutreffen, auch wenn von den Jahren her immer älter, das heißt immer schwerer gestorben wird.

Wie verschroben der allenthalben grassierende Jugendwahn ist, zeigt sich schon daran, daß die Jugend – psychosomatisch gesehen – einen Übergangszustand darstellt, nämlich die Schwelle zwischen der Kindheit und dem Erwachsenenalter. Nehmen wir die Jugend im engeren Sinne, als Pubertät, ist sie eigentlich gar kein Zustand, sondern ein „Mißstand", ein Ungleichgewicht im Kräftehaushalt, eine Gefühlsverwirrung, die durch das Herannahen eines Neuen entsteht. Die traditionalen Kulturen begriffen die Qual dieses Umbruchs (auch seine herausfordernden Töne) und sorgten durch eine Vielzahl von ausgefeilten, einfallsreichen und schokkierenden Maßnahmen für seine Beendigung im Sinne einer stabilen Lösung. Damit befriedigten sie ein reales Bedürfnis, denn Pubertät ist ja eben dies: Bedürftigkeit und der (oft zornige) Ruf nach Führung. Da Jugend nicht als eigenständige Lebensphase gewertet oder gar hochgespielt wurde, war sie entsprechend kurz. Bei den Stammesvölkern konnten die jungen Männer normalerweise mit fünfzehn Jahren ihren Platz als vollwertige Erwachsene einnehmen. Noch mein Großvater berichtete, daß er zwei Tage vor seiner Konfirmation beim Rauchen erwischt wurde und dafür Prügel bekam. Am Abend des Konfirmationstages hielt ihm sein Vater Zigarren hin: „Nimm, jetzt bist du ein Mann!"

Vor diesem Hintergrund muß man sich einmal klar machen, was es bedeutet, wenn sich eine Epoche zur Phase des pubertären Umbruchs nicht nur hilflos verhält, sondern sie auch noch bewußt verlängert, zur Norm erhebt und damit auf Jahre und Jahrzehnte einzementiert. Die Orientierungslosigkeit wird zum Programm erhoben. Generationen werden um ihre Zukunft, um menschliche Reife betrogen. Unsere Gesellschaft ist nicht nur unfähig, Männer hervorzubringen, sie scheint auch mit allen Mitteln Männer verhindern zu wollen. Die politische Motivation ist einleuchtend: Ein korruptes Konsumsystem wie das unsere kann eigentlich nur funktionieren, wenn ein unmündiges, süchtiges, leicht dirigierbares Menschenmaterial zugrundeliegt. Daß sich einige der Verwertung entziehen, indem sie der Sekten-, Drogen- oder kriminellen Szene verfallen, wird leicht verschmerzt. Das Unbehagen der großen Mehrheit kann durch den Konsumzwang gestillt werden, die existentielle Leere speziell durch den leicht verdaulichen Brei der Idole von Pop-, Film- und Medienwelten. Aber ganz darf sie eben doch nicht behoben werden ...

Bevor man auf die Idee kam, die Wunde der blutenden Männlichkeit künstlich offenzuhalten, wurde sie anders behandelt, durch Verdrängung und Kompensation nämlich, was keineswegs opti-mal, aber psychologisch gesehen ein naheliegender Ausweg war. Das männliche Härtebild, der „Macher", der „Sieger", der „Ledernacken", war seit der Industrialisierung bis Ende des 2. Weltkrieges das Gütesiegel dressierten Mannseins. Bis heute wirkt es unheilvoll nach und ist Teil der Misere. Es schmilzt zwar dahin, aber wenn es nicht gänzlich abgeräumt und durchschaut wird, versperrt es den Weg zur Selbstfindung. Wir müssen auch deshalb auf diese Entartung zu sprechen kommen, weil sie bei vielen Frauen und Männern mit Männlichkeit überhaupt identisch zu sein scheint, die dann natürlich in Grund und Boden verdammt und durch hausgebackene Gegenentwürfe ersetzt werden soll.

4. Gepanzerte Männlichkeit

Die Industrialisierung hatte den Mann um sich selbst betrogen. Sterilität statt Abenteuer, Gehorsam statt Verantwortung, Fließband statt Kreativität. Wäre er ehrlich gewesen, hätte er seine Ohnmacht und Schwäche zugeben müssen. Aber er war eben nur ein Mann, kein Engel. Und er wollte wahrscheinlich nicht völlig zusammenbrechen, schon mit Rücksicht auf Frau und Kinder. So biß der entthronte Mann die Zähne zusammen und suchte in den Trümmern seiner Autonomie nach Stützpunkten. Seine Kinder und Enkel bauten daraus eine Festung. Die Festung des gepanzerten Mannes.

Eine Festung hat ihrer Funktion gemäß etwas Steifes, Beharrendes, Unlebendiges. In dem Maße, da die Bedingungen für erfülltes Mann-Sein dahinschwanden, sah sich die männliche Welt des Westens gezwungen, den Mann vor sich herzutragen, ihn kämpferisch hochzuhalten – oder das, was man dafür hielt. Man kann sagen, daß der Mann in den letzten dreihundert Jahren nur noch gespielt wurde. Aber nicht spielerisch, sondern zäh und verbissen. Heraus kam eine Karikatur. Irgendwie wußte man noch, daß Mann-Sein etwas mit Kraft und Stärke zu tun hat. Aber die Spielarten und Schattierungen männlicher Kraft, ihr wendiges Vor- und Zurückweichen, zum Beispiel im Körper des Jägers, des Degenfechters, ihre schöpferische Dynamik im Künstler, ihre Heiterkeit in der Werbung des Liebhabers, ihr Leuchten im Antlitz des Fürsten, ihr Donnern im Ruf des Heerführers, ihre eigentliche Substanz also war nicht mehr erfahrbar. Erfahrbar war die Kraft der Maschinen, ihre mechanische Unentwegtheit. Und die nahm der Mann sich als Vorbild. Um seine Männlichkeit zu behaupten, verinnerlichte er also jenes Prinzip, das gerade die Schwächung derselben herbeiführte. Der Begriff von Männlichkeit verengte sich im Maschinenzeitalter auf Leistung und Durchhalten. Und zwar nicht im Dienst einer übergeordneten Aufgabe oder auch nur persönlicher Zielsetzung, sondern in restloser Unterwerfung an anonyme Machtstrukturen – früh zur Arbeit gehen, brav schuften, der Ernährer von Frau und Kindern sein. Generationen von Jungen wurden nach diesem mörderischen Prinzip erzogen und in ihrer Entfaltung erstickt. Bis heute sind

Arbeit und Männlichkeit geradezu austauschbare Begriffe. Der Mann definiert sich über seinen (fremdbestimmten) Beruf und bricht zusammen, wenn ihm gekündigt wird. Daß diese Art Selbstbestimmung, die Männer wie Frauen fraglos vorausgesetzt haben (und es immer noch tun), ein höchst ungewöhnliches Bild von Männlichkeit abgibt, zeigt, nebenbei bemerkt, der Vergleich mit den patriarchalen Kulturen des Altertums. Die Arbeit in ihrem rein materiellen Aspekt als dumpfe Notwendigkeit wurde verachtet und von den Sklaven erledigt. Auch die orientalischen Männer, die bekanntlich sehr patriarchalisch denken, meiden bis heute die fieberhafte Geschäftigkeit zugunsten des „süßen Nichtstuns".

Das Härtebild der veräußerlichten, roboterhaften Männlichkeit verlangte die Unterdrückung emotionaler Regungen, insbesondere von Gefühlen wie Schwäche, Schmerz oder Traurigkeit. Anders hätte der Mann den eingeschlagenen Weg der Dürre nicht durchhalten können. „Haltung bewahren", hieß das Motto. Der Sport als Körperstählung, der Wettkampf, der Drill der Kaserne halfen dabei und boten einen äußerlichen Ersatz für fehlende initiatorische Einweihung. Auch die Mode lieferte ihren Beitrag. Es ist interessant zu beobachten, wie sie von ursprünglich weiter Behaglichkeit und Gebauschtheit, die bis zum Rokoko reichte, im bürgerlich-industriellen Zeitalter einem Zwangskorsett immer ähnlicher wird. Sie bringt den Mann in eine bestimmte Form und stranguliert ihn an den entscheidenden Stellen: der Unterleib wird durch Gürtel oder den Schnitt auf Taille zusammengeschnürt, der Hals durch steife, röhrenförmige Kragen oder später den Schlips. Der energetische Austausch zwischen oben und unten ist damit gleich doppelt blockiert. Zum einen wird der Unterleib, Sitz der Lebensfreude und vegetativen Lebendigkeit, nach innen gezogen, der Brustraum, Sitz der Willens- und Ich-Kräfte, herausgepresst. Die starre, hochgehaltene Brusteinrichtung, oft noch durch Bodybuilding traktiert, verhilft dem gestreßten, frustrierten Mann, sein Gleichgewicht zu bewahren. Sie stärkt seinen harten Willen, die Kraft zum Zupacken und eisernen Festhalten. Gleichzeitig verbannt sie Ängste und Unsicherheit in bewußtlose Tiefen. Jeder weiß, daß er in gespannten Situationen den Atem anhält, um „gefaßt" zu sein. Wird der Atem gewohnheitsmäßig im Brustbereich hochgezogen und niedergestoßen, können die Emotionen auf Dauer beherrscht werden. In der westlichen Welt ist die „Kolbenatmung“ (nicht nur beim Mann) beinahe selbstverständlich geworden; sie gibt den Ausübenden ein Gefühl von Kraft und täuscht über fehlende Standhaftigkeit hinweg. Stranguliert nun zusätzlich die Krawatte oder ein steifer Kragen, wird der Schwerpunkt noch weiter noch oben verlagert. Man lebt praktisch nur noch im Kopf (der als angeschwollenes Körperteil spürbar wird), die intellektuelle Persönlichkeit hält sich vom restlichen Organismus getrennt. Der Preis dieser Art von Selbstbeherrschung ist hoch. Sie wird erkauft durch die Einbuße an natürlichen Lebenskräften, durch immer stärkere Entwurzelung, die zu weiteren Verkrampfungen führt. Das gepanzerte Individuum versucht, seine Haltlosigkeit durch unechtes, angeberisches Verhalten wettzumachen. Hinter dem Popanz der falschen Würde steigt freilich die Empfindlichkeit. Welch krankhafte Auswüchse zeitigte der in Offizierskreisen des letzten Jahrhunderts vertretene Ehrenkodex. Ein Blick, ein mißverständliches Wort genügte für ein Duell. Heute zeigen vor allem die Intellektuellen mimosenhaftes Verhalten.

Das mangelnde Selbstwertgefühl treibt zu immer stärkerer Orientierung an äußeren Erfolgszielen und Machtstrukturen. Der gepanzerte Mann degradiert zur Empfangsstation äußerer Signale, die er aufnimmt, denen er nachlebt. Je mehr er an Anerkennung und Macht gewinnt, desto weiter verschwindet seine Substanz. Therapiestunden machen deutlich, daß gerade „erfolgreiche“ Männer sich ihrer Männlichkeit am wenigsten sicher sind. Sie brechen ein wie ein leeres Gehäuse.

Die Frauen haben für das Unechte und Zwanghafte im Verhalten gepanzerter Männer ein sicheres Gespür. Zu Beginn des Jahrhunderts kämpften die englischen Suffragetten gegen die Männer um gleiche Rechte mit brutalen und provozierenden Mitteln, die auch Erfolg hatten. Die Frauen hätten sich niemals emanzipieren wollen, wenn die Männer authentisch gewesen wären. Aber sie waren nicht mehr authentisch. Sie waren zu standardisierten Typen verkommen, zu Hampelmännern der industriellen Leistungsgesellschaft. In einer solchen Gesellschaft konnte natürlich von einem Vorrecht der Männer nicht mehr die Rede sein und den Frauen fiel es nicht schwer zu beweisen, daß auch sie die geistigen und körperlichen

Fähigkeiten besaßen, die im anderen Geschlecht vorhanden waren und die in der modernen Gesellschaft im allgemeinen verlangt und geschätzt werden.

Heute sitzt der Mann mehr oder weniger auf der Anklagebank. Von Feministinnen und anderen aufgeklärten Genossen wird ihm vorgeworfen, er habe die Umwelt zerstört. Auch Aufrüstung und atomare Bedrohung muß er sich zuschreiben, natürlich auch die Unterdrückung der Frau. Der Mann hat die Technik erfunden, die industrielle Revolution gemacht, die Frau ausgebeutet – der Mann ist destruktiv und verdorben, lautet die einfache Logik.

Wir haben gesehen, daß man so nicht argumentieren kann. Sicher waren es immer Männer (ausgenommen Madame Curie), die in Technik und Wissenschaft Pionierarbeit leisteten. Männer besetzen auch nach wie vor die Spitzen von Politik und Wirtschaft und richten den meisten Schaden an. Aber man muß sich fragen: Was sind das für Männer? Ist es wirklich das „typisch Männliche", das für das Unheil, das sie heraufbeschwören, verantwortlich ist? Ein Blick über den europäischen Tellerrand würde die rigorosen Richter belehren, daß die alten patriarchalen Kulturen niemals auf den Gedanken kamen, die Erde auszubeuten. Im Gegenteil, sie verehrten und hegten sie, wie gerade die Indianer, die ein sehr kraftvolles Bild von Männlichkeit hatten. Wer sich ein wenig mit der Geschichte beschäftigt, wird feststellen, daß die Respektlosigkeit vor der Natur, ihre objekthafte Nutzung und Unterwerfung eine sehr punktuelle Angelegenheit war, eine rein europäische eben. Sie begann schon im 5./6. Jahrhundert vor Christus und läßt sich wiederum auf genau drei Völker zurückführen: die Griechen, die Römer und die Israeliten. Daß auch bei diesen Völkern anfangs sehr unterschiedliche Haltungen vorlagen, zeigt u.a. der sogenannte Schöpfungsbericht der Bibel, in dem zwei grundverschiedene Darstellungen, die des „Priesters" und die des älteren „Jahwisten", zusammengefaßt wurden. Der Jahwist schreibt im 1. Buch Mose 2,15: „Und Gott nahm den Menschen und setzte ihn in den Garten, daß er ihn bebaute und bewahrte." Der „Priester" läßt Gott befehlen: „Füllet die Erde und machet sie euch untertan ... " (1. Mose 1,28) – wobei die Übersetzer noch beschönigen, denn „untertan machen“ heißt im hebräischen Urtext „niedertrampeln“.

Daß nicht der verantwortungsvolle, sondern der rabiate Umgang mit Gottes Schöpfung sich durchsetzte, daß er speziell in Europa sich durchsetzte, wo er durch Englands industrielle Revolution seine Schlagkraft vervielfachte, gehört zu den großen Rätseln der Menschheitsgeschichte. Unter allen Kulturen kennt einzig die abendländische den Trieb zur grenzenlosen Naturausbeutung, einzig sie entwickelte auch die entsprechenden Hilfsmittel in Form von Wissenschaft und Technik. Eine plausible Erklärung – von der das Überleben der Menschheit abhängen könnte – wurde bislang nicht gegeben. Die geistesgeschichtlichen Hintergründe, mit denen meist argumentiert wird, greifen zu kurz, da sie selbst nur den Wert von Symptomen haben. Bestimmte Ideen, Wirtschaftsformen, geistige Einstellungen usw. haben nur dann in einer Gesellschaft Erfolg, wenn sie auf einen günstigen Nährboden fallen. Der Verdacht drängt sich auf, daß wie bei den Organismen, die einen Erreger entweder abstoßen oder von ihm befallen werden, die europäische Menschheit eine gewisse „Schwäche“, eine Empfangsbereitschaft für ein Gedankengut mitbrachte, das, sich ausbreitend und radikalisierend, zur seelenlosen Ordnung des technischen Materialismus führte. Im industriellen Zeitalter sieht man deutlich, wie die Unterwerfung unter den Geist der Maschine eine weitere, tiefgreifende Schwäche zur Folge hat. Der europäische Mann degradiert zur Arbeitstermite und wird durch ein kompensatorisches Macht- und Erfolgsstreben zum Schrittmacher technischer Raserei, die ihn immer weiter entkräftet und schließlich, wie wir es heute sehen, als leere Hülle am Wege der selbständig gewordenen Arbeitsprozesse zurückläßt.

Es ist schon erschreckend, daß gerade diese Art Mann, das schwitzende Maschinchen der Leistungsgesellschaft, das heute als Asphaltcowboy oder aufgeblasener Anabolika-Körper seine letzten Triumphe feiert, im allgemeinen Bewußtsein noch immer die „typisch männlichen“ Eigenschaften repräsentiert. Da fällt es nicht schwer, „den Mann“ zu verurteilen, ihn als rückständig und primitiv zu entlarven und seiner Ausgelaugtheit eine Erfrischungsspritze durch „weibliche Anteile“ anzuempfehlen. Nebenbei bemerkt reden hier viele Frauen mit gespaltener Zunge. Gerade die, die das männliche Härtebild am lautesten kritisieren, denken gewöhnlich am wenigsten daran, die Schutzräume, die ihnen das Patriarchat zur Verfügung stellt, zu nutzen, um etwa ihre weibliche Innerlichkeit zu pflegen. Vielmehr drängen sie ungestüm in die männlichen Arbeitsbereiche, um gerade auch auf verantwortungsvollen Posten, die Impulse für eine neue, weibliche Politik geben könnten, die knallharte Linie des Gegners zu demonstrieren, sie sogar noch zu übertreffen. Der sogenannte Feminismus scheint nicht in der Lage zu sein, die angeblich unterdrückte Weiblichkeit zu befreien, es reicht nur zur Imitation des Mannes. Da auch die Männer bereits den Mann imitierten, kommt bei den Frauen nur leider die Karikatur einer Karikatur heraus. Dieses Zerrbild ist kaum in der Lage, die Frau zu sich selber finden zu lassen. Sie spürt das auch und wird mit zunehmender „Befreiung" nur um so aggressiver. Die emanzipierte Frau ist in Wahrheit die angepaßteste Frau. Ihr ständiges Bestreben, sich zu „beweisen", sich mit den Männern zu messen, zeigt ein fundamentales Mißtrauen gegenüber sich selbst, eine Unfähigkeit zu sein und zu gelten als das, was sie ist, nämlich Frau und nicht Mann. Warum das so ist, warum die Frau nicht allein zu sich selbst finden, geschweige denn die verkrusteten Strukturen männlichen Niedergangs aufweichen und damit die Welt vielleicht noch vom Abgrund zurückreißen kann, wird noch zu besprechen sein. Man kann sagen, daß die historische Pervertierung der Männlichkeit geradezu zwangsläufig den Prozeß der Eliminierung der Weiblichkeit nach sich gezogen hat. Mit der Gleichberechtigung, die zu öder Gleichmacherei führte, wurde die letzte Bastion dessen aufgeopfert, was bisher noch einigermaßen der Verfügungsgewalt der Herrschenden widerstanden hatte.

Nach diesen Vorüberlegungen dürfte bereits im Ansatz deutlich geworden sein, welch ungeheure Verantwortung bei den Männern liegt. Sie sind buchstäblich der archimedische Punkt, von dem aus die Welt bewegt wird – zum Guten oder zum Schlechten.

Da in unserer Gesellschaft auch der Schimmer einer Ahnung dessen, was wirkliche Männlichkeit ausmacht, abhanden gekommen ist, stellt sich nunmehr die Aufgabe, den Standort des Mannes klar und eindeutig zu bestimmen. Experimente an diesem Punkt halten wir für gefährlich, wenn nicht für tödlich. Es ist schon zu lang mit dem Mann gespielt worden. Oder er hat mit sich spielen lassen, weil er eben kein Mann war. Das offensichtliche Versagen des Mannes auf eine Unterdrückung und Abspaltung weiblicher Eigenschaften zurückzuführen, ist Unsinn. Der Mann hat sich selbst unterdrückt und verraten, seit er zum Anhängsel der Maschinen wurde. Die Entdeckung weiblicher Anteile mag ihn vorübergehend entspannen und seine Verkrampfungen lösen, kann ihn aber niemals zu seiner wahren Natur führen. Wenn er bei ihnen verharrt, degradiert er zu einem glücklichen, aber schlaffen Bündel, das hat die Erfahrung inzwischen gezeigt. Nein, um sich selbst und der Welt zu helfen, muß der gestrandete Mann nicht weiblicher, sondern männlicher werden. Er muß sein ureigenstes Potential entfalten, das er so sträflich vernachlässigt hat. Das Wissen der Traditionswelt weist ihm dazu den Weg.

5. Das Männliche und das Weibliche im Weltprozeß

Bei fast allen Völkern begegnet das Thema einer ursprünglichen Zweiheit, die mit derjenigen der beiden Geschlechter in Verbin-dung gebracht wird. Sie erscheint entweder in abstrakt-philosophischer Form oder verbildlicht in kosmischen Elementen, Prinzipien, in Göttern und Göttinnen.

Die Religionsgeschichte von gestern sah hierin einen typischen Fall von Vermenschlichung. Nachdem der Mensch die Götter nach seinem Bilde geschaffen hatte, habe er auch die den Lebewesen dieser Erde eigentümliche geschlechtliche Differenziertheit in sie hineinprojiziert.

Richtig ist das genaue Gegenteil. Für den Menschen der Frühzeit existieren die Geschlechter, ehe sie physisch existierten, als überindividuelle Mächte. Sie waren vorrangig kosmische, nicht nur naturhafte oder menschliche Kategorien. Die Geschlechter der Menschenwesen wurden als Widerspiegelung, als besondere Erscheinungsform real existierender kosmischer Qualitäten erfahren.

Die Entfaltung alles Dinglichen im Spannungsfeld von polaren Kräften wurde inzwischen durch die Naturwissenschaften bestätigt und durch die esoterische Welle ins allgemeine Bewußtsein getragen. Aber die „Menschen der Überlieferung“ dachten die Polaritäten nicht, sie erlebten sie in sich selbst als Teil des lebendigen Kosmos. Deshalb kann ihre Mythologie einen Schlüssel für das Verständnis der tieferen Aspekte der Geschlechter von Mann und Frau bieten.

Gehen wir von den Lehren aus, in denen die Prinzipien des Männlichen und des Weiblichen den kosmischen Entstehungsprozesses hervorrufen, ist das bekannteste Beispiel wohl die chinesische Lehre vom *Yang* und *Yin*.

Yang und Yin sind einander entgegengesetzte, aber auch sich ergänzende Kräfte, deren unermüdliches Wechselspiel alle Erscheinungen der sichtbaren und geistigen Welt hervorruft: Yang ist in Sonne und Licht, Yin in Schatten und Mond. Das Feuer ist Yang, die Wasser sind Yin, die Gipfel sind Yang, die Niederungen Yin, das Reine ist Yang, das Abgründige Yin usw. Die Frau wird durch das Übergewicht des Yin in ihr zur Frau, der Mann durch das Übergewicht des Yang zum Mann. Dem Yin wird das Kalte, Feuchte und Dunkle zugeordnet, dem Yang das Trockene, Helle und Leuchtende. Als Prinzip verstanden hat Yang die „Natur des Himmels“ und umfaßt alles, was aktiv, männlich und positiv ist. Yin entspricht der „Natur der Erde“ und allem, was passiv, weiblich und negativ ist. Die Heutigen sehen hierin sofort eine Wertung – unberechtigterweise, denn die Potenzen sind rein metaphysisch und deshalb moralisch irrelevant.

Eine Entsprechung zum chinesischen Yang-Yin bilden die indischen Gottheiten Schiwa und Schakti, das kosmische Männliche und das kosmische Weibliche, deren Vereinigung den Weltprozeß und alle Realitäten hervorruft. In einem Text sagte die Göttin: „Da im Weltall alles gleichzeitig Schiwa und Schakti ist, bist du, Maheschwara (der männliche Gott) an jedem Ort, und ich bin an jedem Ort. Du bist in allem und ich bin in allem.“

Bedeutsam ist hier die Tatsache, daß dem männlichen Prinzip die *Unbewegtheit,* dem Bedeutsam weiblichen die *Bewegung* zugesprochen wird. Auch nach hinduistischer Lehre ist „purusha“ – das männliche Prinzip – nicht-handelnd, da es aus lichthaftem Geist besteht. Allein durch seine

Anwesenheit befruchtet es „prakrti", die dadurch bewegend und zeugend die dynamischen und veränderlichen Aspekte der Welt schafft. In der erotisch-sakralen Kunst wird dies durch eine Vereinigung ausgedrückt, in der das Männliche unbeweglich ist und die aus Flammen bestehende Schakti die Bewegungen ausführt.

Der Sinngehalt dieses Gedankens, der sich auch in der westlichen Tradition findet, lieferte eine normative Grundlage der Geschlechter, von der sich weitere Bestimmungen ableiten ließen. Er wird auch für unsere Überlegungen hinsichtlich der Grundaspekte des Mann-Seins einen verbindlichen Ausgangspunkt bilden. Um ihn begrifflich zu fassen und zu erläutern, wollen wir einen Blick auf die abendländische Überlieferung werfen.

Aristoteles schrieb: „Das Männliche ist die spezifische *Form,* das Weibliche die *Materie.* Insofern sie das Weibliche ist, ist sie passiv, während das Männliche aktiv ist." (De gen. anim. I, 11, 716a) Diese Polarität kehrt in den Anschauungen der griechischen Philosophie ständig wieder. Sie wird auch als Zweiheit von Sein und Werden interpretiert, wobei das Sein mit dem „nous", dem „logos" oder der Weltvernunft in Verbindung gebracht wird (bei Plato, den Pythagoräern und Plotin), während das Werden dem Prinzip der Natur oder der Lebenskraft (Psyche) entspricht.

Man ahnt bereits, daß die beiden Größen eine ziemlich komplexe, für die moderne Mentalität nicht so leicht nachvollziehbare Bedeutung besitzen.

„Materie" ist nach griechischem Verständnis nicht einfach der Stoff oder die äußere Natur, sondern eine geheimnisvolle, unfaßbare Substanz oder Potenz, die für sich genommen keinerlei Form hat, gerade deshalb aber jede Form annehmen kann, sofern sie dazu aktiviert oder befruchtet wird. Sie ist das Prinzip der Natur und des Werdens und repräsentiert das Weibliche. Dies wiederum findet sein treffendstes Sinnbild im Wasser: Das Wasser verkörpert das undifferenzierte, noch nicht an die Form gebundene Leben und alles, was unbeständig und wandelbar ist. Es ist das Prinzip der Zeugung, der Fruchtbarkeit, des irdischen Lebens in seiner dynamischen Kraft schlechthin.

Demgegenüber steht das Prinzip des Männlichen, das Bewegung und Werden in Gang setzt, indem es den Übergang von der formlosen Möglichkeit oder „Materie" zu einer Gestalt ermöglicht. Seine bestimmende Kraft wird deshalb auch „Form" genannt, und sein Wirken hat die Voraussetzung, daß es selbst unbewegt bleibt, mit sich identisch, also reines Sein ist. Giordano Bruno, der von der „universellen Vernunft" sprach, erläuterte: „Diese Vernunft bringt alles hervor, indem sie, selbst sich ruhig und unbeweglich haltend, etwas von dem ihrigen in die Materie eingießt und ihr zuteilt. Sie wird von den Magiern der fruchtbare Samen oder auch der Sämann genannt; denn sie ist es, welche die Materie mit allen Formen erfüllt, sie nach der durch die letzteren gegebenen Weise und Bedingung gestaltet und mit jener Fülle bewunderungswürdiger Ordnungen durchwebt, die nicht dem Zufall noch einem anderen Prinzip zugeschrieben werden können, welches nicht zu scheiden und ‚zu ordnen verstünde'." (Giordano Bruno: *Von der Ursache, dem Prinzip und dem Einen*, Heidelberg 1889).

Wenn die „Weltvernunft" einerseits „über" der Schöpfung gedacht wird, andererseits in ihr wirksam ist, berührt man die Grundfrage der spekulativen Philosophie, ob das Geistige denn nun immanent, also den Dingen innewohnend, oder transzendent, sie „übersteigend" ist. Diese Frage ist aber, wie gesagt, spekulativ und der traditionalen Weltsicht nie zum Problem geworden. Die Natur wurde von den Alten ja nicht „gedacht", sondern als großer, beseelter und heiliger Körper sowie als „sichtbarer Ausdruck des Unsichtbaren" erlebt. „Wie oben, so unten, wie innen, so außen", lautete ein hermetischer Leitspruch, dessen Echo noch in den Evangelien fortwirkt: „Das Reich der Himmel ist inwendig in euch."

Eine Anschauung des nur in Bildern zu Fassenden mag auch ein Dichterwort aus dem Kreis der Pythagoräer liefern:

„Durch alle Glieder ergossen
treibt die Vernunft die Masse des
Alls und durchdringt den Körper."

Wie man sieht, entspricht die griechische Anschauung von „Vernunft", „Form" oder „Sein" ganz genau dem Schiwa-Charakter des „Unbewegten Bewegers". Das ist natürlich kein Zufall. Wir wollen noch einmal darauf aufmerksam machen, daß es sich bei dem „Ewig-Männlichen" und dem „Ewig-Weiblichen" eben nicht um Folklore, Ideale oder begriffliche Abstraktion handelt, sondern um metaphysische Realitäten, um reale Urkräfte, die aus hellsichtiger Intuition heraus wahrgenommen und ihrem Wesen entsprechend gedeutet wurden.

Nachdem sie mit der Nase darauf gestoßen wurden, dämmerte auch unseren Naturwissenschaftlern etwas von diesen Mächten. Es war Einstein, der als erster mit der Behauptung die wissenschaftliche Welt in Aufregung versetzte, daß es fließende Übergänge zwischen der sichtbaren Welt der Materie und einer unsichtbaren, ungestalteten Welt gäbe. Er sagte, daß beide Welten aus ein und derselben Kraft gemacht sind: Äther oder Substanz.

Die Atom- und Quantenphysik weiß heute, daß die Atome an sich nicht materieller, grobstofflicher Natur sind, sondern gewaltige Energieballungen darstellen, daß mithin das gesamte Universum eigentlich nichts weiter ist als eine hochkonzentrierte Energieverdichtung. Damit wurde das Wissen um eine Ur-Energie bestätigt, das in allen Kulturkreisen in erstaunlich gleichartiger Weise vorhanden war: Die Perser nannten sie „manah", die Ägypter „Ka", die Japaner „Ki", „atman" heißt sie in den Upanishaden, was „Hauch, Atem, Leben" bedeutet, und „Chi" bei den Chinesen, welche die „bioplasmatischen Energieströme" zu Heilzwecken in der Akupunktur benutzen. Die Wissenschaft wagte sogar noch den Sprung von der weiblichen Energie zum Geist, der sich dem neuen Weltbild nun geradezu aufdrängte. Max Planck, der Begründer der Quantenphysik, zog bereits 1930 bei einem Gelehrtenkongreß in Florenz die Folgerung, daß hinter der Kraft, die in allem Materiellen wirkt, ein bewußter, unsterblicher Geist stehen müsse und daß dieser Geist der „Urgrund aller Materie" sei.

Der Grundgedanke ist der, daß kein einziges Atom entstehen kann ohne die Wirkung eines physikalischen Gesetzes, dem es gehorcht. Gesetze aber sind immer etwas Geistiges. Die Urkraft „pulsiert" nicht nur, sie enthält auch schöpferische Intelligenz, die planend und ordnend am Werk ist. Wäre dem nicht so, würde alles im Chaos enden. Ein typisches Beispiel sind die Kristalle, deren Entstehung der Mineraloge Professor

Nowacki von der Universität Bern auf die Einwirkung geistiger Größen zurückführt, die Atome und Moleküle nach einem abstrakten Modell oder Entwurf raumgitterartig anordnen. Entsprechendes gilt für die Sonnen- und Planetenbahnen, die exakt berechenbar seit Milliarden von Jahren fehlerfrei funktionieren und auch für die Pflanzen- und Tierarten unserer Erde wie ihr wunderbares Zusammenspiel in dem ökologischen Lebensnetz.

Naturwissenschaftler wie Rupert Shaldrake sprechen heute offen von „morphogenetischen Feldern": Jeder Form und jedem Verhalten sollen neben genetisch bedingten Ursachen unsichtbare Konstruktionspläne zugrundeliegen, die die gesamte Schöpfung prägen.

Interessanterweise wurden unabhängig aber gleichzeitig mit dem Fortschritt in der Naturwissenschaft von der Tiefenpsychologie die Urbilder oder Archetypen entdeckt. Ihr Erforscher C.G. Jung machte darauf aufmerksam, daß es sich keinesfalls um „nur psychische" Erscheinungen handle, sondern vor allem um außerkörperliche, von Zeit und Raum unabhängige Größen zwingender Durchsetzungskraft.

Damit wären wir wieder im Alterum, bei den Griechen, die das Weltall als „Kosmos", als „Schmuck" und geplante Ordnung begriffen, bei den Ideen Platos, den Urbildern, die den Dingen der Welt als innerer Entwurf zugrundeliegen oder der Weltver-nunft, die sich formend in die Materie eingießt. Der Astrophysiker James Jeans bekannte: „Das Weltall beginnt immer mehr, einem großen Gedanken als einer großen Maschine zu gleichen." Was er als Gedanken bezeichnet, können wir auch als Zusammenspiel von geistig-energetischen Kräften betrachten, deren Grundmuster die Polarität von männlich und weiblich bildet.

Wir müssen noch einen Schritt weiter gehen.

Es gibt keine traditionsgebundene Lehre, welche die metaphysische Zweiheit als Ausgangspunkt für ihre Weltanschauung genommen hätte. Die fernöstliche Tradition kennt oberhalb des Yin und des Yang die „Große Einheit" – das Tao, aus dem nach Laotse die Welt entstand und zu dem alle Dinge wieder zurückkehren. Im Tantrismus findet man das Nirguna-Brahman jenseits der Zweiheit von Schiwa und Schakti, Plotin spricht von dem „Einen“, das über der göttlichen Dualität des „nous“ und der „psyche“ stehe usw.

In diesem Zusammenhang darf man den beiden Prinzipien nicht eine gleiche Wertigkeit zuerkennen. Es ist so, daß das männliche Prinzip des Yang, das „Sein“ innerhalb der Dualität, das Eine, das absolute Sein widerspiegelt. Es vertritt und verkörpert dieses Eine innerhalb des Weltprozesses, in der Relativität, im Fluß der Formen. Das weibliche Prinzip, die unsichtbare Materie, hat demgegenüber sekundäre Realität; es stammt, theologisch gesprochen, von Gott her, aber es koexistiert nicht mit ihm. Die indischen Lehren haben von einem „Hinaustreten“ des Göttlichen aus sich selbst gesprochen, einer extrovertierten Bewegung, welche sich aus dem Einen und Identischen ablöst. Dieses „Nach-außen-Treten“ ist eine Funktion der Schakti, die oft mit einem mythischen, von den Höhen herabstürzenden Fluß in Verbindung gebracht wird. Im alchimistischen Zeichen für Wasser, dem nach unten gerichteten Dreieck, ist diese abwärts strebende und das Zentrum verlassende Richtung verbildlicht. Natürlich ist es kein Zufall, daß es gleichzeitig ein Symbol der Göttin, des gebärenden Schoßes, des weiblichen Elements dieser Welt ist.

Die Abspaltung des Weiblichen aus dem „Großen Einen“ führt zur Entstehung des Männlichen in seiner spezifischen Yang-Form. Das Yang ist die um das Weibliche reduzierte Urkraft, die jedoch ihre schöpferische Potenz behält und in allem fortwirkt, was einen bewußten, geistigen und unveränderlichen Aspekt besitzt.

Meisterhaft aufrechterhalten und gleichzeitig im Geheimen belassen wird die Spannung von Identität und Differenz im Prolog des Johannesevangeliums, dem ein älterer, vorchristlicher Logos-Hymnus zugrundeliegt: „Im Anfang war das Wort (Logos), und das Wort war bei Gott, und Gott war das Wort. Dasselbe war im Anfang bei Gott. Alle Dinge sind durch dasselbe gemacht, und ohne dasselbe ist nichts gemacht, was gemacht ist..“ (1. Joh. 1-3)

Zur Ergänzung kann die bekannte Stelle im alttestamentlichen Schöpfungsbericht dienen: „ ... und der Geist Gottes schwebte über den Wassern.“ (1. Mose 1,2) Auch hier wird auf Überlieferungen der Traditionswelt zurückgegriffen. Bemerkenswert ist neben der Tatsache, daß „Geist Gottes" eben nicht Gott selbst bedeutet, die Einbeziehung des weiblichen Elements als gestaltete „Urflut", die bei verschiedensten Völkern als Basis des eigentlichen Schöpfungsvorgangs betrachtet wird. So auch hier: das blasse „Schweben" der gängigen Übersetzung ist im hebräischen Urtext ein waberndes „Brüten", womit die universelle Anschauung von der Befruchtung und Aktivierung des passiven Weiblichen durch das männliche Element bestätigt wird. Schöpfung bedeutet nach dieser Lehre „Ordnung", die Bindung des Chaosprinzips an eine bewußte Form. Das hebräische Wort für Urflut – Tehom – verweist übrigens auf die babylonische Göttin Tiamat, die als Chaosdrachen sowohl das gestaltlose Wasser wie auch die Finsternis darstellt.

Nun zieht der metaphysisch begründete Vorrang des Männlichen vor dem Weiblichen nicht immer auch eine Vorrangstellung in der kosmischen entfalteten Welt nach sich. Im Gegenteil: der uranfängliche Drache findet seine Entsprechung in der „kosmischen Schlange", der erdumspannenden Mitgardschlange oder dem Uroboros, der sich selbst in den Schwanz beißt und damit ununterbrochen verschlingt. Mit der Universalschlange, die nach gnostischer Ausdrucksweise „durch alle Dinge wandert", ist das Grundprinzip dieser Welt dargestellt, die im Buddhismus auch die „samsarische Welt" genannt wird: Im endlosen Kreislauf von Tod und Wiedergeburt befriedigt sie sich in der ewigen Lust des Urgrundes, in dem sie aber nur ihren eigenen Hunger findet. Die Kraft, die alles Lebendige umtreibt und aus der Tiefe aufrecht erhält, ist die Kraft der Begierde: ein blinder Antrieb des Grundlosen nach dem Grund, nach „klebriger" Anhaftung und Identifikation mit dem, wovon es sich Bindung und Halt verspricht.

Zwar gießt sich das männliche Yang in die Materie ein, formt und gestaltet sie, aber sein Einfluß ist nicht von Dauer. Auch das Weibliche wirkt auf das Männliche, indem es sich an es bindet und möglicherweise dahin bringt, daß es eine ihm fremde Seinsweise annimmt.

Das alte chinesische Traktat von der Goldenen Blüte beschreibt diesen Vorgang so, daß das männliche Yang seine Mitte, in der es ruht, verliert, indem es sich in einer irrationalen Bewegung nach außen öffnet, wodurch es sich aufsplittert und seine Kräfte erschöpft. Es wird aufgesogen vom Strom des Werdens, der Vergänglichkeit und der Zeit, was vom Standpunkt des reinen Seins nur die Bedeutung eines Vergessens und einer Verfinsterung haben kann. Verschiedene Mythen haben diesen Gedanken mit einem „Fall“ verbunden zum Ausdruck gebracht, zum Beispiel der des betrunkenen und bewußtlosen Poros, der sich mit Penia (dem Mangel und der Bedürftigkeit) vereinigt, der des im Wasser untergehenden Narzissus oder auch Mythen, in denen Menschen von Drachen und anderen Wesen verschlungen werden, die das nasse Prinzip des Chaos verkörpern (zum Beispiel der ägyptische Mythos von Typhon-Seth und Osiris).

Diese Phase oder Situation, in der das Männliche unter die Herrschaft des Weiblichen fällt, kann jedoch abgelöst werden von einer anderen, in welcher es seine Herrschaft zurückgewinnt. Voraussetzung ist der Sieg über den Widerstand, den die fesselnde beziehungsweise nach abwärts und zur Auflösung strebende Kraft des Weiblichen auf es ausübt. Nach dem Wendepunkt kann das Werdende immer weiter vom Yang durchlichtet werden, bis es zu einer vollständigen, transparenten Inbesitznahme des Gewordenen kommt, wodurch in gewisser Weise die Ureinheit wieder hergestellt ist. Das Erwachen geschieht im Zeichen des aufwärts strebenden Feuers oder der Senkrechten (Zeichen der „aufrechten“ Männlichkeit oder Festigkeit), die nach dem Fall in die Horizontale (Zeichen des Wassers) zu ihrer wahren Natur zurückfindet. Bildhaft gesprochen werden die Hände der sich ewig entziehenden Jungfrau gefesselt, wird der Drachen vom Helden getötet oder die Schlange ans Kreuz geschlagen. Nach der Kabbala feiert Schechina (das kosmische Weibliche) mit dem Heiligen Hochzeit, und die Gnosis läßt Christus, den „Sohn“ (des transzendenten Seins), der der Logos ist, die gefallene Sophia von neuem zur Welt des Lichtes zurückbringen.

Es ist zu betonen, daß die verschiedenen Phasen, die der Mythos als eine Art kosmisches Drama beschreibt, das in der „Erfüllung der Zeiten“ gipfelt, vor allem die Vielfalt von möglichen Situationen abbildet, die ständig und jederzeit zwischen Form und Materie, Himmel und Erde, männlich und weiblich möglich sind. Es handelt sich um Situationen, die überall sichtbar werden: in der Geschichte und ihren Epochen, im Geist der Kulte und den Gesellschaftsformen, in der Beziehung von Männern und Frauen und nicht zuletzt in den einzelnen Individuen selbst. So bieten die vorgestellten Entwürfe, so abstrakt sie auch scheinen mögen, einen Schlüssel zur Orientierung und zur Erforschung jeglicher Realität.

Der Gedanke der uranfänglichen Einheit, der Aufspaltung dieser Einheit im Weltwerden und seine fortdauernde Präsenz im Prinzip des Männlichen läßt sich noch einmal zusammenfassen anhand der Zahlensymbolik, die universellen Charakter hat.

Von Bedeutung sind hierbei die Zahlen von Eins bis Drei. Die Eins ist die Zahl, aus der alles entstehen kann, die in allen Zahlen als kleinster Baustein enthalten ist. Gleichzeitig ist sie die einzige Zahl, die sich nicht verändert, weder wenn man sie durch sich dividiert noch wenn man sie durch sich selbst multipliziert. So wurde die Eins zum Symbol des Göttlichen, des Anfangs und der Einheit. Sie steht für das aktiv schaffende, männliche Urprinzip. Ihre Bildgestalt ist der Kreis mit dem Mittelpunkt, das Zeichen, das in der Astronomie noch heute die Sonne symbolisiert.

Die Zwei ist der Eins gegenüber das „ganz andere“, der Beginn der Spaltung und Vielheit. Sie steht für Trennung und Unterscheidung, man teilt in männlich und weiblich, gut und böse, hell und dunkel, ja und nein, tot und lebendig. Die Zwei tritt hervor durch den Schritt aus der Einheit in die Gegensätzlichkeit und bezeichnet den Anfang des Weltprozesses. Sie wird symbolisch mit der Materie gleichgesetzt und ist eine weibliche Zahl. Ihre Bildgestalt ist der gespaltene Kreis, der Halbkreis, der in der Astronomie den Mond symbolisiert und in der Astrologie das werdende, sterbende und immer wieder neu erstehende Leben repräsentiert.

Die Drei ist wie alle weiteren ungeraden Zahlen männlich und steht für einen dynamischen Ablauf: Das Eine, repräsentiert durch das Yang, verbindet sich mit der weiblichen Zahl, der Materie, und schafft dadurch eine Synthese, in der es sich wiederfindet. Alles, was in der Welt des Werdens dem Chaos entrissen, geformt und durchlichtet ist, trägt das Siegel der höheren Einheit. Die Bildgestalt der Drei ist das gleichseitige Dreieck, dessen Spitze nach oben weist.

In der „großen Abhandlung“ Ta Chiuans (I, § 4) heißt es: „Das Männliche wirkt auf dem Wege des Schöpferischen, das Weibliche auf dem Wege des Empfangenden. Das Schöpferische handelt in den großen Anfängen, das Empfangende bringt die gewordenen Dinge zur Vollendung ... Dem Himmel folgend, begegnet sie ihrem Herrn und folgt seinem Weg in Übereinstimmung mit der Weltordnung.“

6. Das Wesen von Mann und Frau

Vor dem Hintergrund der genannten Prinzipien und ihres Zusammenspiels und der hieraus entsprungenen Vielfalt der göttlichen Wesen, differenziert in Götter und Göttinnen, erkannten die Menschen der Traditionswelt das ewig Männliche und das ewig Weibliche auch in den einzelnen Individuen, deren Geschlechtlichkeit nur ein Spiegel, eine besondere Erscheinung der kosmischen Ordnung war. Die göttlichen Urbilder hielten nicht nur den Schlüssel zur Deutung der männlichen und der weiblichen Psychologie bereit, sie lieferten auch die verbindlichen Normen, nach denen sich Männer und Frauen in ihrem Wesen verwirklichen konnten.

Das Wissen um diese Normen ist wie die Ehrfurcht vor dem Unwandelbaren verlorengegangen. Die Menschen der Neuzeit haben geglaubt, sich selbst erschaffen zu können. Damit sind sie zu „hängenden Gärten“ geworden, die weder Wurzeln nach unten noch Segen nach oben haben. Sie haben sich von den kosmischen Lebensadern getrennt, ihr hochgezüchteter Individualismus wurde erkauft um den Preis einer menschlichen Atomisierung, einer zutiefst unorganischen Seinsweise.

Man hat vergessen, daß das Geschlecht unser Schicksal ist – niemand kann ihm entfliehen, es sei denn, er macht sich bewußt zum Krüppel. Es ist aber auch unsere Chance – die einzige, die wir haben –, um unseren kosmischen Ursprung, uns selbst zu finden.

Die Kräfte von Yang und Yin sind vergleichbar mit einem Fluidum, daß das Wesen bis in die tiefste Faser durchdringt. Sie kommen niemals in

Reinform vor, sonst wären wir Götter. Je nach den Individuen weisen sie eine größere oder geringere Intensität und Mischung auf, was aber nicht verhindert, daß wir entweder nach dem männlichen oder nach dem weiblichen Prinzip orientiert sind. Man darf dabei nicht auf der biologischen Ebene stehenbleiben. Die primären und sekundären Geschlechtsmerkmale sind nur die gröbste Erscheinungsform, gleichsam die Endstufe einer von innen wirkenden Formungskraft. Entscheidend ist immer das innere Geschlecht, das Urmännliche oder das Urweibliche, das über den Körper hinausgeht. Wer nicht im Geiste und in der Seele Mann oder Frau ist, der ist nicht wirklich Mann oder Frau. In dieser Zeit müssen Männer und Frauen ihr Geschlecht wieder neu buchstabieren lernen. Sie müssen begreifen, wer sie eigentlich sind und was in ihnen steckt. Alles weitere ergibt sich von selbst.

Die nun folgende Darstellung der Wesensmerkmale von Mann und Frau mag hierbei als Ausgangspunkt dienen. Es handelt sich nicht um gängige „Psychologie“, um „Charaktereigenschaften“, für die man verantwortlich ist, sondern um objektive, unpersönliche Züge, die einer tieferen Wurzel entspringen. Wer nicht blind oder ideologisch verbohrt ist, wird nicht umhin kommen festzustellen, daß der entfaltete kosmologische Hintergrund selbst bei modernen Frauen und Männern noch gegenwärtig ist und ein Muster zur Deutung von Wesensmerkmalen bereithält, die ohne jene „Konstanten der Ewigkeit“ kaum zu erklären sind.

Es versteht sich dabei von selbst, daß die verschiedenartigen Fähigkeiten und Begabungen der Geschlechter nicht aneinander zu messen sind. Die Frage, ob die Frau dem Mann überlegen oder unterlegen sei, ist genau so sinnlos wie die Frage, ob das Wasser dem Feuer überlegen oder unterlegen sei. Zwischen Mann und Frau besteht eine Verschiedenheit, die jeden gemeinsamen Maßstab ausschließt. Das einzige qualitative Kriterium kann deshalb nur darin bestehen, ob und wieweit die eigene tiefere Natur verwirklicht wird. Ohne Zweifel steht eine Frau, die vollkommen Frau ist, höher als ein Mann, der unvollkommen Mann ist, ebenso wie ein erdverbundener Bauer, der seine Aufgabe in vollkommener Weise löst, einem König überlegen ist, der unfähig ist, die seine zu lösen.

6.1. Das Wesen der Frau

Ein Grundzug im Wesen der Frau ist ihre Orientierung nach „außen". Ihr Leben vollzieht sich in der Bezogenheit, in der Beziehung zu etwas anderem. Das ist vor allem auf trivaler Ebene offensichtlich: sie redet und telefoniert gerne, knüpft Kontakte, ist neugierig, will anerkannt, bemerkt, bewundert, begehrt werden. Die Meinung der Leute, der „letzte Schrei", aber auch Konventionen, das filigrane Gespinst des „man sagt" und „man tut", in dem sie sich traumsicher auskennt, spielen eine entscheidende Rolle für sie. Damit ist sie auch abhängig von der Außenwelt. Die Frau kann ohne ein Gegenüber nicht existieren. Sie lebt, indem sie beachtet wird. Sie kennt eine Furcht vor der Einsamkeit, das Gefühl einer trostlosen Leere, welches dem Manne fremd ist. Deshalb füllt sie die Wohnung mit allerhand Kleinkram, deshalb greift sie, wenn sie allein ist, zum Telefonhörer oder zu Schokolade, deshalb spricht sie mit Zimmerpflanzen, sucht Anschluß bei einer Gruppe, kauft sich ein Hündchen oder schaut wenigstens interessiert aus dem Fenster.

Was leicht belächelt und karikiert wird, hat einen ernstzunehmenden Hintergrund. Das „Nach-außen-gerichtet-sein" der Frau entspricht dem Beginn des Weltprozesses, dem „Hinaustreten" der Urpotenz aus sich selbst und auch der Bewegung der flüchtigen, unbestimmten „Materie" zu etwas anderem, außer ihr Liegendem, von dem sie sich Prägung und Halt verspricht. Schreibt man Zahlen als Punkte (etwa auf einem Spielwürfel), so haben die ungeraden einen Mittelpunkt, während die geraden, weiblichen Zahlen ihre Punkte um eine nicht besetzte Mitte verteilen, was eine Entsprechung in der Anatomie des männlichen und des weiblichen Sexualorgans findet. Die fehlende Zentrierung und die sich daraus ergebende „Offenheit", auch Verführbarkeit, ist der tiefere Grund dafür, daß man bei Frauen vom „schwachen Geschlecht" redet. Diese „Schwäche" hat nichts mit Lebensuntüchtigkeit zu tun. Bekanntlich sind Frauen viel zäher als Männer und wissen durchaus zu erreichen, was sie sich vornehmen. Vor allem die Medien werden nicht müde, diverse biologische Vorzüge aufzuzählen, nach denen die Frauen ganz klar das „starke Geschlecht“ sind. Und dennoch sind sie das „schwache Geschlecht“. Eine winzige Geste, ein Augenschlag genügt auch heute noch, das härteste Männerherz zu erweichen. So stark ist nun einmal die Weisheit des Mythos.

Daß die Frau keine feste Mitte hat, ist die Ursache ihrer viel bewunderten und berätselten Unergründlichkeit, ihrer Fähigkeit zur Verwandlung und zur Darstellung dessen, was ein Mann gerne in ihr sehen möchte. Eine bekannte Schauspielerin sagte einmal, die Frau sei in ihrer Psyche komplexer, als ein Mann es je sein könnte. Man(n) solle gar nicht erst versuchen, sie zu ergründen. – Damit hat sie wohl recht. Gleichwohl ist das Abgründige in der weiblichen Psyche doppelwertig. Bei manchen Frauen kann es die reine Leere sein, die sich durch Unbedarftheit, Vergnügungssucht, maskenhaftes Äußeres usw. nur allzu bemerkbar macht. Wenn diese Art Frau nicht mehr reizend ist, ist sie gewöhnlich „gereizt“, läßt sich gehen und lebt dann nur noch von Tratsch und Klatsch. Bei anderen Frauen ist ihre offene Mitte lebendig; sie „strecken die Fühler aus“, sind empfänglich für Schwingungen und können sich in die Menschen hineinversetzen.

Grundsätzlich kann man sagen, daß die Frau von ihrer Anlage her für Beziehung und Empfänglichkeit prädestiniert ist. Und nicht nur auf menschlicher Ebene. Viel stärker als der Mann wird sie von den Rhythmen des Universums beeinflußt, was sich zum Beispiel im Zyklus der Menstruation zeigt. Ihr natürliches, instinktsicheres und zugleich geheimnisvolles Eingebundensein in das kosmische Leben kann ihr hellseherische Begabung und magische Fähigkeiten verleihen, ermöglicht ihr die Verbindung mit elementaren Mächten. Deshalb hatten die Frauen in archaischer Zeit an sakralen Funktionen teil oder wurden als Hexen verbrannt, was ein Schandmal männlicher Schwäche und Ignoranz ist. Immerhin hat die Frau, sofern sie das „Ewig-Weibliche“ repräsentiert, eine Anlage, die wesentlich interessanter sein dürfte als diejenigen, für die sich der abendländische Feminismus so sehr ins Zeug gelegt hat. Dieses nur nebenbei bemerkt.

Aus der Wandelbarkeit im Symbol der Materie, des Mondes oder des Wassers, des Feuchten und Fließenden, versteht sich als weiteres der Vorrang des Gefühlhaften und Emotionalen im Wesen der Frau. Ihre seelischen Empfindungen, Stimmungen und Launen sind ständig im Wechsel. Laune kommt von Luna, Mond. Die Frau ist zutiefst mit diesem Gestirn verbunden. Der Mond ist Gebieter der Nacht und der dunklen Seelentiefen, des Unterbewußten. In seinem Urzustand ist das weibliche Wesen ein Ozean, der mit großer Kraft, aber ohne bestimmte Richtung strömt. Für den Mann hat diese Kraft oft etwas bedrohliches, ihn verschlingendes, besonders auf sexuellem Gebiet. Aber auch die Frau ist ihr mehr oder weniger ausgeliefert. Sie ist viel mehr Natur als Persönlichkeit, und die Kontrolle emotionaler Regungen ist ihr viel weniger als dem Mann möglich. Das zeigt sich sogar noch bei unseren Politikerinnen.

Die Frau neigt dazu, sich dem hinzugeben, was gerade im Augenblick von ihr Besitz ergreift: einer Stimmung, einer Laune, einem Erlebnis, einem Menschen, der in ihr Leben tritt und damit das ganze übrige Leben, die übrige Welt verdrängt. Bei der Frau wird das Eine zu Allem; im Einen erblickt sie alles, in das Eine legt sie alles hinein. Das ist der Grund ihrer ungehemmten Begabung zu leiden, zu lieben und sich zu freuen, aber auch in ihrer größeren Beeinflußbarkeit, Leichtgläubigkeit und manchmal hysterischen, dem Manne unheimlich fremdartigen Weise zu reagieren. Die Frau ist gestaltbarer und anpassungsfähiger als der Mann. Sie ist eher bereit, von außen kommende Inhalte anzunehmen und zu assimilieren. Schon in der Schulzeit sind Mädchen fleißiger und erfolgreicher, nicht weil sie intelligenter, sondern weniger abgelenkt sind und dem Stoff gegenüber weniger Widerstand haben. Gerade im Ideenbereich führt die Passivität des Aufnehmens allerdings oft zu einer nachfolgenden Starrheit, die dann als Konformismus oder Konservatismus auftreten kann.

Wenn wir sagten, die Frau sei mehr als der Mann auf das Eine fixiert, das in ihrem Leben auftaucht, so gilt das in ganz besonderem Maß für die Liebe. Die Frau, sofern sie wirkliche Frau ist, liebt unbedingt und vollkommen. Sie legt die ganze Fülle ihrer Natur in die Liebe hinein und all ihr Hoffen verbindet sie nur mit der Liebe. Sie tut es deshalb, weil einzig die Liebe Erfüllung ihrer Natur und Rechtfertigung ihres Daseins bietet. Die Frau ist von ihrem Urwesen her „Materie“. Sie hat keinen eigenen Mittelpunkt, sie ist flüchtig. Und die Sehnsucht aller Materie strebt seit

Ewigkeit her zur Form. Die Frau, die „männliche" Festigkeit und Zuverlässigkeit spürt, erfährt ihren glücklichsten, ihren höchsten Moment. Sie hat Anteil am göttlichen Seinsbereich, und gleichzeitig kann sie loslassen, ihre menschlichen Grenzen aufgeben, kann freiwerdend in eine Liebe hineinfließen, deren Mitte sie auffängt, hält und ihr Wesen zuinnerst verklärt und erleuchtet. Sie fühlt sich wie eine Welle, die erst durch den Felsen Bewegung und Spiel bekommt, wie eine Rebe, die erst am Stab sich ranken und winden kann – oder wie Schakti, die Göttin, die als bewegliche Flamme um eine aus Licht geschaffene Männlichkeit kreist.

Wir berühren hiermit sehr tiefe und magische Sachverhalte, die kaum je genannt werden, aber die Grundvoraussetzung einer Psychologie der Geschlechter bilden. Sie beleuchten auch die Tragödie unserer Zeit, denn die heutigen Frauen können und dürfen sich nicht mehr der Liebe hingeben, weil die Männer nicht mehr „in Ordnung" sind. Die Männer aber, indem sie sich gehen lassen, versperren den Frauen den Weg zu sich selbst, sie werden an ihren Frauen schuldig. Wir kommen später darauf zurück.

Hier bleibt zunächst festzuhalten, daß sich die Frau von ihrem Wesen her immer auf etwas beziehen möchte, im Idealfall auf einen Mann, dem sie sich vollkommen schenken und hingeben darf, um Anteil zu finden an Sein und Form und gleichzeitig loszulassen, um reine Liebe zu werden, in der sich ihre Natur erfüllt. Ein zweiter, sehr wichtiger Beziehungspunkt sind die Kinder. Frauen leben mit Kindern in einer geheimnisvoll sich entsprechenden Schwingung. Sie können sich Stunden mit ihnen beschäftigen, ohne müde zu werden. Man beobachte, wie der Anblick eines beliebigen Kindes (zum Beispiel im Zug) ein sofortiges Lächeln ins Gesicht einer Frau zaubert. Der Geburtsvorgang ist für Frauen oft initiatisch, eine Einweihung in ihr eigenes Wesen.

Vor dem Hintergrund wird verständlich, daß die Traditionswelt den Frauen vor allem zwei Wege bereithielt: den Weg der Mutter und den Weg der Geliebten. Beide Seinsweisen ereignen sich in der Bezogenheit, in der Hingabe, im Ganz-für-ein-anderes-Wesen-Dasein. In der Zuwendung auf ein anderes Leben findet die Frau den Sinn ihres eigenen Lebens, ihre eigene Freude, ihre eigentliche Rechtfertigung.

6.2. Das Wesen des Mannes

Im Gegensatz zur Frau ist der Mann von seinem metaphysischen Ursprung her weniger auf das „Andere" als auf sich selbst bezogen. Er verkörpert das in menschlicher Form geborene Sein, das unbeweglich und daher mit sich identisch ist. Während die Frau der bewegten Ursubstanz, der „Seele", der Lebenskraft zugehört, wird der Mann vom Prinzip des Geistes regiert.

Ob nun tatsächlich alle Männer vom Geist erfüllt sind, ist eine andere Frage. Bei der überwiegenden Mehrzahl wird man das kaum voraussetzen können. Das ändert aber nichts an der Tatsache, daß der Mann ontologisch mit jenem Prinzip verbunden ist. Prinzipiell hat er Zugang zum Geistigen und den ihm daraus erwachsenden Möglichkeiten, ganz gleichgültig ob er davon Gebrauch macht oder nicht.

Immerhin ist bei den meisten Männern zumindest ein Echo des Geistes erfahrbar. Es reicht aus, ihrem Denken, Fühlen und Handeln den „typisch männlichen" Ausdruck zu geben. Der Mann steht anders im Leben, als es die Frau tut. Die Frau, sagten wir, geht stärker in der augenblicklichen Situation auf, bis dahin, daß alles andere verdrängt wird. Der Mann ist unabhängiger von der Außenwelt und den sich einander ablösenden Zuständen in der Zeit. Das Seinsprinzip wirkt in ihm so, daß er sich mehr als Persönlichkeit fühlt und daher bestrebt ist, die Identität seiner selbst im Fluß der inneren und äußeren Erscheinungen zu behaupten. Im Blickfeld des männlichen Bewußtseins tritt eins an die erste Stelle, anderes tritt wieder zurück, aber nichts verschwindet, nichts verliert seine Kraft. Deshalb ist auch das männliche Urteil gewöhnlich ausgewogener, objektiver. Der Mann, indem er sich selbst zurücknimmt, kann eine Situation überblicken, kann abwägen und vergleichen, was einer Frau, die leicht involviert und emotional verstrickt ist, oftmals mißlingt; sie will es auch gar nicht. Damit verhalten sich Frauen trotz ihrer „Offenheit" in ihrem sozialen Umfeld meist intoleranter als Männer. Sie nehmen Anstoß an dem Verhalten von X oder Y, auch wenn es sie gar nicht unmittelbar betrifft. Männer verfahren eher nach der Devise: soll er doch tun was er will, solange ich meine Ruhe habe.

Das Streben des Mannes, die eigene Einheit zu wahren, kommt auch im typisch männlichen *Denken* zum Ausdruck. Es ist der Logik verpflichtet, deren Grundlage das Identitätsprinzip A = A ist und deren Ideal darin besteht, das Verschiedenartige zum Einen zurückzuführen.

Das männliche Denken neigt zur Systembildung und dazu, abstrakte Begriffe zu formulieren. Begriffe machen die Welt verfügbar, indem sie Gegenstände und Bewußtseinsinhalte in eine bestimmte Ordnung eingliedern, die gleichzeitig Lösungen für Probleme bereithält. Die Vereinseitigung dieses Denkens in den letzten Jahrhunderten hat zu Rationalismus und wissenschaftlicher Technik geführt, deren Begrenztheit und Fragwürdigkeit heute jedermann offenbar ist. Dennoch muß bemerkt werden, daß der klare Verstand, indem er die Dinge feststellt, eben hierin eine Verwandtschaft mit der universellen Vernunft zeigt, der formgebenden Kraft der Ideen und Archetypen, die unbewegt über allem Wandel stehen.

In Weltanschauung und Philosophie gelangt das männliche Denken zu seiner vollen Entfaltung.

Die Logik als Ausdruck der Liebe zur Wahrheit, zur inneren Stimmigkeit, schlägt eine Brücke zum *ethischen Handeln.* Der strenge, unpersönliche Stil des Denkens kann für den Mann zu einer Art inneren Imperativs werden, der auch den persönlichen Ehrbegriff prägt. „Ein Mann, ein Wort“, heißt es. Montherlant sagte, man müsse auch ein Versprechen halten, das man seinem Hund gegeben hat. Damit veranschaulicht er, daß es bei einer explizit männlichen Ethik nicht um einen praktischen oder persönlichen Bezug geht (der Hund versteht ja nicht, was man verspricht), sondern um Treue gegenüber sich selbst. Im alten Iran bedeutete eine Lüge eine schwerere Schuld als Töten. Das ist nur dann verständlich, wenn man die transzendente Seite der Lüge begreift, die eben eine Verletzung des Seins, des Prinzips der Identität ist.

Frauen haben zu einer logisch oder imperativisch fundierten Ethik bezeichnenderweise keinen Bezug. Daß man ihren Worten nicht trauen kann und bei ihnen „auf losen Sand baut“, ist immer und überall schon von der Volksweisheit anerkannt worden. Auch Männer lügen und täuschen, im Unterschied zum (echten) Mann empfindet die (echte) Frau ihre Unzuverlässigkeit aber nicht als Schuld, als Untreue gegenüber dem eigenen inneren Gesetz. – Zurecht, denn sie ist nur die Folge ihrer existentiellen Labilität, der Formbarkeit und Gestaltlosigkeit des „Urstoffes“, der nach Plato und Aristoteles das Prinzip des „Verschiedenen“, der Veränderung und der „Abweichung“ darstellt. Das heißt nicht, um es noch einmal hervorzuheben, daß Frauen weniger „ethisch“ als Männer veranlagt sind. Es geht nur darum, daß sich ihr ethisches Handeln nicht von einem abstrakten Gesetz ableitet. Es hat viel mehr einen gefühlsmäßigen, sinnlichen und persönlichen Bezug, den Bezug zum „Leben“ also, während die Ethik des Mannes den festen, klaren (oft aber auch trockenen) Formen des unabhängigen Geistes folgt.

Wie sein Denken und Handeln wird auch das *Fühlen* des Mannes von der größeren Distanz zwischen Ich und Welt bestimmt. Seine Neigung, Gefühle zu kontrollieren oder für sich zu behalten, hat in neuerer Zeit zu der Kritik geführt, der Mann sei gefühlsarm oder emotional blockiert. Tatsächlich mag es aus weiblicher Sicht so scheinen, zumal wenn Frauen nicht ihre Intuition, sondern abstraktes männliches Denken anwenden. Und die Männer der industriellen Leistungsgesellschaft vergraben ja wirklich häufig ihre Gefühle; wir haben gesehen, womit das zusammenhängt. Doch auch der nicht deformierte Mann in der „freien Wildbahn“ oder der wiedererweckte Mann ist weniger „gefühlig“ als eine Frau. Das liegt wie gesagt einerseits daran, daß er seine Gefühle erfolgreicher kontrollieren kann, andererseits daran, daß seine Gefühle wie seine Aufmerksamkeit breiter gestreut und deshalb oft weniger intensiv sind. Vor allem aber ist es so, daß der Mann sein Fühlen zumeist in ganz anderen Bereichen auslebt.

Hier zeigt sich eine Entsprechung zur unterschiedlichen Art des Denkens. Das Denken der echten Frau ist konkret und am Stofflichen orientiert. Es ist eigentlich mehr ein Tasten, ein Schmecken, das laufend von Intuitionen durchzogen und daher unlogisch und unklar wirkt. Das Denken des Mannes ist „abgehoben“ und logisch-formal.

Ähnlich verhält es sich mit den Gefühlen. Interesse und Emotionen der Frau beziehen sich auf das Nächstliegende, auf die Dinge des täglichen Lebens, besonders die Angelegenheiten des Körpers wie Pflege,

Kleidung und leibliches Wohl, auf Haus und Familie wie die Menschen der näheren Umgebung. Männer dagegen empfinden den „Kleinkram" meistens als lästig und halten ihn durch Gleichgültigkeit von sich fern. Zum Kummer der Frau würdigen sie das liebevoll zubereitete Essen nicht (oder nicht genug), vergessen die Kleider zu wechseln und merken es garantiert nicht, wenn ein anderer Mann ähnlich gekleidet ist (was bei Frauen untereinander traumatische Wirkungen auslöst). Im Gegensatz zur Frau, die in ihrem Bereich hellwach und von flinker Aufmerksamkeit ist, zeigt sich beim Mann oft eine gewisse „Abwesenheit". Die Frau merkt es zu ihrem Verdruß daran, daß sein Blick über das ihr so Wichtige fortgleitet und sich in unerreichbaren Fernen verliert.

Es ist der verlorene Blick des Cowboys, des blinzelnden Zigarettenrauchers – die Werbung weiß haargenau, wie sie typisch männliche Sehnsüchte plakatieren und ummünzen kann. Am Endpunkt des Blickes, der „meilenweit" fortliegt, ist nämlich das Fühlen des Mannes lebendig. Sein tiefstes Fühlen, das, was ihn unbedingt angeht und über sich selbst hinausträgt. – Was ist es? Alles, was ins Reich der Ideen führt, ferner das Unbekannte, neu zu Entdeckende, das sich in weltlicher Hinsicht als Lust am Abenteuer, in geistiger Hinsicht als Lust am Erkennen, Begreifen bekundet, am Durchschauen von Zusammenhängen im Gipfelpunkt eines „Aha"-Erlebnisses. Das Herz des Mannes schlägt also gerade dort, wo das weibliche Herz zu schlagen aufhört. Es schlägt dort, wo sich das Materielle und Vordergründige auflöst und die Umrisse einer anderen, enthobenen Wirklichkeit sichtbar werden. Das mögen Ereignisse in der Politik sein, besonders wenn sie ins Weltanschauliche gehen, das sind Forschung und Technik, das ist Schöpfertum in der Kunst, das sind die Denkgebäude der Philosophie, die kosmischen Dimensionen in Religion und Mystik und eine gewisse Gattung von Werten und Idealen, die heute sorgfältig abgeschirmt werden, weil man die männliche Revolution befürchtet ...

Es gibt Urbilder, die so stark sind, daß sie aus wankelmütigen Männern Helden machen, die ihr Leben mit leichter Hand hingeben. Auch Frauen opfern ihr Leben, aber gewöhnlich für ihre Kinder. Im Bombenhagel der Kriege werden massenhaft heldische Frauen geboren. Keine

Frau dagegen stirbt für eine Idee. Männer und Frauen opfern sich Wirklichkeiten, von denen sie spüren, daß ihr Dasein von ihnen abhängt und das Unterpfand einer Verpflichtung trägt.

Mit dem Ausgriff in die Ferne und Weite, der uns noch eingehender beschäftigen wird, ist ein weiteres entscheidendes Merkmal verbunden, das den Mann nunmehr deutlich aus dem profanen Bereich der Zweckmäßigkeiten und reinen Lebensklugheit herausführt.

Es handelt sich um die dem Manne eigene *Schöpferkraft,* dem Impuls, das Stoffliche zu durchdringen, zu vergeistigen, um eine Vision, eine innerlich geschaute Idee Gestalt werden zu lassen. Dieser Impuls bewegt zwar nicht alle Männer im gleichen Maße, wenn er sich aber bewegt, ist er machtvoll wie kaum ein anderer, so daß man sagen kann, daß er der tiefsten Wurzel entspringt. Und als solcher ist er nur Männern zueigen. Die zahllosen Kunst- und Kulturdenkmäler, die durch alle Jahrtausende in unerschöpflichem Reichtum aus menschlichen Lebensräumen emporwuchsen, die große Musik, die unsterbliche Literatur, die himmelstürmenden Dome – das alles wurde von Männern geschaffen. Auch Frauen gestalten und schaffen, doch zeigen ihre Werke einen viel größeren Hang zum Konventionellen, wenn sie nicht gleich im Dekorativen verharren, wo sie allerdings viel Geschmack beweisen. Es geht hier nicht darum, das eine gegen das andere auszuspielen. Typisch männliches und typisch weibliches Schaffen bewegt sich einfach auf unterschiedlichen Ebenen, die nicht miteinander vergleichbar sind. Es geht auch nicht darum, daß es genügend Männer gibt, die sich in nachahmendem Formalismus gefallen. Es geht nur darum, hervorzuheben, daß wirkliches Schöpfertum ausschließlich männlich ist. Keine Frau könnte eine neunte Symphonie, eine Feuerwerksmusik oder einen Triumphmarsch, auch keinen Chagall oder Picasso hervorbringen. In den Werken der großen Meister lebt eine Glut, eine Kühnheit, die Frauen einfach nicht in sich haben. Die schöpferische Ekstase, die viele Künstler zerriß, sie in Wahnsinn und Selbstzerstörung hinabstieß, ist Frauen fremd. Hier zeigt sich wieder die Parallele zu vielen anderen Lebensbereichen, bei denen die Frau in inniger Fühlung, aber auch in Gebundenheit am Objekt verharrt, während der Mann Distanz nimmt. Ist er vom Schöpferischen beseelt, verwandelt sich seine Distanz in Schwung, der ihn dorthin trägt, wo nicht weniger, sondern *mehr* Leben ist. Dieses „mehr" zu erreichen und zu verinnerlichen ist die ewige Sehnsucht des Mannes. So oder so, auf Umwegen oder geradeaus, versucht er immer, in das „gelobte Land" zu gelangen. Und auch wenn er in die Irre geht, weil ihm sein Ziel nicht klar ist: eingefleischt ist die Abneigung gegen Stillstand und alles, was ihn in Fesseln schlägt. Wenn er nicht völlig degeneriert ist, wird er bestrebt sein, Zwänge und Bindungen, die ihn einengen, abzustreifen, zumindest vorübergehend zu lockern, zum Beispiel durch einen Seitensprung, eine durchzechte Nacht, eine rasante Autofahrt oder durch sportliches Engagement, das ihm Gelegenheit gibt, das, was ihn einengt, symbolisch niederzuwerfen. Aufbruch, Durchbruch und Freiheit sind männliche Lebensmuster, genauso wie Einfühlung, Anpassung und Geborgenheit weibliche sind. Doch davon wird noch ausführlich zu reden sein. Und auch davon, wie sich der Drang nach Freiheit genuin in das Wesen des *männlichen Eros* einfügt. Die männliche und die weibliche Art zu lieben sind weithin genau entgegengesetzt. Dies aber zum Problem zu machen, ist typisch modern. Gerade *indem* der Mann über die Frau „hinausliebt", sie *nicht* zum Mittelpunkt seines Lebens macht, gibt er ihr Halt und Bindung. Und diese Art Liebe muß keineswegs weniger intensiv sein, sie kann ihm sogar die Pforten zu einer königlichen „Unsterblichkeit" öffnen. Doch davon später ausführlicher.

Vorerst dürfte deutlich geworden sein, daß das männliche Ungenügen am Partiellen, sein Streben nach Ganzheit und Fülle, das er durch Auflösung des Gewordenen realisiert, auf den kosmischen Ursprung hinweist, das Eine, das absolute Sein, das im Mann, der das „Yang" verkörpert, lebendig ist. Seine häufige Unruhe und Zerrissenheit sind Zeichen des Leidens in der Entfremdung, seine schöpferische Potenz, aber auch sein ruhiges, klares Bewußtsein, das in der philosophischen Konzeption oder der religiösen Erleuchtung bis auf den Grund der Dinge dringt, bringen den Einklang mit seiner Tiefennatur zum Ausdruck. Die Fruchtbarkeit seines Wirkens ist gleichzeitig Gradmesser seiner inneren Losgelöstheit. Nur wer sich frei macht von den Verhaftungen im Konkreten, erfährt den Anhauch des Schöpferischen, den Atem der Sterne. Nur wer mutvoll den

Abgrund des Nichts erforscht, trägt die Krone herauf, in die Welten gewebt sind.

Der vollendete Mann ist über das Schöpferische hinaus genial. Für viele ist ein Genie immer irgendwie degeneriert. Wer hilflos im Rollstuhl hängt wie der Physiker Hawkins oder völlig irrsinnig aussieht wie der Schauspieler Klaus Kinsky, wird freizügig „genial" genannt. Nietzsche (der allerdings wirklich genial war) bekommt durch das Bild des aus tiefen Augenhöhlen starrenden Paralytikers seine letzte Vollendung. Ein Genie ist aber kein Kranker, sondern gerade der Mensch, der die Überfülle des Lebens birgt, der das Weltall in seiner Brust trägt. Bach, Händel und Beethoven waren Genies, weil sie ihre Musik nicht ausdenken mußten, sondern von ihr ergriffen wurden. Goethe und Dostojewski waren Genies, weil ihre Gestalten mit allen Qualen und Abgründen in ihnen lebten, weil sie sie nur hervorziehen brauchten. All die Maler und Bildhauer waren Genies, die in wenigem, oft nur in einer Linie, einen bezaubernden Schwung, eine Ahnung des Göttlichen aufblitzen ließen. Und um sie herum die Namenlosen aus allen Zeiten und Völkern, die nie einen Pinsel ergriffen, nie eine Zeile geschrieben haben, weil sie vielleicht nicht schreiben konnten, innerlich aber in herrlichem Maße das Maßlose bargen.

Ein Genie ist nichts Extravagantes. Es verkörpert vielmehr eine Idee, welcher der eine näher kommt, während der andere in größerer Ferne verharrt. Genialität ist nichts anderes als gesteigerte, voll entwickelte, im Bewußtsein der Ganzheit lebende Männlichkeit. Darum ist Genialität wie Schöpfertum auch ein durch und durch geschlechtliches Phänomen. Das Geschlecht ist nicht *eine* Seite am Menschen, es erfaßt und bestimmt den *ganzen* Menschen. Die Entfaltung des Mannes zum schöpferisch wirkenden Geistträger bedeutet kein weniger, sondern ein *mehr* an Geschlechtlichkeit. Der Schaffensrausch, die schöpferische Ekstase, in der der Mann über seine Grenzen hinaustritt und freisetzt, was in ihm steckt, erfüllt ihn mit höchster Lust. In der höchsten denkbaren Aktivität wird er selbst zum Gott. Er vereint sich mit seinem kosmischen Urbild, der Sonne, die als Kreis mit dem Punkt in der Mitte die ewig schwingende Schöpferkraft mit dem umwandelbaren Geistbewußtsein als Zentrum symbolisiert.

Damit ist etwas angesprochen, was durchaus zum Wesen des Mannes hinzugezählt werden muß, und zwar die enorme *Spannweite* der ihm innewohnenden Möglichkeiten. Das Geschlecht des Mannes ist *viel differenzierter* als das der Frau. Es bringt einerseits große Begabungen, schöpferische Talente, Genies hervor, häufiger als das weibliche, aber auch hohle, nichtssagende Formen bis hin zu Stümpern und Idioten. Schon Darwin hatte bemerkt, daß das Weibchen eher den Durchschnittstypus der Gattung bewahrt, während das Männchen zu einer größeren Variabilität neigt. Damit steht in Zusammenhang, daß Frauen eher als Männer eine gewisse Reife erlangen. Ihre Entwicklung ist aber auch früher abgeschlossen. Es ist eine „glatte" Entwicklung, die vom Yin-Element, dem Prinzip der Natur, geschützt und getragen wird. Dieses strömt durch den ganzen weiblichen Körper, das ganze Gefilde der weiblichen Seele hindurch. Frauen sind sozusagen „aus einem Guß": das macht sie stark, legt ihnen aber auch Beschränkungen auf. Indem sie als Teil des Kosmos seine materielle Substanz verkörpern, leben sie in der schon beschriebenen Abhängigkeit von dem, was außerhalb ihrer selbst ist.

Der Mann dagegen ist nicht nur „Natur", sondern auch noch „darüber hinaus". Er verkörpert nicht nur das ergänzende Korrelat des Weiblichen auf dem Gebiet der Erscheinungswelt, er spiegelt auch den Charakter dessen, was über die irdische Zweiheit hinausgeht und sie umschließt. Damit ist er, um reif zu werden, auf einen Weg gerufen, der oftmals sein ganzes Leben oder noch länger dauert. Denn sein Weg ist nicht der einer natürlich-zwangsläufigen Entwicklung. Es ist ein Weg, der senkrecht von oben in die Horizontale der sich natürlich vollziehenden Lebensprozesse hineinschießt. Er ist eine Herausforderung, eine Zumutung, ein ihm zugemuteter Weg, und deshalb sind Abstürze, Krisen und Verwirrungen vorprogrammiert.

Der Mann wird niemals als Mann geboren, noch wird er es schicksalhaft, automatisch, wie etwa die Frau nach der ersten Regel zur Frau wird. Das wissen sogar Feministinnen, die ja bekanntlich behaupten, daß Männer gemacht werden. Doch sollte man lieber von „Selbstschöpfung" reden im Sinne des Meister Eckehart. Der Anstoß zur Selbstschöpfung kann von außen gegeben werden, traditional durch den Ritus der Initiation, auch durch besondere Lebensumstände, immer aber ist Mannwerdung mit bewußter, aktiver Entfaltung eines zuinnerst angelegten Vermögens verbunden. Der Spötter Voltaire definierte Menschen einmal als „bipes et implumis“, als Wesen auf zwei Beinen und ohne Flügel. Die Definition reizt zum Lachen, man spürt, daß irgend etwas zu kurz kommt. Gerade beim Mann kommt aber alles zu kurz, wenn man ihn auf die körperliche Funktionen und Merkmale der materialistischen Psychologie zurechtstutzt. Alles, was den Mann ausmacht, liegt auf der *anderen* Seite, jener, die für den täppischen Zugriff einer mit Blindheit geschlagenen Wissenschaft unerreichbar ist. Es spielt dabei überhaupt keine Rolle, daß uns in dieser „Gesellschaft“ tatsächlich zu 99,9 Prozent die Erscheinung des flügellahmen Kapauns, des biologisch vertrottelten Männchens begegnet. Wir haben gesehen, womit das zusammenhängt. Nur sagen wir nicht, wie die Sozialwissenschaftler, Emanzen und Psychologen: „Sieh her, dies ist der Mann“, wir sagen stattdessen: „Dies ist er *nicht*!“

Unbeirrt halten wir daran fest, daß Mannsein – entsprechend der lateinischen Wurzel „vir“, aus der sich Mann wie auch „Tugend“ herleitet – ein *Qualitätsbegriff* ist, der etwas mit Zielen, Visionen, Leistung und letztlich mit neuer Schöpfung zu tun hat. Mannsein ist keine Sache der Chromosomen oder der sexuellen Potenz, Mannsein ist eine *Berufung*. Und diese Berufung ist untrennbar mit dem Weg, den ein Mann zurücklegen muß, verbunden.

Dies ist der deutliche Schlußstrich – und Auftakt –, den wir unter sein Wesen setzen, ein Wesen, das wesensmäßig in der Entwicklung, im Ringen um Selbstsein besteht.

2. KAPITEL

DER WEG DES MANNES

1. Der Weg des Kriegers

„Es gibt einen Weg, den keiner kennt, wenn Du ihn nicht gehst.
Wege entstehen, indem wir sie gehen ...
Es gibt einen Weg, den niemand geht, wenn Du ihn nicht gehst.
Es gibt Deinen Weg, ein Weg der entsteht, wenn Du ihn gehst."
(Werner Sprenger)

Die Männer gehören zu jenem Teil der menschlichen Gattung, der einen Weg hat. Ihr Unterwegssein beginnt bereits mit dem Streben der männlichen Samenzellen zu der behäbig ruhenden Eizelle, pflanzt sich fort mit dem Ausbrechen kleiner Jungen aus den Armen der Mutter, später kommt der Drang aus dem Elternhaus, der Drang ins Weite, ins Unbekannte, wie er die Helden in Sagen und Märchen ergriff, deren Abenteuer uns einst wie ein großes, unentrinnbares Schicksal grüßten.

Auch das Bild des Wanderers, des Reisenden hat uns merkwürdig angerührt und tut es noch heute. Natürlich nicht das des Sonntagswanderers, der im schwitzenden, lärmenden Pulk klebt, auch nicht des Jetters, der am anderen Ende der Welt deutsches Bier konsumiert oder als Herdenschaf von einem Knipspunkt zum anderen gejagt wird. Nein, was uns anspricht und unsere Sehnsucht weckt, ist gerade die Vorstellung, daß der Aufbrechende allein ist, mutterseelenallein, und daß sein Ziel in der Fremde liegt, in der fernen Fremde, in der alles wirklich ganz fremd und gleichzeitig wunderbar ist.

Der Reisende, der Wanderer, der Abenteurer, auch der ins Leere schreitende Narr des Tarots sind Grundbilder männlicher Lebenserfahrung und Lebensentfaltung. Der Weg, den wir gehen müssen, ist nicht asphaltiert und hat keine Hinweistafeln, die wir studieren und anderen mitteilen könnten. Er ist beinahe unsichtbar und man kennt nicht seine Gefahren und Hindernisse, nicht seine Länge und auch nicht immer das Ziel. Man weiß nicht einmal, ob es ein Weg ist oder die Einbildung eines Weges. Der Weg des Mannes ist eine absolute Herausforderung. Das macht seinen Reiz aus.

Jeder muß ihn sich selbst eröffnen, jeder ist allein und kann Unterstützung nur von sich selbst erwarten. Am Rande des Weges liegen Skelette, man verirrt sich in Sackgassen, überschreitet Fallgruben, muß mit Räubern und Drachen kämpfen. Und dann sind auch üppige, fruchtbare Gründe da, an denen man seine Wunden pflegt und verschnauft. Für manche sind diese Pfühle das Ende des Weges, sie lassen sich wohlig seufzend hineinsinken, um nie wieder aufzustehen. Andere erheben sich wieder, von nichts getrieben als einem fernen Ruf und dem Schmerz im eigenen Innern, der nagt und raunt, daß dieses noch nicht das Ende ist.

Frauen kennen dieserart Wege nicht. Es fehlt ihnen die metaphysische Sehnsucht. Darum reisen und wandern sie auch nicht so gerne, was Spiegelbild dieser Sehnsucht ist. Ihre pragmatische, diesseitsorientierte Natur bevorzugt Etappen, die gut überschaubar und möglichst bewährt sind, von vielen erfolgreichen Männern abgeschritten – aber auch das eigentlich erst, nachdem sie sich emanzipiert haben. Von ihrem Grundwesen ist die Frau zwar beweglich, hat aber keine Richtung. Ihr Ausdruck ist das Gefäß, die offene Schale. Sie will nicht streben, schon gar nicht kämpfen, sondern empfangen. Und wenn sie empfangen hat, spürt sie Reichtum und Fülle und umkreist das Empfangene mit niemals ermüdender Sorgfalt und Liebe. Das ist ihr Heim, das sind ihre Kinder, das ist ihr Mann. Sie sitzt gern und lauscht, wenn dieser von seinen Abenteuern erzählt. Sie hat aber nicht das Bedürfnis, das Schwert in die eigene Hand zu nehmen. Sie nimmt Anteil und das genügt ihr, denn ihr Leben entfaltet sich eben in dem, was in sie hineinfließt. Wenn die Lebensbewegung des Mannes ein zielstrebiges, lineares Fortschreiten ist, zieht die Frau also eher Kreise. Sie umkreist einen Mittelpunkt, der nicht sie selbst ist und den sie als Stütze und Kraft ihres Daseins benötigt. Diese Bewegung, die auch das Hegende und Umsorgende ausdrückt, entspricht ihrem Eingebundensein in die zyklischen Abläufe der Natur und manifestiert sich nicht zuletzt in ihrem organischen Ausdruck, der die rundlichen Formen bevorzugt.

Der Weg des Mannes ist der Weg eines Kriegers. Er beschreitet ihn nicht um spazierenzugehen, sondern weil er ein Ziel, eine Aufgabe, eine Mission hat. Deshalb ist eine Auseinandersetzung mit dem, was sich in den Weg stellt, vorprogrammiert. Es gibt zwar auch friedliche Arten der

Auseinandersetzung, zum Beispiel die Diskussion, aber wenn es um Leben und Tod geht, wird sie meist etwas heftiger. Und es geht um Leben und Tod.

Der Mann bringt hierfür ein typisch männliches Kraftpotential mit, das sich zum einen gewalttätig und zerstörerisch äußern kann, aber auch Mut, Entschlossenheit und Erfindungsreichtum beinhaltet. Meist wird das eine verurteilt, das andere gelobt, man sollte sich aber klar sein, daß Destruktivität und Konstruktivität nicht zwei verschiedene Dinge, sondern nur zwei Aspekte ein und derselben Energie sind. Es ist die Grundenergie des Mannes, die sich in allen Lebensäußerungen manifestiert. Sie hat etwas drängendes, ungestümes, der Mann wird mit ihr zum Kämpfer und Überwinder. Irgendwie will er immer Freiheit erlangen, er will Zwänge und Hindernisse durchbrechen und Freiheit erlangen, Freiheit um jeden Preis.

Damit fordert er Krieg heraus. Man muß zugeben, daß der Krieg die normale Situation des Mannes ist, die er braucht und wünscht. Das zu verdrängen oder verurteilen hieße, den Mann seiner Lebenskraft, seiner eigentlichen Männlichkeit zu berauben. Aber der Krieg des Mannes hat viele Gesichter. Natürlich ist es auch die Schlacht, in der Gegner niedergemetzelt und feindliche Linien gestürmt werden. Viele Männer haben gerade in dieser elementaren, brutalsten Form ein Erlebnis gefunden, das etwas in ihnen zum Klingen brachte, sie innerlich umwandelte. Warum haben sich in den Weltkriegen wohl so viel Freiwillige an die Front gedrängt – nur aus Dummheit?

In kaum verhüllter Form wird der Krieg weitergeführt auf den Sportplätzen, bei allen Mannschaftsspielen, in denen der Gegner „niedergestampft“ und der Ball ins Tor, in die Freiheit gebracht werden muß. Krieg findet auch auf dem Schachbrett statt (Schach ist Männersache!), im beruflichen Wettkampf, im Ringen des Künstlers um die vollendete Form, im Denken des Philosophen.

Der entscheidende Krieg des Mannes spielt sich dabei gleichwohl auf anderer Ebene ab. Es ist nicht der Kampf gegen den äußeren, sondern den inneren Feind: die Überwindung der Beschränkungen eines kleinen, in Leidenschaften und Konventionen gefesselten Ich zugunsten des höheren Selbst. Das Ich, dessen Grundton uns ständig begleitet, ist zwar das Produkt des in die Materie eingegossenen Selbst, es ist aber auch ein betäubtes, unrein gewordenes Selbst, da es sich mit den Zufälligkeiten des Lebensstroms vermischt hat. Die Sonne „scheint" zwar, aber sie scheint nur als Widerspiegelung einer wahren und ewigen Sonne auf einem bewegten Wasser. So ist das Ich-Prinzip nicht nur erwachte, beseelte Form, es ist gleichzeitig Fessel und Schale, die das Zentrum mehr oder weniger abschließt. Die Auflösung dieser Schale, die Wiedergeburt in eine tiefere, umfassende Einheit mit dem, was wir sind, kommt oft einem Todeserlebnis gleich – vor allem wenn sie als Sprengung, als eine abrupte initiatische Öffnung erfolgt. Doch auch wenn sie über Jahre oder Jahrzehnte stattfindet, wird sie vom unbarmherzigen Anspruch des „Stirb und Werde" diktiert. Immer ist Einschmelzung und Umwandlung des gewohnten Ich von existentiellen Ängsten begleitet, da hier das Unmittelbare, das für den Menschen Kostbarste angerührt wird. Besonders der Mann wird in seiner Ur-Angst getroffen, da er, der dem Sein untersteht, bemüht ist, den Abglanz des Seins, seine scheinbar souveräne Persönlichkeit, möglichst unbeschadet durch den Wandel der Zeiten zu retten. Der Verlust seines Selbst, seines „Gesichts", ist die grundlegende Furcht des Mannes. Gleichzeitig liegt genau darin sein stärkstes Verlangen, da das Durchbrechen der eigenen Maske erst volle Freiheit und uneingeschränkte Souveränität verheißt. So können die vielfältigen kriegerischen Aktivitäten des Mannes, durch die er sich selbst dazu zwingt, seine Ängste zu überwinden, an seine Grenzen und darüber hinaus zu gehen, in direkter oder symbolischer Weise dem Tod ins Gesicht zu blicken, als unbewußte Annäherung an seine spirituelle Berufung verstanden werden, die in bewußter Transformation des Ich in die Fülle des Selbst hinein seine vollendete Lösung findet.

Es ist kein Zufall, daß in vielen spirituellen Systemen der „Krieger" die Leitfigur bildet. Der Held in der indischen Bhagavad Gita ist Krieger, die Lehre des Zen-Buddhismus ist eng mit Bushido, dem Weg des Kriegers, verknüpft, ebenso ist die japanische Schwertkunst (Kendo) vom Zen beeinflußt. Auch das europäische Rittertum wurde von Orden beeinflußt, die auf dem Urideal der „solaren Geistigkeit" gründeten. Die Taten und Kämpfe der Gralsritter, die ausziehen, um das kostbare Gut, den (unsichtbaren) Stein oder Kelch zu finden, können als bloße Abenteuer verstanden, ebenso aber als Stufenfolge einer transzendenten Verwandlung zu königlicher Vollendung gedeutet werden.

Besonders deutlich kommt die Entsprechung in der islamischen Rede vom „Kleinen“ und „Großen Heiligen Krieg“ zum Ausdruck. Der Kleine Krieg ist der materielle, den man nach außen gegen ein feindliches Volk führt, der andere ist innerlich und spirituell. Beide können zu einem einzigen werden, und zwar dann, wenn die äußeren Umstände der Kriegshandlung den inneren „Feind“ provozieren, der sich als Angst, Tatenlosigkeit, Leidenschaft, Selbstberauschung usw. bemerkbar macht und vom Kämpfenden im selben Augenblick besiegt werden muß, in dem er sich auf das Schlachtfeld begibt, um den äußeren Feind zu bekämpfen und zu besiegen. Im rechten Bewußtsein durchgeführt, wird der Kleine Krieg gleichsam zu einer rituellen Handlung, die die Wahrheit des „Großen Heiligen Krieges“ zum Ausdruck bringt und bezeugt.

Wenn wir uns nun dem Weg des Mannes im einzelnen zuwenden, bildet die aufgezeigte Verflechtung von kriegerischer Aktivität und spiritueller Entwicklung einen nach unserer Ansicht brauchbaren Leitfaden, an dem wir uns orientieren wollen. Manche psychologischen Vorgänge werden gerade von Kriegswaffen, in denen sie sich symbolhaft verdichten – besonders dem Schwert – unübertroffen dargestellt.

Nota bene: Ein Leitfaden ist kein Rezept. Es wäre hier völlig verfehlt, eine Technik zur Schulung der „höheren Männlichkeit“ anzubieten. Seinen Weg muß jeder persönlich finden. Wir weisen lediglich auf gewisse Prinzipien und Strukturelemente hin, die allerdings von verbindlicher Gültigkeit sind. Wie und in welchem Maße sie umgesetzt werden, hängt von den persönlichen Umständen ab. Außerdem: Wir haben es mit Prozessen zu tun, die als initiatisch gelten. „Initiare“ heißt „einweihen“, „das Tor zum Geheimen öffnen“. Das Geheime aber ist nicht verfügbar.

Die nun folgende Übersicht ist gegliedert nach den wichtigsten seelischen Fähigkeiten, die der Mann auf seinem Weg mitführen beziehungsweise erwerben muß. Sie sind dem vierfachen Gebot einer alten, kriegerisch-initiatischen Tradition unterstellt: Wissen – Wagen – Wollen – Schweigen.

2. Wissen

„Die Tatsachen sind die Feinde der Wahrheit."
Cervantes

2.1. Wissen als Haben und Sein

Wissen ist Anfang und Ende des Weges. Wissen wir aber, was Wissen bedeutet? Es gibt solches und solches Wissen, und das eine hat mit dem anderen nicht viel gemein.

Unter Wissen verstehen wir heute meistens ein Wissen „über" etwas, eine Sammlung von Daten und Fakten, die sich der objektiven Erkenntnis eines dem Ich gegenüberstehenden Gegenstandes verdanken.

Die Subjekt-Objekt-Spaltung als Voraussetzung zum Erwerb von Wissen, die klare Abgrenzung des Betrachters von einem zu untersuchenden Ding hat seit der Antike das abendländische Denken geprägt und schließlich Naturwissenschaft und Technik hervorgerufen, bei denen das objektive Bewußtsein bekanntlich die wichtigste Rolle spielt. Es ist ein Wissensbegriff entstanden, für den nur die Erkenntnis gilt, was unabhängig von der Person des einzelnen grundsätzlich allen zugänglich ist: entweder durch ein wissenschaftliches Experiment oder anerkannt ausgewiesene, logisch-formale Erkenntnisschritte.

Das Demokratieprinzip gilt nicht nur für die Naturwissenschaften, es erstreckt sich auf die gesamte moderne Bildung. Eine Wahrheit ist nur dann eine Wahrheit, wenn sie alle erkennen können, vorausgesetzt, sie haben einen gewissen Grad an Vorbildung. Aber auch die wird durch Schulen und Studiengänge jedermann offengehalten, ja aufgezwungen. Schon Hebbel spottete, daß es heutzutage (damals um 1850) keinen Dummkopf mehr gäbe, der nicht irgend etwas gelernt hätte.

Wissen wird damit zur Ware, die überall angeboten und relativ leicht erwerbbar ist. Man kann sie in seinen Kopf stecken wie einen Gegenstand in einen Sack und als „objektiven" Besitz verbuchen.

„Wissen ist Macht" heißt es denn auch, und: „Was man schwarz auf weiß besitzt, kann man getrost nach Hause tragen." Wem die Aneignung

Mühe machte, dem half der versöhnliche Spruch: „Nicht für die Schule, sondern fürs Leben lernen wir"? Doch das sind Sprüche von gestern.

In der Endphase des Liberalismus ist die „Ware" Wissen nicht nur endemisch angeschwollen und selbst für Fachidioten im kleinsten Ressort untragbar geworden, sie unterliegt auch einer rapiden Entwertung. Einer unserer Volksvertreter erklärte einmal, daß Wissen alle fünf Jahre veraltet sei, weswegen man sich an ein lebenslängliches Lernen gewöhnen müsse. Er verschwieg, daß das Wissen in fünf Jahren schon nach einem Jahr überholt sein wird und die Bürger dann auch noch nachts lernen müssen. Spaß beiseite, schon heute ist es so, daß Fachbücher, deren Druckerschwärze noch feucht ist, bereits wieder eingestampft werden.

Es drängt sich die Frage auf, ob diese Art Wissen überhaupt noch als Wissen gelten kann. Sie müßte sich *auf*drängen, obwohl sie wahrscheinlich eher *ver*drängt wird, da die inflationäre Wissensverpulverung nur die zwingende Konsequenz einer Denkrichtung ist, die den „objektiven" Wahrheiten einen Anspruch von Absolutheit beimißt. Die gesamte abendländische Geistesverfassung würde mithin infrage gestellt.

Es gibt Kulturen, wie die des Ostens, die das objektive Bewußtsein zwar gelten lassen, ihm aber einen geringeren Stellenwert einräumen. Nach ihrem Verständnis tastet es nur die Oberfläche der Dinge ab, ohne zu ihrem Kern vorzudringen. Es hilft nur zur weltlichen Orientierung, führt aber nicht zur wahren Erkenntnis. Wirkliches Wissen ist untrennbar mit Erfahrung verbunden. Das Ich muß bereit sein, die Subjekt-Objekt-Schranke zu überwinden, sich auf den Gegenstand einzulassen, ihn zu durchreisen, zu erfahren, ohne ihn vorderhand durch seinen Verstand zu verstellen. Das aber bedeutet, daß der Gegenstand als ein solcher verschwindet. Man kann ihn nicht wirklich erfahren, solange man ihn als ein „anderes", von sich Unterschiedenes wahrnimmt. Erst im „Inne-Sein" blitzt Erkenntnis auf, erst dann, wenn die Sache nicht mehr *gedacht* wird, sondern wenn man sie *ist*.

Dieser Zustand der „aktiven Identifikation" kann schlagartig, überraschend kommen, aber auch in stufenweiser Annäherung realisiert werden. Es ist ein Zustand, in dem der Mensch mit der Wirklichkeit, die er wahrnimmt, vollkommen übereinstimmt, in dem er sich ihrer vollkommen bewußt ist und sie vollkommen erfaßt. Er ist sich ihrer bewußt – das heißt nicht sein Gehirn, das die Blume, den Hund, den Menschen mit seiner Verstandesfunktion definiert, sondern er, der ganze Mensch ist sich ihrer bewußt, sein Ich ist im Objekt eingewoben, mit ihm verschmolzen, und das Objekt, das keines mehr ist, offenbart sich in seiner ganzen „übergegenständlichen" Fülle.

Dieses unmittelbare Sehen oder Wissen wird im Osten „Satori" oder „die große Erfahrung" genannt. Es ist aber keine spezifische östliche Errungenschaft, auch im Westen gab es eine entsprechende Geisteshaltung, die aber aufgrund des hier herrschenden Materialismus immer unterdrückt und verfemt wurde. Die Reihe derer, die das gegenständliche Bewußtsein infrage stellten, umfaßt Namen wie Heraklit, Platon, Dante, Leonardo da Vinci, Meister Eckehart, Goethe, Novalis. Goethe bezeichnete die Trennung von Subjekt und Objekt als irreführend und entwickelte aus seiner Gesamtschau eine Naturwissenschaft, die er unbeirrt gegen die an Newton anknüpfende, dem Messen und Wiegen verschriebene Naturwissenschaft seiner Zeit verteidigte. Das wird ihm inzwischen als dichterische Marotte verziehen. In einem Leitspruch schrieb er ebenso treffend wie diskret:

„Müsset im Natur betrachten
Immer eins wie alles achten:
Nichts ist drinnen, nichts ist draußen;
Denn was innen, das ist außen.
So ergreifet ohne Säumnis
Heilig öffentlich Geheimnis."

Man kann die beschriebene Geistesart also nicht an bestimmten Kulturen oder Epochen festmachen, man kann und muß sie jedoch als Erbe des weitverzweigten geistigen Patriarchats betrachten. Wir sprachen eingangs darüber, daß es zum Wesen des Patriarchats gehöre, das Bewußtsein nach „oben" zu lenken und die Menschen in Institutionen einzubinden, in denen übergeordnete Seinsweisen transparent und „teilhaftig" werden. Auch das ganzheitliche Erkennen läßt sich als Erhebung über die vordergründige Realität des Materiellen und Zufälligen begreifen: Die Beziehung verläuft nicht horizontal, von einem Ding zum anderen und somit innerhalb der Welt der Dinge, sondern vertikal: durch jedes einzelne Ding hindurch bis in die letzten Tiefen und Höhen, in denen sein Ursprung, sein Wesen geschaut und verstanden wird. Dabei geht es nicht – um einen wichtigen Unterschied klarzumachen – um ein passives Sich-Verlieren oder Darin-Versinken, um einen vorintellektuellen, gefühlsbeladenen Zustand also, der heute gewöhnlich als „Esoterik" vermarktet wird, sondern um „aktive" Identifikation, einen Zustand überrationaler, wesenszentrierter Klarheit. Das ist ein ganz entscheidender Unterschied, auch wenn er nicht unmittelbar für jene zutage tritt, die dort, wo es weder um Dinge noch um abstrakte Begriffe geht, nur eine lange, schwarze Nacht sehen, in der eben alle Katzen grau sind.

Der Unterschied, der uns hier aber vorrangig beschäftigt, ist der zum normalen, gegenständlichen Bewußtsein und Wissen. Das initiatische Wissen ist immer *Erfahrungswissen*. Das bedeutet zum einen: es ist elitär, es kann nicht vermittelt, es muß *verwirklicht* werden. Man ging deshalb zu den antiken Meistern, nicht um zu „lernen", sondern um zu „erlangen". Und zwar infolge eines tiefen Eindrucks, einer heiligen Erfahrung. Diese Erfahrung bewirkte eine wesensmäßige Umwandlung des Bewußtseins, die wiederum den Grund legte für neue, weiterreichende Erfahrungen. Zum anderen: das initiatische Wissen trifft unmittelbar. Es ist nicht Wissen, sondern Gewißheit. Die Sache ist zugleich die Erkenntnis der Sache, was jedes herumdenken und diskutieren überflüssig und sinnlos erscheinen läßt. „Es ist einfach so."

Die absolute Sicherheit und Präsenz des gelebten Wissens läßt das gewöhnliche Wissen der Straße, das jeder aufgreifen und verändern kann, als Nicht-Wissen erscheinen. Es ist ein System von Begriffen, Beziehungen und Hypothesen, das keinen Erfahrungscharakter, sondern abstrakten Charakter aufweist. Meist ist es nicht einmal das, sondern leeres Gerede, das der einzelne gar nicht nachprüfen kann. Die Unmenge Informationen, die auf ihn einströmt, muß mehr oder weniger gläubig geschluckt werden.

So „hat" man zwar Wissen, aber man „ist" es nicht. Man kann es in sein Gehirn füllen, aber man bleibt doch leer. Soviel man auch schluckt, das Wissen verwandelt, „erhöht“ nicht, der Mensch bleibt immer derselbe. Das ist der Preis der Wissens-Demokratie. Ein Wissen, das den Anspruch erhebt, für alle da zu sein, ist letztlich für keinen da. Es ist plattgefahren, abgedroschen, „Wissenshülse“, es fehlt ihm die Kraft der personalen Durchdringung. Damit fehlt ihm auch Macht über das, worauf es sich gründet.

Die westliche Menschheit glaubt immer noch, daß ihr Wissen Macht besäße, besonders das technische Wissen, das die bekannten materiellen Errungenschaften herbeigeführt hat. Aber sie täuscht sich gewaltig. Wirkliche Macht ist unübertragbar, persönlich, spirituell. Sie verdankt sich der aktiven Identifikation, der Wesensschau, die zur absoluten Ursache einer Erscheinung führt, so daß man auf einer subtilen Ebene auf sie einwirken kann. Damit verglichen entspricht der wissenschaftlich-technische Zugriff der Holzhammermethode. Beschränkt auf den vordergründig materiellen Aspekt einer Sache ist er mechanisch und anorganisch, weshalb der moderne Mensch viel mehr den Umständen unterworfen ist, als daß er sie sich unterwirft. Er spielt die Rolle des Zauberlehrlings in einem mittlerweile entfesselten Chaos irrationaler Kräfte, das die Fata Morgana seiner ausschließlich materiellen Macht nur allzu vergänglich erscheinen läßt.

2.2. Selbstfindung

Beziehen wir nun das initiatische Wissen auf die individuelle Entwicklung. Hier muß die „Kunst“ oder das „große Werk“ seinen Anfang nehmen, denn gerade der heutige Mensch ist nicht nur von den Dingen der Welt, sondern vor allem auch von sich selbst getrennt.

Es nützt nicht viel, in der Außenwelt vorwärts zu schreiten, zu schaffen oder verändern zu wollen, wenn die Innenwelt dunkel ist. Man gleicht einem Blinden, der in den nächsten Graben fällt. In dem Maße, wie ein Mann aber Fühlung zu seinem eigenen Wesen erlangt, leuchtet das Wesen auch aus den „Gegenständen“ hervor. Er wird fähig, sich in der rechten

Weise auf seine Lebenswelt einzulassen, spontan und sicher zu handeln und durch das Strahlen seine Erscheinung, in der das Sein transparent ist, einen geheimnisvollen Impuls für Ordnung und Form zu setzen.

Was aber muß der Mann tun, um sein eigenes, innerstes Sein zu erfahren? Das Mittel ist überraschend einfach, aber auch schwer: er muß sich ihm öffnen. Offenheit ist ein Zustand, der heute eine herausragende Qualität besitzt. Genau so wie unsere Landschaft von den Positivismen der „objektiven" Erkenntnis verrammelt und zubetoniert ist, wird auch der menschliche Geist vom Schleim dieser Absonderungen in nie gewesener Weise erstickt. Eine Lawine manipulierter Gedanken, Gefühle, Meinungen, Wünsche, Begriffe rollt täglich in einer tosenden Bilder- und Lärmflut über unsere Gemüter. Um die groteske Zumutung überhaupt ertragen zu können, betäuben sich viele Menschen noch zusätzlich: durch Drogen, Kabelwirrwarr oder die Scheinwelten ihrer Computer.

In solch einer Situation kann Offenheit auch gefährlich sein.

Wer heute offen sein will, muß die paradoxe Erfahrung machen, daß er sorgfältig zuschließen muß. Er muß einen Freiraum schaffen, in den nichts „hineinschwappt". Der Weg zur Fülle führt erst einmal in die Leere. Ein Mann, der aufbricht, sollte Wert darauf legen, mindestens zwanzig bis dreißig Minuten am Tag allein mit sich selbst zu verbringen. Er sollte sich einen geschützten Raum schaffen, in dem er so ungestört ist wie möglich: abgeschirmt vom Lärm seiner Umwelt, von Telefonaten und den Anforderungen von Frau und Kindern. Erfahrungsgemäß eignen sich hierfür am besten die frühen Morgen- und Abendstunden. Bei der Meditation sollte er sich nicht hinlegen, sondern aufrecht sitzen. Das beugt zum einen der Schläfrigkeit vor und dient auch der feinstofflichen Zirkulation in der Wirbelsäule, die für die Arbeit besonders wichtig ist. Wenn möglich, soll er auf einem Sitzkissen zumindest den halben Lotussitz einnehmen, also den rechten Fuß über den linken Schenkel schlagen beziehungsweise umgekehrt. Diese Haltung, wenn sie zunächst auch Schmerzen bereitet, zahlt sich auf jeden Fall aus, da sie eine besondere Stabilität verleiht und der Körper nicht so leicht in sich zusammensinkt, wie es auf einem Bänkchen oder auf einem Stuhl der Fall ist. Es kommt darauf an, eine dauerhafte und absolute Unbeweglichkeit zu erzielen, bei der man den Körper schließlich vergißt. Hat man so die äußeren Bindungen für die Einkehr geschaffen, folgt die innere Einkehr, die völlige Loslösung von allem, was unser mit Bildern, Begriffen und Emotionen vollgestopftes Bewußtsein gefangenhält und den Zugang zum Wesensgrund unterbindet. Ziel ist dabei keineswegs, eine „Bewußtlosigkeit" zu schaffen, es geht vielmehr um die wache Präsenz in einem anderen, nicht mehr gegenständlich orientierten, sondern „inständlichen" Bewußtsein.

Der Übende weiß zu berichten, daß die Säuberung und Entleerung unseres verfilzten Bewußtseins den schwierigsten Teil der Arbeit ausmacht. Es dauert gewöhnlich nicht lange, daß sich beim Sitzen allerhand störende Gedanken einstellen. Oft fallen sie über den Unerfahrenen wie ein Wespenschwarm her, der durch angestrengtes Vertreiben erst recht rebellisch wird. Man kann hier von der Dynamik bewußter oder halbbewußter Inhalte sprechen, welche die ungewohnte Zucht nicht ertragen und lieber weiter ihr schattenhaft-verwirrendes Spiel treiben möchten. Der eigentliche Grund der Bewußtseinstrübung liegt aber darin, daß der Übende seine Arbeit nicht ernst nimmt. Das Wachsein erscheint ihm zu anstrengend, er möchte sich lieber entspannen und unkontrolliert dahindämmern. Dagegen gibt es ein gutes Mittel: Stellen Sie sich vor, hinter Ihnen steht jemand mit gezogenem Schwert. Er beobachtet Sie genau. Im kleinsten Moment der Zerstreutheit wird er Ihnen den Kopf abschlagen, unweigerlich. In dieser Situation werden, auch wenn Sie noch nie meditiert haben, keinerlei störende Gedanken in Ihnen aufkommen. Es kann also jeder, wenn es ihm wirklich ernst ist, den Bewußtseinszustand erreichen, auf den es hier ankommt.

Das Meditieren ist niemals Selbstzweck oder „Erholung", es hat vielmehr praktischen, operativen Charakter. Es ist eine Grundübung, die den Mann seine ganze Entwicklung hindurch begleitet. Als solche verfolgt es verschiedene Teilziele, steht aber immer im Dienst der Seinsfühlung. Zunächst ist es wichtig, daß der Mann überhaupt erfährt, daß er da ist. Im allgemeinen weiß er sehr wohl, daß er lebt, daß er existiert, er weiß aber nicht, daß er wirklich da ist. Das kann er erst dann behaupten, wenn er Verbindungen zu seinem Sein, seiner Wahrheit hergestellt hat, die als ewige Wahrheit den Kosmos beseelt.

In Sternstunden ahnt er manchmal, daß es in ihm etwas gibt, das in herrlicher Weise der Außenwelt widersteht, das nicht müde und krank wird und auch nicht sterben kann. Doch das sind meist kurzbelichtete Zeichen, die traumgleich wieder versinken. Es kommt darauf an, daß er wirklich die Flamme des Heiligen Feuers spürt, sich als leuchtenden, unbesiegbaren Punkt im Kosmos erfährt. Dann erst kann er auch quasi sicher die geistigen Krisen und Prüfungen überwinden, die unvermeidlich auf seinem Weg sich einstellen.

Im gleichen Maße, wie der Mann sich mit seiner Wahrheit verbindet, sich auf sie einläßt und immer tiefer in sie hineinfühlt, verändert sich sein Verhältnis zur Umwelt. Situationen und Aufgaben werden neu gewichtet. Das mag damit beginnen, daß er morgens vergißt die Zeitung zu lesen, ohne sich menschlich entwertet zu fühlen. Oder er schluckt nicht mehr alles, was aus dem Fernseher kommt, sondern sieht, was er wirklich sehen will. Schließlich wird er Zeitung und Fernsehen abbestellen, weil er sich durch die Schlagzeilen der Kioske, an denen er morgens vorbei muß, mehr als genügend gesättigt fühlt. So geht es weiter. Aufgaben und Verpflichtungen, die er früher sehr ernst nahm, weil sie ihm Selbstbestätigung gaben, verlieren ihre Bedeutung. Konventionen werden in ihrer Belanglosigkeit durchschaut. Der Mann fängt an, über sein Leben nachzudenken. Hat er wirklich zehntausend Tage und mehr gelebt oder nur zehntausend (und mehr) mal einen einzigen Tag? Warum hat er sich so viele Jahre mit endlosen, kleinen Aufgaben abgegeben? Warum hat er geschuftet wie ein Verrückter und sich selbst zu einer Maschine für Nichtigkeiten erniedrigt?

Plötzlich fällt das ab wie ein Spuk, er atmet tief durch und erhebt seine Augen zum Horizont. Es mag sein, daß ihn nun eine tiefe, erschreckende Stille umgibt. Die Geräusche seiner Betriebsamkeit, seiner fortwährenden Flucht vor sich selbst sind verstummt, und der tastende Blick nach vorn stürzt in ein weißes Nichts. Er ist ratlos, das Leben scheint ihm jetzt sinnlos geworden.

Die Zeit des Umbruchs, die in der esoterischen Psychologie auch „devastatio", „Abödung" genannt wird, kann Tage, Wochen und Monate dauern. Sie ist Sterbenszeit. Es muß etwas sterben im Menschen, damit das Neue hervorbrechen kann. Dieser Prozeß ist schmerzhaft, aber noch unangenehmer ist es, im alten erstarrten Ich-Gehäuse gefangen zu bleiben.

„Denn solange Du nicht hast
dieses Stirb und Werde
bist Du nur ein trüber Gast
auf der dunklen Erde“

So heißt es bei Goethe. Die „Abödung“ ist eine Zeit der Prüfung. Der Mann, der gewohnt ist zu handeln, „aktiv“ zu sein, und sei es auch nur, indem er nach Schatten jagt, kann erstmalig gar nichts tun. Die Mauern der alten Welt sind versunken, die neue ist noch in Nebel gehüllt. Er kann den Prozeß ihrer Sichtbarwerdung nicht antreiben, er kann nur warten, geduldig warten. In dieser Zeit der Unsicherheit, des Harrens und Zweifelns ist es wichtig, daß er auf Kurs bleibt. Er darf nicht in alte, als sinnlos erkannte Lebensweisen zurückflüchten. Er darf seinen Schmerz nicht betäuben. Er muß sich dem Nichts, der Leere bereithalten, muß sie einlassen und sein Herz von ihr weit werden lassen. Das heißt nicht, daß er immer nur meditieren soll. Er soll und muß weiterhin seinen Beruf verfolgen, seine Aufgaben, seine Pflichten erledigen. Er sollte es aber so tun, als wenn er an einem sonnigen Tag sein Haus leerfegt, losgelöst, unbeteiligt. Er nimmt die Dinge nicht allzu ernst, er läßt sich nicht überwältigen. So hält er sich offen für das, was sein Selbst ihm mitteilen will.

Indianer gingen, wenn sie erwachsen wurden, auf eine „Visionssuche“. Einsam zogen sie sich in die Wildnis zurück, um ihren Geist zu befreien und sich für die Eingebung ihres Lebens bereit zu halten. Immer muß ein Mann, der sich selbst und sein Lebensziel finden will, den Weg in die „Wildnis“ gehen. Und wenn er auch nur in die geistig-seelische Brache führt. Wenn er standhaft und ruhig darin ausharrt, wird er merken, daß dieser scheinbar so öde Bereich Überraschungen birgt. Überall flammen Lichter auf: der geläuterte, ruhig gewordene Geist wird empfänglich für allerlei Anstöße, Eindrücke, Visionen, die teils aus dem Inneren, teils aus der äußeren Umgebung kommen. Ja, auch die Außenwelt, die vordem belanglos schien, wird jetzt für das Sein transparent und scheint durch Fügungen, Hinweise und Begegnungen tatkräftig helfen zu wollen, den zum Wesen Erwachten in eine bestimmte Richtung zu lenken. Unter den Feldern erstarrter Bewußtseinsstrukturen beginnt es zu sprießen. Darum ist „Abödung“ nicht nur Entbehrung und Sterben, sondern gleichzeitig eine sehr fruchtbare Zeit; sie ist Ankunft, christlich gesprochen: Adventszeit.

Zunächst sind die Botschaften, die die Ereignisse bringen, wahrscheinlich eher verhüllt. Spüren Sie sich in sie hinein. Versuchen Sie, die sterile Oberfläche des Alltags in immer neuer Fühlung mit seiner Tiefenstruktur zu durchdringen. Der Ton des Seins schwingt überall, in uns und außer uns, und wenn wir ihm aufmerksam lauschen, wird er zum Grundakkord alles Bestehenden. Wenn wir die Zeichen und Signaturen, in denen das Leben seine Gesetzlichkeit, seine Ordnung abbildet, immer klarer und deutlicher wahrnehmen, kommt auch das „Gesetz, nach dem wir angetreten“, die „Idee“, die Lebensformel unseres Wesens in unser Bewußtsein und schwebt uns vor als der Weg, den wir Stufe um Stufe zu gehen haben. Ja, Stufe um Stufe. In den seltensten Fällen nämlich wird uns unsere Lebensaufgabe schlagartig und in definitiver Endgültigkeit offenbart. Das Leben vollzieht sich gewöhnlich in Sinnkreisen, die sich eng umeinanderschließen wie die Schalen einer Zwiebel. Es ist unsere Aufgabe und der Sinn unserer Lebenszeit, die Kreise bewußt zu durchdringen in Richtung des Zentrums. Dabei sind Eile wie Zögerlichkeit gleichermaßen von Übel. Jeder Kreis, und mag er auch noch so weit „außen“ liegen, hat seine Berechtigung und Notwendigkeit. Erst wenn er voll durchlebt ist, kann er abgelegt werden und macht uns reif für die nächste Sinnschicht, mit deren Erfüllung wir dem Kern unseres Seins wiederum ein Stück näher kommen. So muß vielleicht einer jahrelang über Pisten rasen, um im Rausch der Geschwindigkeit das Erlebnis zu haben, seine Begrenzungen zu durchbrechen. Bis er eines Tages entdeckt, daß seine Unfreiheit, so schnell er auch rast, schon am Ziel steht und auf ihn wartet wie in der Geschichte von Hase und Igel. Dann wird er vielleicht zum Düsenflieger oder steigt gar in eine Weltraumrakete – um schließlich als Mönch in einem buddhistischen Kloster zu landen. Der Wege gibt es viele. Wenn wir alle Schichten durchdrungen haben und nur noch aus unserer tiefsten Wahrheit leben, dann sind wir am Ziel unseres irdischen Daseins angelangt.

Bis dahin ist unser Leben ein Unterwegs-Sein, ein ständiges „Stirb und Werde". Es gibt keine Ruhepause. Anders als der gewöhnliche Mensch bleibt der Wissende oder Erwachende niemals stehen. Er klammert sich nicht an die trügerische Sicherheit liebgewonnener Gewohnheiten. Das heißt nicht, daß ihm alles gleichgültig ist, im Gegenteil. Mit schlafwandlerischer Sicherheit weiß er, welche Tätigkeiten und Aufgaben ihn auf sein jeweiliges Ziel hin unterstützen und weiterbringen und welche es nicht tun. Er hat die Fähigkeit loszulassen und sich auf Wesentliches zu konzentrieren. Dieses Wesentliche tut er hundertprozentig und packt es mit beiden Armen an. Er durchlebt seinen Sinnkreis sehr intensiv. Bis zu dem Punkt, wo sein höheres Selbst zu ihm sagt: „Laß davon ab und folge mir." Und er weiß, daß er dieser Stimme gehorchen muß, wenn anders er nicht sein Leben verschwenden will. Mag sein, daß er nicht die leiseste Ahnung hat, was er als nächstes beginnen soll. Vielleicht hat er seinen Beruf aufgegeben und das Geld reicht nur noch für wenige Wochen. Solche Aussichten schrecken ihn nicht. Mit Sicherheit und Vertrauen tritt er in diese neue Phase des Nichtwissens und wartet auf die Vision, die ihm neu seinen Lebenssinn offenbart. Die Zyklen von Tatendrang, gefolgt von Phasen der Einkehr, des Lauschens in die Unendlichkeit, sind ganz natürlich für einen Mann, der sich in seine Wahrheit hinein erfüllt. Je öfter er sie durchlebt, um so stärker wird das Vertrauen zu seiner inneren Führung, und auch den zweifelhaftesten Situationen wird er in dem Bewußtsein entgegentreten, nie etwas anderes zu tun, als dem eigenen Weg zu folgen.

2.3. Der Pfeil

Bringen wir abschließend das Bemühen um wahrhaftes Wissen mit den Kriegswaffen in Verbindung, die Teile des initiatischen Weges symbolisieren, so ist an den P f e i l zu denken. Der schlanke, gefiederte Stab, der die Luft durchschnellt und unversehens ins Schwarze trifft, ist der spirituellen Erkenntnis vergleichbar, die lautlos und in jäher Entschiedenheit aufblitzt.

Der mythologische Pfeilschießer par excellence war der von den Griechen adoptierte und an die Spitze des Olymps erhobene Gott Apollo. Von ihm, dem „Ferntreffenden“, stammt aber nicht nur der zielsichere Pfeil, sondern auch das „treffende“ Lied. Die ihm zugegebenen Attribute Pfeil und Bogen beziehungsweise Laier und Lorbeer enthüllen gemeinsame geistige Situationen: die Lösung vom „Unmittelbaren“, Erdschweren, die Beziehung zu den Ideen der Ordnung und des Gesetzes, schließlich Ruhe und Heiterkeit, die alles Bemühen um geistige Konzentration impliziert.

Apollo verkörperte für die Griechen das Urbild erhabener Männlichkeit, und so wundert es nicht, daß er seit dem 6. Jahrhundert als „Helios“ (Sonne), als Lichtgott verehrt wurde. Überall im Land baute man ihm Orakelstätten, womit er in eine gewisse Rivalität zu Dionysos trat. Apollo und Dionysos nämlich waren die einzigen griechischen Götter, deren Kulte Initiation und „Ekstase“ beinhalteten. War die Ekstase des Weingottes – zumindest in ihren geringwertigen Formen – aber durch überschäumenden Vitalismus, durch Öffnung zur Welt der elementaren Triebe geprägt, so zeichnete sich die Gabe des Gegenspielers durch eine besonders helle, sozusagen vergeistigte Art des Rausches aus. Sie erweckte in den vom Gott Inspirierten hellseherische und magische Kräfte, deren Übung am Ende zur „Weisheit“ führte, einer Haltung von heiterer Gelassenheit, Stetigkeit und Unerschütterlichkeit in den Bewegungen des pulsierenden Lebens.

Die apollinische Lehre schlechthin war in den Tempel zu Delphi gemeißelt und führt zu einer Zusammenfassung dieses Kapitels: „Erkenne dich selbst.“

2.4. Meditationsübung

Setzen Sie sich in einem ruhigen, etwas abgedunkelten Raum auf eine stabile Unterlage (Stuhl, Sitzkissen oder Bänkchen). Achten Sie darauf, daß Sie Ihren Oberkörper während der Übung aufrechthalten: Ohr, Schulter und Nabel stehen senkrecht übereinander. Kreisen Sie ein wenig nach allen Seiten, aber mit immer geringerer Schwingweite, so daß Ihr Körper zuletzt in der Mitte von selber stillsteht. Dann sind Sie fest in Ihrer Körpermitte verwurzelt und der Geist kann sich konzentrieren.

Legen Sie Ihre Hände in den Schoß, wobei Sie die äußeren Handkanten in die Leistengegend einschieben. Der Rücken der linken Hand ruht in der Handfläche der rechten, die Daumen sind aufgerichtet und berühren sich mit den Kuppen. Der Mund ist geschlossen, die Zunge liegt am Gaumen. Die Augen sind etwas geöffnet, aber gesenkt, so daß Ihr Blick auf einen etwa einen Meter von Ihnen liegenden Punkt fällt (man kann ihn markieren, zum Beispiel mit einem Knopf). Von ausschlaggebendem Wert ist nun das richtige Atmen. Es geht nicht um einen Kunstatem, wie beim Yoga, sondern um den natürlichen Atem, wie er kommt und geht. Der natürlich fließende Atem hat den Sinngehalt einer Verwandlungsbewegung. Ihn ins Bewußtsein zu heben, trägt dazu bei, die Vorherrschaft des gegenständlich fixierenden „kleinen" Ich, die meist mit einer Verlagerung des rechten Schwerpunkts nach „oben" einhergeht, allmählich abzubauen. Wenn Sie den Atemrhythmus in voller Konzentration begleiten, haben Sie zudem einen Gegenstand, an den das unruhige und wechselhafte Bewußtsein gebunden wird.

Das Ausatmen sollte als „Loslassen" empfunden werden, als Befreiung von allem Gewordenen und Verhärteten. Der Atem verebbt mit dem „Niederlassen" im Beckenboden, worauf das „Einswerden" mit dem Absoluten folgt, ein Moment, der von einer kurzen, eventuell mit Hilfe der Bauchmuskulatur unterstützten Pause begleitet wird. Dann springt der Atem von selbst wieder auf (er wird nicht hochgezogen!), was als erfrischende Erneuerung des Gesamtbefindens empfunden wird. Fließt der Atem in seinem natürlichen, heilen Rhythmus, nimmt das Einatmen etwa ein Viertel der Zeit des ganzen Atems in Anspruch. Sie werden erleben, daß die Konzentration allmählich in einen Zustand eingeht, aus dem die Gespanntheit auf einen Inhalt verschwindet und eine „Gestimmtheit" eintritt, in der die Atmung von selbst das ganze Bewußtsein ausfüllt. Auf diese Gestimmtheit kommt es an. Der Ton des Seins ertönt ohne Unterlaß. Es kommt darauf an, daß wir als Instrumente in einer Weise gestimmt sind, daß er in uns widertönt. Erst dann sind wir auch „Person" im eigentlichen Sinne des Wortes von per-sonare = hindurchtönen.

Was die Meditation den Übenden bringen kann, kann nur der erfahren, der sie mit größter Regelmäßigkeit wenigstens 6 – 8 Wochen geübt hat. Die empfohlene Dauer der Übung beträgt etwa 30 Minuten, mindestens einmal täglich.

3. Wagen

„Der Himmel hilft niemals solchen,
die nicht handeln wollen."
(Sophokles)

3.1. Loslassen und Angreifen

Wenn im Kapitel „Wissen" von der Erfahrung des Selbst als unmittelbarer Gewißheit die Rede war, handelt das Thema „Wagen" von dessen Erprobung im Sinne eines Sich-selbst-Bewährens und in-der-Bewährung-Erfahrens.

Die Stufenfolge ist einleuchtend: erst wenn man weiß, daß man wirklich „ist" und somit ein transzendentes Vertrauen entwickelt hat, sollte man sich in die Stürme der Welt wagen – sich wagen, wohlgemerkt, nicht „etwas" wagen, denn immer geht es um Einsatz der eigenen Existenz. Wer nicht weiß, wer er ist und was er eigentlich will, weil „verschiedene Seelen in seiner Brust" wohnen, könnte dabei zum Blatt werden, das hinweggefegt wird. Andererseits – auch hier läßt sich „wagen und wissen" umkehren – gibt es auch Menschen, die „durch Erfahrung klug werden". Sie brauchen möglicherweise einen traumatischen Zusammenstoß mit der Realität, nicht um eine schon vorhandene Kraft erstarken und wachsen zu lassen, sondern dazu, eine solche Kraft zu erwecken. Es sind dies aber Fälle, wo nur eine dünne Membran im Menschen das Prinzip des Seins von der schlichten menschlichen Individualität trennt.

Unter anderem Gesichtspunkt kann freilich bemerkt werden, daß „Wissen“ und „Wagen“ gar nicht genau voneinander zu trennen sind. Das „Abenteuer des Geistes“, die Bereitschaft, in seinen eigenen Abgrund zu schauen, ist schließlich das größte Wagnis, und wir haben gesehen, daß sich dabei das Verhältnis zur Außenwelt automatisch verändert. Hieran sei im folgenden angeknüpft.

Wir wollen das Wagen zunächst in der Bewegung des *Loslassens* interpretieren. Was „loslassen“ in der Meditation bedeutet, wurde bereits gesagt: freiwerden von jeglicher Art mentalen Sperrmülls, von Bildern, Ängsten, Gedanken und Emotionen. Aber die Meditation, je öfter man sie betreibt, drängt aus dem stillen Kämmerlein in das tägliche Leben mit all seinen Turbulenzen. Und das ist ihr Sinn und Zweck: nicht eingesperrt zu bleiben in einem künstlich geschaffenen Ghetto, sondern als hier erworbene Grundhaltung Früchte zu bringen in allen Bereichen des Daseins. Der Mann, der auf Dauer aus seinem tiefsten Sein leben will, wird seine Loslösung radikal, nicht nur als spirituelle Erbauung in abgezirkeltem Rahmen, sondern im Abgrund der Welt, unter Blut und Tränen und mit allen lebendigen Fasern betreiben müssen.

Es wurde gesagt und gehört inzwischen zu den Gemeinplätzen unserer Zeit, daß die westliche Welt statt dem „Sein“ dem „Haben“ verschrieben ist. Das Haben entspricht dem „Haften“, dem Festhalten an den Dingen, das von allen Religionen als Ursünde des Menschen verstanden wurde. Es geht dabei nicht nur um materielle Dinge, sondern um alles Aufweisbare und Nachweisbare, um Verstandenes und Gelerntes, um Leidenschaften, Verhaltensmuster, Werte und Denkmodelle, um alles, was uns innerlich wie äußerlich stützt und Sicherheit gibt. Die Leute, die mit ihrem Auto verheiratet sind und ihren persönlichen Glanz in den Lichtreflexen des Blechlacks bestätigt finden, sind hier nur die Spitze des Eisbergs und brauchen uns nicht zu beschäftigen, da bei ihnen wohl jede Hilfe zu spät kommt. Doch jeder von uns hat sein „Auto“, in dem sich sein Ego spiegelt, und sei er auch noch so anspruchslos. Der Thrombus des „Habens“, welcher die geistig-seelischen Blutgefäße versperrt, kann oft nur in radikaler Selbsthinterfragung gefunden werden; er ist der berühmte „Balken im eigenen Auge“.

Um gleich einem möglichen Mißverständnis entgegenzutreten: Die hier intendierte Loslösung hat nichts mit Weltflucht oder Askese zu tun. Das asketische Leben ist eine Extremform, die nur wenigen Menschen zukommt und oft aus falscher Motivation gewählt wird, wodurch sie mehr schadet als nützt. Loslösung hat nichts mit Entsagung oder Entbehrung zu tun. Wir werden nicht frei von den Dingen, wenn wir uns einfach abwenden und weiter unterschwellig Verlangen nach ihnen haben. Wirklich frei sind wir dann, wenn wir unsere *Einstellung* zu den Dingen verändern. Hieraus ergibt sich eine veränderte Sichtweise, die Freiheit im Sinne der *inneren* Loslösung garantiert. Erst durch die Unabhängigkeit streifen wir unsere Anhaftung ab, selbst wenn wir dabei viele Dinge besitzen. Wir können soviel besitzen wie wir wollen – vorausgesetzt, daß wir leichten Herzens darauf verzichten können. In diesem Sinne schreibt Meister Eckhart: „Wir sollen haben, als ob wir nicht hätten, und doch alle Dinge besitzen. Der hat keinen Eigenbesitz, der nichts begehrt noch haben will, weder an sich selbst noch an alledem, was außer ihm ist."

Warum ist diese Loslösung so entscheidend? Weil das Haften an den Dingen den Weg zum eigenen Selbst versperrt. Wir haften bekanntlich deshalb, weil uns die Verbindung, die Identifizierung mit dem, was wir haben, können und wissen das Gefühl einer existentiellen Sicherheit gibt. Diese Sicherheit ist aber nur scheinbar, denn was können wir letztlich festhalten?

Alles Materielle zerfällt, ebenso unsere Gesundheit, unser Gedächtnis, und schon morgen kann alles ganz anders als heute sein. Alles, worauf wir haften, entzieht uns Lebenskraft. Nicht nur weil wir uns von der Welt der scheinbaren Notwendigkeiten und Verantwortlichkeiten aufsaugen lassen, sondern auch deshalb, weil unsere Fixierungen, die mit den Trugbildern und Projektionen des kleinen Ich eine unlösbare Legierung eingehen, den lebendigen Wesenskern als quasi undurchdringliche Hülle ersticken und uns vom lebendigen Fluß der Kraft und der Wirklichkeit abschneiden.

Darum ist der zum Konsumidioten dressierte Zeitgenosse das schwächste und erbarmungswürdigste aller Wesen. Sein Schattendasein stützt sich auf ungezählte Prothesen, und schon der Anhauch einer Entbehrung läßt ihn vor Angst erzittern. Darum auch hat der Mann, in dem noch ein Funke des Seins lebendig ist, schon immer die satte Behaglichkeit, die Bindung an Sicherheit und Komfort verschmäht. Das Streben des Mannes nach Freiheit ist nichts als der unfehlbare Instinkt, die Schlacken des ganzen Schnickschnacks, die ihn entwürdigen und kastrieren, im Kampf um sein wahres Selbst durchbrechen zu müssen. Je mehr er sich loslöst, freiwillig oder durch Schicksalsschläge, bekommt er entzogene Energie zurück, während andere, zu sehr geschwächte, vielleicht endgültig vor die Hunde gehen.

So hart es sich anhören mag: Wir können unser wirkliches Selbst nur erfahren, wenn wir bereit sind, alles von uns zu geben, einschließlich unser Leben. Wer alles aufgibt, dem wird alles zurückgegeben als die göttliche Wirklichkeit selbst, die stets gegenwärtig als das ewige „Ich bin" hinter den Erscheinungen, denen der Mensch nachjagt, verborgen war.

Es wird nun verständlich, daß „Loslassen" nichts mit kraftlosem Abgleiten- oder Dahinfahrenlassen zu tun hat, sondern aktiven Willen erfordert, der ganz im Zeichen des „Wagens" steht.

Das Loslassen können ist auch Voraussetzung für jede Art extrovertierten Wagens, für das, was gewöhnlich als „mutige Tat" gerühmt wird. Bevor wir uns aber damit beschäftigen, wollen wir kurz ein besonderes Thema der Anhaftung aufgreifen, nämlich die Unterwerfung unter die kollektiven Moral- und Normbegriffe. Diese Art Anhaftung ist besonders verächtlich, da sie gleichermaßen aus Angst wie Dummheit geschieht und jeden Grad sklavischer Abhängigkeit erreicht, obwohl sie doch nie ein konkretes Objekt hat, sondern nur ein abstraktes, geradezu lächerlich nebulöses Gebilde, nämlich das blasse Gespenst des Zeitgeistes.

Die Unterwerfung unter die Tyrannei des „man" – man sagt, man hat, man tut – scheint immer mehr fortzuschreiten. Unschwer wird ein Zusammenhang sichtbar mit der Vereinnahmung des Individuums durch eine auf totale Bedürfnisbefriedigung abgestellte Konsumgesellschaft. Selbstaufgabe und „Belohnung" mit den Segnungen der Konsumwelt steigern sich fortwährend in einem tückischen Kreislauf. In solch einer Atmosphäre wird jede Abweichung zur Herausforderung eines gesichtslos dämonischen Kollektivs.

Wie sehr sich der Zwang zur Gleichheit allein in den letzten Jahren verschärft hat, zeigt sich besonders krass in der „Jugendkultur". Das „in" oder „out" sein ist hier zum göttlichen Schiedsspruch geworden, der als cäsarischer Daumen über Begnadigung oder Verdammung entscheidet. Immer mehr Kosten und Anstren-gungen werden verwendet, um mithalten zu können. Wehe, wer nicht schon im Grundschulalter die richtigen teuren Klamotten trägt. Hinzu muß die richtige Musik, die richtige Sprache, die richtige Clique kommen, damit man „okay" ist und zur ersehnten Gemeinschaft der Nobodys zählen darf. Die Indoktrinierung, üblerweise auch ideologisch, beginnt schon im Kindergarten.

Da wir vermuten, daß unsere Leser sowohl dem Kindergarten wie auch der „Szene" entwachsen sind und auch zu den späteren Fremdbestimmungen einschließlich der „political correctness" eine gewisse Distanz an den Tag legen, brauchen wir die Misere nicht weiter auszumalen.

Wichtig ist aber die Frage, wie man sich als einzelner, „Losgelöster", gegenüber dem Kollektiv verhalten soll. Das Problem kannte schon die Antike, und Seneca gab den Rat: „In allem, was wir denken, unterscheiden wir uns von dem gemeinen Haufen. Gleichen wir ihm in unserem äußeren Auftreten!" Man sollte sein Anderssein also nicht zur Schau stellen. Der Hang zu Originalität zeigt lediglich Unreife und verrät ein gestörtes Selbstwertgefühl. Menschen, die wirklich originell sind, verbergen dieses nach Kräften. Andererseits wird es zunehmend schwieriger, als „normal" zu gelten und sich nicht selbst zu verraten. Es genügt nicht mehr, sich herauszuhalten, man muß heute mitmischen, um nicht aufzufallen. Seit einigen Jahren schwappt die Suppe der „Offenheit" durch das soziale Leben, kräftig gewürzt mit Intimschnüffelei, täppischer Aufdringlichkeit oder schlichter Unverschämtheit. Es genügt nicht mehr, seine Arbeit zu tun und dann ins Private zurückzukehren, man verlangt sowohl während wie außerhalb der Beschäftigung eine ständig vulgäre Kontaktbereitschaft (keine verbindliche Freundlichkeit, wohlgemerkt!), die bei der Einstellung sogar höher als Fleiß oder Kompetenz rangiert. Der französische Romancier und Stierkämpfer Montherlant wertete folgendermaßen: „Mit einem Teil unseres Ich schulden wir der Gesellschaft Tribut, aber mit dem besten Teil nur uns allein.“ Dem wird jeder vernünftige Mensch wohl zustimmen.

„Gebt dem Kaiser, was des Kaisers ist“, heißt es schon in der Bibel. Wo der Kaiser zuviel fordert, obliegt es dem König, ihn in die Schranken zu weisen. Hier tritt dann das in Kraft, was als ruhige Verwahrung, nötigenfalls als Hieb, der ins Mark trifft, jede angemaßte Autorität erschüttert: das unwiderstehliche Wirken des zu sich selbst erwachten, frei und spontan agierenden Souveräns.

Wir betreten damit das Feld der Zivilcourage oder der männlichen Ehre. Ehre ist die Verpflichtung gegenüber dem transpersonalen Selbst und kann als Treue zum eigenen Weg, zur eigenen Norm definiert werden. Niemand kann sie verletzen als nur der Betreffende selbst. Wenn das geschieht, wird es jeder gestandene Mann für sich und mit unmittelbarer Klarheit erkennen.

Das entscheidende Positivum des Mannes, das Gewicht, das er in die Waagschale wirft und in jeder Situation für ihn ausschlägt, heißt Selbstvertrauen. Es ist eine innere Gegründetheit, eine Standfestigkeit und Stimmigkeit mit sich selbst, die im Freiwerden von der Fremdbestimmung entsteht. Ein Mann, der seine „persönliche Kraft“ entdeckt hat, geht frei und unabhängig durchs Leben, ohne sich um den nächsten Tag zu sorgen. Er lebt nicht ins Blaue hinein. Er tut, was zu tun ist, aber er sorgt sich nicht – am wenigsten um die Meinung der anderen.

Der Durchschnittsmensch sorgt sich immer, was andere über ihn denken. Er strebt nach Bestätigung, wenigstens in den Augen derer, die für ihn „wichtig“ sind. Indem er sich ihren Maßstäben unterwirft und durch sein angepaßtes Verhalten Zustimmung erntet, erlangt er *seine* Art Selbstvertrauen. Schule, Ausbildung und Beruf haben ihn systematisch zu diesem fremdbestimmten Verhalten erzogen. Seltsam ist nur, daß gerade die Personen, die die meiste Bestätigung finden, ausgerechnet die sind, die ihr nicht nachlaufen.

Wer sich selbst liebt, verlangt nicht die Liebe der anderen. Wer im Einklang mit seinem unverdorbenen Denken, Fühlen und Wollen steht, trägt sein eigenes Gut und Böse in sich. Es kann für ihn ohne jede Bedeutung sein, wie die Mitmenschen seine Handlungen aufnehmen. Die einzige Autorität, vor der er sein Handeln verantworten muß, ist er selbst. Er wird deshalb nicht zum Rowdy, der mutwillig gegen soziale Normen verstößt. Gerade dadurch, daß er Verantwortung für sich selbst übernimmt, ist er in hohem Maße diszipliniert, wodurch sich auch das Verhältnis zu seinen Mitmenschen durch Disziplin und Verantwortung auszeichnet.

Sprechen wir nun vom „Wagen" im meistverstandenen Sinn des Wortes, vom Wagen in seiner beweglichen, angreifenden Form, bei der der Zusammenstoß mit der Außenwelt vorprogrammiert ist. Hierher gehört das, was als Kühnheit, als mutige oder gar verwegene Tat gerühmt wird. Bezeichnenderweise kann diese auch übers Ziel hinausschießen. Das geschieht dann, wenn das Wagen in den Bereich des Leichtsinns, des Übermuts, der Unüberlegtheit oder Selbstüberschätzung abgleitet. Wagen ist die Bereitschaft zum Risiko, aber zum kalkulierten Risiko. Das Wort hängt direkt mit Waage zusammen, mit abwägen. In den Legenden um den heiligen Gral bestehen nur jene Krieger die Prüfung, die von Übermut frei sind, mehr noch, die nichts zu vermögen glauben.

„Besser ist es, zu fliehen, als etwas zu unternehmen, was die eigenen Kräfte übersteigt", heißt es in einem hermetischen Werk. Wagen meint also kein blindes Drauflosstürmen, es fordert Bedachtsamkeit, Überblick und Bewußtsein. Dieses vorausgesetzt ist allerdings vieles möglich, auch eine Partie, bei der es um Kopf und Kragen geht. Man muß nur wissen, auf was man sich einläßt.

Realitätssinn ist deshalb wichtig, weil Wesen und Wert des Wagens in dem besteht, was als „Selbstüberwindung" bezeichnet wird. Selbstüberwindung geschieht nur dann, wenn man den Gegner oder die Situation ernst nimmt. Wagen ist immer die Folge einer siegreichen Auseinandersetzung mit der eigenen Angst, im weiteren Sinne mit dem „kleinen Ich", das sich gewöhnlich vor allem verschließt, was seine festgefügten Strukturen bedroht. Ständiges Wagen ist die Voraussetzung für das Fortschreiten auf dem inneren Weg. Der Mensch kann nur dann über sich hinauswachsen, wenn er bereit ist, die Beschränkungen, die er sich selber auferlegt hat, zu lösen, notfalls den Rahmen zu sprengen. Ist er schon durch das „Wissen" mit seinem höheren Selbst in Kontakt getreten, kann die

Gefahr zu einem besonderen Reiz werden: Sie wird weniger als Bedrohung denn als Herausforderung erlebt, weniger als Hindernis denn als Chance zu Wachstum und Selbst-behauptung auf höherer Ebene.

Nun wird freilich eine gefährliche Situation ebensogerne über- wie unterschätzt. Und viele Menschen schrecken sogar vor Situationen zurück, die absolut harmlos sind. Sie sind nur in ihrer Phantasie gefährlich, und je länger sie zögern und grübeln, ob sie sich darauf einlassen sollen, um so gewaltiger schwillt das Schreckensgespenst der Bedrohung. Für solche Leute ist ein entschiedenes Wesen natürlich besonders wichtig, obwohl sie nicht vorrangig zu der Gruppe gehören, die wir hier ansprechen möchten. Meist sind es Ängste sozialer Art, unter denen sie leiden, und es ist klar, daß der ganze Komplex von Schüchternheit – Hemmung – Erröten – Verkannt- und Verklemmtsein für einigermaßen intakte Menschen bedeutungslos ist. Integrität aber ist Bedingung, wenn man den Weg zur Selbsttranszendierung beschreiten will. Wer unter Hemmungen leidet, sollte sich eingestehen, daß er noch völlig am Anfang seiner Entwicklung steht. Er hat sich selber noch nicht entdeckt, er ist abhängig von dem Bild, das sich andere über ihn machen oder das er bei anderen über sich selbst voraussetzt.

Wer solcherart Ängste auflösen will, trägt immerhin einen unwiderstehlichen Kompaß in sich: „Wo die Angst ist, da geht's lang." – Er sollte also gezielt Situationen aufsuchen, die ihm Haltung und Mut abverlangen. Wer keine Frauen ansprechen mag, soll in die Stadt gehen und eine Frau ins Café einladen (wobei es absolut unwichtig ist, ob sie mitkommt, es zählt nur das Ansprechen). Wer Angst hat, sich „bloßzustellen", soll in Unterhosen auf einen Baum steigen und den Passanten vergnüglich zuwinken, vielleicht noch Grimassen schneiden und mit Bananen werfen. Den Möglichkeiten, Angst auszutreiben, sind keine Grenzen gesetzt. Jeder kann sein persönliches Trainingsprogramm entwerfen und es gradweise steigern.

Eine Aufgabe ist gemeistert, wenn man sie mehrmals hintereinander ohne Herzklopfen durchsteht. Zur Begleitung mag eines der zahlreichen Mutmach-Bücher geeignet sein, die in den Buchläden unter „Lebenshilfe" oder „Psychologie" rangieren, allerdings kaum einen ernstzunehmenden Hintergrund aufweisen, auch wenn sie den Anschein des „mehr" erwecken.

Dieser Punkt wäre noch zu beachten. Es ist nämlich nicht ganz belanglos, in welchem Geist die Selbstüberwindung betrieben wird. Steht sie – wie üblich – im Horizont der banalen Lebensertüchtigung im Sinne des darwinistischen „struggle for survial", wird sie Männer und Frauen hervorbringen, die zwar „selbstbewußt" und robust, gleichzeitig aber platt wie überfahrene Frösche sind. Von diesen Typen wimmelt es ja inzwischen. Wer sie ansieht, wird schwerlich behaupten können, daß ihre Ungehemmtheit auf spiritueller Vertiefung beruht; eher verdankt sie sich systematischer Abstumpfung. Man kann ebenso frei sein wie sie – vielfach freier –, nur der Ton ist eben ein anderer, wenn der Bezugspunkt auf einer höheren Ebene liegt. Diesem verpflichtet können auch primitive soziale „Mutproben" durchaus den Anstoß geben für Selbsterfahrung und Selbstbewährung.

3.2. Das Leben als Herausforderung

Wer seinen Weg schon beschritten hat, ist auf „Trockenschwimm-Übungen" nicht mehr angewiesen. Das Leben selbst beschert ihm in reichlicher Fülle Gelegenheiten, an denen er seine wachsenden Kräfte erproben kann. Auch hier bleibt aber die Forderung, daß die zu steigernde männliche Einstellung nicht in Verhärtung, Selbstherrlichkeit und Abschließung ausarten darf, wie man es bei so vielen „starken" Männern beobachtet, die sich selbst zu Maschinen gedrillt haben. Wer starr ist und unflexibel, kann leicht zerbrechen, und vor allem ist er nicht mehr in der Lage, die Bälle zurückzuschlagen oder auch nur zu bemerken, welche das Leben ihm zuwirft. Damit beraubt er sich einer einzigartigen Chance zur Weiterentwicklung, denn nur unter dieser Voraussetzung, in diesem „Sich- Einlassen" findet das wirkliche „Wagnis des Lebens" statt.

Victor E. Frankl, einer der wenigen ernstzunehmenden Psychologen, definierte das Sein des Menschen als ein Verantwortlichsein. Der Mensch verantworte sich, indem er die Fragen beantwortet, die das Leben ihm stellt. Diese Haltung finden wir auch beim spirituellen Krieger. Carlos Castaneda läßt seinen indianischen Lehrmeister Don Juan sagen: Der grundlegende Unterschied zwischen einem normalen Menschen und einem Krieger ist, daß der Krieger alles als Herausforderung annimmt, während der normale Mensch alles entweder als Segen oder als Fluch auffaßt (IV, 121 f).

Dies ist nun nicht so zu verstehen, daß der Mensch durch das Leben in eine defensive, auf reines reagieren beschränkte Rolle gedrängt würde. Im Gegenteil: Alles, was ihm zustößt, kann verborgene Kräfte wecken, die ihn zu sich selbst führen, nach Frankl: innere und äußere Werte verwirklichen lassen. In diesem Sinne sprechen wir von Herausforderungen. Eine Lebenskrise kann einen Menschen aus seiner Routine wachrütteln und ihm zeigen, wie die Wirklichkeit außerhalb dieser Routine aussieht. Ein Verlust kann zu der Erfahrung führen, daß er das Verlorene gar nicht braucht, daß es ein Hindernis war und daß sein Leben viel freier geworden ist. Es sind Fälle bekannt, daß Menschen gerade durch schwerstes Leiden eine Kraft aktivierten, die eine grundlegende Verwandlung ihrer Persönlichkeit nach sich zog.

Andere freilich verderben schon bei geringer Beanspruchung, werden statt Helden und Heilige zu Verbrechern, Sozialfällen oder verbitterten Sonderlingen. Es kommt eben darauf an, ob die Kraft schon latent vorhanden ist und durch den traumatischen Schlag nur noch gleichsam hervorspringt. In diesem Fall gilt der Satz: „Was mich nicht umbringt, macht mich stärker." Generell kann man sagen, daß der Mann Herausforderungen braucht. Er wächst und entwickelt sich durch Herausforderungen – im Gegensatz zur Frau, die sich eher durch Lob entwickelt. Männer, die mit einem „goldenen Löffel im Mund" geboren werden, bringen es meist nicht sehr weit. Nach außen vielleicht erfolgreiche Sunnyboys sind ihre Seelen doch fett und flügellahm. Obwohl es beachtliche Ausnahmen gibt wie etwa der Prinz Siddartha, welcher zum ersten Buddha wurde. Schließlich sind auch Reichtum und Glück eine Herausforderung, die genutzt werden sollte. Jeder Tag bringt im Grunde eine Fülle von Anstößen, die uns zeigen, woran wir arbeiten sollen, damit ein bestimmter Inhalt bewußt werden kann. Entscheidend ist nur, ob ein Mann die großen und kleinen Anstöße als Herausforderung erkennt und annimmt.

Was heißt es, eine Herausforderung anzunehmen? – Wir nehmen eine Herausforderung an, wenn wir das, was uns zustößt, *bewußt akzeptieren*, wenn wir die Sache, so unangenehm sie auch sein mag, als etwas betrachten, das uns bestimmt ist und das wir deshalb verantworten müssen. In dieser aktiven Akzeptanz ist zugleich die Überwindung der Sache beschlossen. Wir erleiden sie nicht, wir erdulden sie nicht, wir gehen direkt auf sie zu im Bewußtsein, dem eigenen Weg zu folgen.

Diese im höchsten Maß männliche Haltung vollendet sich in der Formel des „amor fati", der Liebe zum Schicksal. Alles was uns geschieht, haben wir auch verdient. Wir sollen es deshalb nicht hinnehmen, sondern von Herzen *wollen*. Nicht weil wir glauben, daß ein „gütiger Gott" hinter diesem Schicksal steht, sondern weil wir wissen, daß es uns bei gelungener Handhabung letztlich dienen muß, mag da kommen was will!

In der Tat kann ein Mann mit Charakterstärke und klarer Zielsetzung jedes auch noch so widrige Schicksal verwandeln und übersteigen. Er kann es zu seinem Verbündeten, zum Zugpferd seiner Selbstverwirklichung machen. In der Geschichte wimmelt es von Persönlichkeiten, die ihre Berühmtheit gerade diesem Verhalten verdankten.

Der sprachgestörte Demosthenes stopfte sich Kieselsteine in den Mund und redete am Strand gegen den Sturm an – so wurde er zum berühmtesten Redner Athens. Cervantes schrieb im Gefängnis mühsam auf Lederriemen – und schuf den unsterblichen Don Quixote. Buddhistische Wandermönche wurden des öfteren von Räubern überfallen und totgeschlagen. Da sie keine Waffen besitzen durften, waren sie eine willkommene Beute. Was taten sie? – Sie verteidigten sich mit „leeren Händen" und entwickelten eine solche Kunstfertigkeit, daß eine brillante Technik daraus entstand, die noch heute, 2500 Jahre später, als „Karate" vermittelt wird. Milton H. Erickson, der wohl fähigste Psychotherapeuth, den es je gegeben hat, war durch zweimalige Erkrankung an Kinderlähmung an einen Rollstuhl gefesselt. Nach der ersten Erkrankung im Alter von 17

Jahren war er nahezu gänzlich gelähmt und wurde als hoffnungslos aufgegeben. Durch genaue Beobachtung seiner Schwester, die gerade Laufen lernte, gelang es ihm aber, die motorischen Abläufe so zu verinnerlichen, daß er sich schließlich wieder bewegen konnte. Weitere minutiöse Beobachtungen an Menschen seiner Umgebung, ihres Verhaltens, ihrer Sprechweise, wurden zur Grundlage seiner verblüffenden Heilerfolge. Erickson war überzeugt, daß alle Kraftquellen, die ein Mensch braucht, in seiner Lebensgeschichte vorhanden seien. Die Aufgabe des Therapeuten könne nur darin bestehen, die Ressourcen gemeinsam mit dem Klienten neu zu erschließen. Erickson entwickelte eine wahre Meisterschaft darin, alles, was vom Klienten kam, einschließlich seiner Schwächen und Widerstände, für dieses Ziel nutzbar zu machen. Ohne die eigene bittere Lebenserfahrung hätte der einfache Farmersohn kaum seine genialen Fähigkeiten, die ihn in Einklang mit der Weisheit des Kriegers brachten, entwickeln können.

Don Juan sah die Antwort des Kriegers auf Herausforderung in der Fähigkeit, aus allen Lebensumständen das Beste zu machen. Lebenssituationen seien grundsätzlich „wertfrei". Wir müßten sie als Herausforderung annehmen und bestmöglich reagieren.

Frankl betonte, es gäbe kein Schicksal, das unveränderlich sei. Das Ich „will" und das Es „treibt", nie aber seien wir schlechthin „Getriebene". Das Segeln bestehe nicht darin, daß ein Boot sich vom Winde treiben läßt. Die Kunst des Segelns fange erst damit an, sich die Kraft des Windes nutzbar zu machen, so daß man selbst *gegen* den Wind zu segeln vermag. „Erfasse Deinen Kubikzentimeter Möglichkeit", lehrte der indianische Krieger. Niemals haben wir Grund, uns als Opfer zu fühlen. Selbst wenn uns alle Möglichkeiten zu handeln genommen sind, wenn wir nicht mehr imstande sind, unser Schicksal aktiv zu gestalten, können wir dennoch gestalten. Wir können Haltung einnehmen: Tapferkeit im Ertragen des Leidens, Würde auch noch im Untergang und im Sterben.

3.3. Das Schwert

Die verschiedenen Qualitäten des Wagens sind im Bilde des Schwertes symbolisiert. Das Schwert ist eine Waffe, der in den Heldensagen eine herausragende Bedeutung zukommt. Oft ist es golden, mit Edelsteinen verziert und trägt einen eigenen Namen. König Artus' Schwert heißt Excalibur, Dietrich von Berns Schwerter heißen Nagelring und Eckesachs und Sigurd nennt seines Gram. Wie eine schwer erreichbare Kostbarkeit wird es manchmal erst nach langer Suche an einem verborgenen Ort gefunden.

Das Schwert verbildlicht die Kräfte des Schneidens, Teilens und Trennens. Damit wird es zu einem Symbol von tatkräftiger Entschlossenheit, Mut und Initiative. Bei jedem Wagnis, bei jeder heroischen Tat geht es um Trennung, um Scheidung, ist die Kraft der Entscheidung gefragt: kämpfen oder kapitulieren, Farbe bekennen oder im Farblosen untertauchen, in alten, trügerischen Sicherheiten verharren oder den Rahmen des Konventionellen sprengen. Wer sich entscheidet, zieht aber schon das Schwert aus der Scheide.

Der beachtlichste „Schwertstreich" war wohl jener, mit dem Alexander den gordischen Knoten „löste". Statt sich auf seine Entwirrung einzulassen und damit aufzulaufen, wie seine Gegner es wohl erwartet hatten, hieb er das komplizierte Gebilde kurzerhand durch. War das „erlaubt?" – Die meisten Menschen wagen sich eine genialisch einfache Lösung nicht einmal vorzustellen. Angepaßt und verängstigt wollen sie ihre Probleme irgendwie „unauffällig", auf konventionelle Weise bewältigen und verstricken sich damit immer weiter in sie hinein. In der buddhistischen Philosophie wird das menschliche Dasein als solches als eine Art „gordischer Knoten" gesehen: als Netz leidvoller Bindungen und Verstrickungen, in das wir von der Spinne der Täuschung, der Eitelkeit, der Triebhaftigkeit und der Unbewußtheit eingefangen und verwickelt werden. Wenn wir den Knoten ein wenig schärfer betrachten, sehen wir auch die Ringe der Schlange aufleuchten. Das Schwert wird damit zur Waffe des höheren Bewußtseins, durch welches der Erdzwang gebrochen wird. Mit Hilfe einer erlösenden Tat vermag es uns aus dem Labyrinth unseres

Daseins, in dem wir oft ziellos umherirren, herauszuschlagen. Das erfordert die volle Konzentration der Kräfte auf den gegebenen Augenblick, eine „Schwerttugend“, die das Erfolgsgeheimnis zahlloser Sieger in allen Bereichen des Lebens ausmacht. Makellos handeln, das Beste tun, ganz egal, was du tust, fordert der Krieger Don Juan. Wer sich sein Schwert verdient hat, verfügt über Kraft und Unmittelbarkeit in allen Entscheidungen. Er geht geradeaus, ohne rückwärts und seitwärts zu blicken.

In und unter allem genannten ist das Schwert eine Waffe zum Töten. Da wir bei jeder Konfrontation mit der Außenwelt aber zunächst gegen uns selbst antreten, weist das Schwert in seiner spirituellen Funktion auf das eigene Ich. Unsere eigene Gier, Angst, Erregung, Schwäche, kurzum unsere menschliche Unzulänglichkeit muß getötet werden, bevor wir uns wahrhaft als Sieger erweisen. Hiermit erreicht die Spirale des Wagens ihre letzte Umdrehung, die auf die Konfrontation mit dem Tod hinausläuft.

3.4. Der Tod als Herausforderung

Die größte Herausforderung für den Mann ist der Tod. Nicht nur, weil er ihn physisch, sondern vor allem auch metaphysisch bedroht. Sein und Identität, Grund und Ziel seines Strebens werden erbarmungslos hinterfragt.

Die Frau kann sich leichter mit dem Tod arrangieren, weil sie als zyklisch gebundenes Wesen in der Vergänglichkeit lebt. Wenn der Tod einen Menschen holt, den sie liebt, dann leidet sie, aber sie empört sich nicht. Der Mann leidet auch, aber gleichzeitig fühlt er sich ins Gesicht geschlagen: Was war, ist nicht mehr. – Aber es war doch. Wie kann es dann nicht mehr sein? Die Absurdität, die Unlogik und damit auch Unmoral des Todes kann ihn heimsuchen bis zur Erschütterung seiner Existenz. Es handelt sich, wohlgemerkt, um eine Erfahrung, die neben der Trauer um einen geliebten Menschen einherläuft. Oft wird die Herausforderung des Todes auch ohne konkreten Anlaß gespürt. Die meisten Männer lassen sie unbeantwortet, versuchen sie zu verdrängen, um ihr gewöhnliches Leben weiterzuleben. Andere stellen sich ihr, indem sie sich in Gedanken mit dem Tod auseinandersetzen oder sogar seine Nähe suchen. Wieder andere versuchen den Tod auf symbolhafte Weise, durch Spiele, Wettkämpfe, Rituale, in ihr Leben zu integrieren.

Ein Blick auf Mythen und Religionen zeigt uns, daß die fruchtbare Auseinandersetzung mit dem Tod für den Mann von entscheidender Wichtigkeit ist. Sie begegnet oft im Motiv des Abstiegs des Helden in eine Unterwelt, die Hades, Hölle, Jenseits oder auch Geisterreich genannt wird. Gilgamesch sucht in der Unterwelt das Kraut der Unsterblichkeit. Herkules soll als letzte der ihm gestellten Aufgaben den Höllenhund Kerberos aus dem Hadesreich holen. Odysseus begibt sich zur Seele des Sehers Teiresias, um sein weiteres Schicksal herauszufinden. In der schamanistischen Tradition geht der Schamane auf eine Jenseitsreise, um verlorengegangene Seelenanteile wiederzufinden. Christus stieg nach dem Glaubensbekenntnis ins Reich der Toten hinab, bevor er zum Himmel auffuhr. Von Gautama Buddha wird berichtet, er habe seinen Schülern empfohlen, sich monatelang unter Toten und Sterbenden aufzuhalten und bei zerfallenden Leichen zu meditieren, damit ihnen die Eigenart und Vergänglichkeit der menschlichen Existenz bewußt würde. – Faßt man die vielfältigen Gründe des meist sehr gefährlichen Abstiegs nach unten, ins Reich der Finsternis und des Todes zusammen, läßt sich sagen, daß der Held durch die Todeserfahrung ein neues Bewußtsein, eine Einsicht erlangen soll, die er auf keine andere Weise erwerben kann und die Voraussetzung ist für die Erhöhung bzw. Vertiefung des eigenen Lebens.

Worum geht es konkret? – Die Beschäftigung mit dem Tod kann uns helfen zu unterscheiden, was für unser Leben sinnvoll und was unwichtig ist und ebenso, wo wir selbstbestimmt und wo wir fremdbestimmt handeln. Er kann uns helfen zu erkennen, was wir wirklich wollen, was unsere ureigenste Bestimmung und Berufung im Leben ist. Stellen wir uns einmal vor, wir hätten nur noch ein Jahr zu leben. Würden wir dasselbe tun wie bisher? Was würden wir anders machen? Viele Menschen halten solche Gedanken für schädlich und übertrieben. Der Tod ist für sie etwas Fernes und Ungewisses, sie meinen, daß sie noch unbegrenzt Zeit hätten. Dabei erleben sie täglich, wie andere vom Tod überrascht werden: In ihrem Bekanntenkreis, auf der Straße und dutzend- und hunderteweise in den Schreckensbildern des Fernsehens. Ihre Haltung ist also recht unrealistisch. Sie ist eine Abwehrhaltung. Die Menschen wollen nicht wahrhaben, daß der Tod auf sie wartet, täglich, stündlich, bei jeder Gelegenheit. Sie verschließen die Augen, weil sie meinen, daß sein Schatten, der sie begleitet, ihr Leben sinnlos mache. – Damit haben sie recht. Aber nur, wenn sie die Herausforderung des Todes nicht annehmen, wenn sie weiterhin im Belanglosen plätschern und jede wichtige Handlung ins Unendliche aufschieben.

Wer sich bewußt mit seiner Sterblichkeit auseinandersetzt wird merken, daß sein Leben nicht sinnlos, sondern wertvoll wird. Er fühlt sich gezwungen, sein Leben vor dem Tod zu verantworten. Was früher ungeheuer wichtig erschien, wird nun unwichtig, was vorher nicht beachtet wurde, tritt unvermutet ins Blickfeld. Die Entscheidungen werden einfach und klar, weil der Tod keine Zeit läßt, sich an irgend etwas zu klammern. Paradoxerweise führt das Bewußtsein, im Angesicht des Todes keine Zeit zu haben, niemals zu Unruhe oder Panik. Befreit von irrationalen Leidenschaften und Zukunftssorgen wird der Mensch dazu fähig, hier und jetzt zu leben. Eine ruhige Gelassenheit zieht in ihn ein. Das geht auch aus Aussagen tödlich Erkrankter hervor, die ihren nahenden Tod akzeptieren konnten. Sie sagten häufig, daß sie erst jetzt richtig angefangen hätten zu leben, daß sie Stunden höchster Intensität erführen und ruhiger, achtsamer, friedvoller und sogar heiterer geworden seien.

In letzter Konsequenz führt die Todesbegegnung zur Auflösung der Persönlichkeit, zum „Ich-Tod". Wenn die Werte sich umwerten, wenn Sorgen, Verpflichtungen, Ängste und Leidenschaften, die unser Leben bestimmten, bedeutungslos werden, dann wird auch das Ego bedeutungslos, das sich der Identifizierung mit eben diesen Dingen verdankte. Unsere Wichtigkeit, unser Haben, Wissen und Können wird gleichgültig, Stolz, Ehrgeiz und Machtgier stellen sich als krankmachende Wahngebilde heraus.

Der Ich-Tod wird als genauso real und bedrohlich empfunden wie der leibliche Tod. Deshalb ist der Abstieg ins Totenreich eine „Höllenfahrt", ein gefahrvolles Abenteuer, das nicht jedem bekommt. Hier schlägt die Stunde der „großen Angst", und es tritt der „Moment der Wahrheit" ein.

Das Ich, mag es vorher auch noch so opfermütig gewesen sein, wehrt sich verzweifelt, sobald es das Messer an seiner Wurzel spürt. Hinzu kommt, daß in den Tiefen unserer Persönlichkeit die Begegnung mit angstauslösenden, verdrängten Komplexen droht, dem „Schatten“ der analytischen Psychologie, der nichts anderes ist als der schmierige Sockel, auf dem sich die „Herrlichkeit“ unseres geltungsbedürftigen Egos aufplustert. Es ist dann die Frage, ob es noch eine Instanz gibt, die das entfesselte Chaos mit eisigem Blick zu bannen vermag, oder ob die Gespensterbrut, der johlende Reigen von Schmutz, Angst, Gier und bodenloser Gemeinheit über das sterbende Ich hinwegrast und nichts als verbrannte Flügel zurückläßt.

Der Ich-Tod ist gerade für den Mann eine besonders schmerzhafte Prüfung. Nicht weil sein Schatten besonders lang wäre (der weibliche steht dem männlichen seit der Emanzipierung nicht im mindesten nach!), sondern deshalb, weil der Mann als Seinsbezogenes Wesen versucht ist, das Beständige vorschnell und auf unzureichender Ebene zu realisieren. Der Zusammenbruch seiner Charaktermaske, seiner auf angespannter Disziplinierung erbauten „Triumphe“ macht den Sturz nach unten besonders tief.

Andererseits spürt der Mann in den Abgründen seines Bewußtseins wie unendlich wichtig es ist, seine scheinbar solide Persönlichkeit zu durchbrechen. Sein ganzes Wesen scheint ihm beständig zuzuraunen, daß er weiter muß, weiter über sich selbst hinaus, in jene ungesicherten Zonen, wo sein Ich verbrennt und aus der Asche sein wahres, erlöstes Selbst emporsteigt. So kommt es, daß gerade das, was dem Manne am meisten Angst macht, das Ziel seiner größten Sehnsucht ist. Seit sein Geschlecht besteht, sehen wir ihn in merkwürdiger Faszination um den Tod kreisen und ihn herausfordern. Der Tod kann, wie bei den Italienern, zur „Dame“ werden, zu einer vornehm-mysteriösen Wesenheit, der man aufwartet, weswegen sich auch gewisse lateinamerikanische Terrorgruppen als „Verlobte des Todes“ rühmen. In einem Landsknechtslied reitet der Tod nicht nur auf einem „schwarzen Rappen“, sondern schon in der zweiten Strophe auf einem „weißen Schimmel, schön wie ein Cherubim vom Himmel“.

Da das Hauptfeld männlicher Selbsterfahrung und Selbsterprobung immer der Krieg war, zeigt diese Thematik noch einmal besonders deutlich, worauf es bei der Konfrontation mit dem Tod wirklich ankommt.

Sowohl in germanischen, christlichen, islamischen wie fernöstlichen Überlieferungen konnte der Krieg einen sakralen Charakter annehmen und somit zu einem „Gottesweg“ werden. Er gab Männern die Chance, im Schlachtgetümmel des „Kleinen Krieges“ den „Großen Heiligen Krieg“ zu verwirklichen. Dieser bestand in einer durch den Druck der Verhältnisse erzwungenen Niederwerfung des „inneren Feindes“ und Öffnung zur Transzendenz hin. Wer die Taufe des Krieges, das Fegefeuer der blutigen Schlacht bestanden hatte, haftete nicht mehr am Leben noch fürchtete er den Tod. Er nahm einen geistigen Zustand jenseits von Leben und Tod ein, der oft als luzide Klarsicht, als heller, bezaubernder Rausch erlebt wurde. „Von Apollo geschlagen“ erfuhr der heroische Krieger, daß der gefürchtete Weg nach unten zwar Abstieg und Tod ist, zugleich aber auch nach oben führt. Das Eintauchen in den Todesbereich bewirkte die Neugeburt, der Tod schrieb das Zeugnis des Lebens aus, in dem sich die Form eines unvergänglichen Seins offenbarte.

Wer den Tod überwunden hat, ohne von ihm gelähmt zu werden, entdeckt in sich eine neue Unschuld und Lebensfreude. Er versucht alles und genießt alles, doch nichts und niemand kann ihn beherrschen. Ein Beispiel können die Kamikaze-Piloten geben, die im Wissen, jeden Moment zum Abflug ohne Wiederkehr aufgefordert werden zu können, ihrer Ausbildung und ihrem Vergnügen nachgingen, ohne von einer düsteren Stimmung belastet zu werden. Die islamische Weisheit, daß das „irdische Leben nur ein Spiel und ein Scherz“ ist, macht gemeinsam mit einer irritierend wirkenden Kumpanei gegenüber dem Tod die Grundhaltung des geläuterten Kriegers aus. Sie spiegelt sich in soldatischen Sitten und Bräuchen bei allen Völkern und dokumentiert sich in Briefen und Aufzeichnungen. So in den Versen des vergessenen Patrioten Kurt Eggers, die man gefunden hatte, als er in seinem Panzer verbrannt war:

„Drum klagen wir nicht,
wenn einer von uns fällt.
Jeder wird eines Tages fallen.
Hau drauf, Trommler!
Und die Welt ist schön.
Auch ich werde eines Tages fallen."

Der „Kampf als inneres Erlebnis" wurde von einem Mann der vordersten Front, von Ernst Jünger, literarisch verarbeitet. In seiner Schrift *Der Waldgang* (1951) reflektiert Jünger: „Menschliche Furcht ist immer die Furcht vor Vernichtung, ist Todesfurcht... Die Überwindung der Todesfurcht ist also zugleich die Überwindung jedes anderen Schreckens." Jede „wirkliche Führung" beziehe sich auf diese Wahrheit, denn erst nach „Überschreitung der Linie" habe der Mensch den Zugang zur „überwirklichen Fülle", ereigne sich die „Begegnung des Menschen mit sich selbst, das heißt: mit seiner göttlichen Macht".

Mut ist für Jünger der „Ansprung der Idee gegen die Materie, ohne Rücksicht, was daraus werden mag". Mut besitzen heißt: „Jedem Schicksal gewachsen sein."

In der Tat scheint es so, daß der wahrhaft Mutige, den wir Held nennen, nicht nur Menschen, sondern auch Götter zu zwingen vermag. In faszinierender Weise zeigte sich dies bei Napoleon Bonaparte, der ins Feuer ging, ohne mit der Wimper zu zucken und auch in verzweifelten Situationen, bedrängt von übermächtigen Feinden, eiskalt und selbstbewußt blieb. Dadurch wurde er unwiderstehlich. Es hieß, Napoleon könne 100.000 Mann ersetzen. Auf geheimnisvolle Weise goß sich sein Mut in die Seelen seiner Soldaten, die dadurch auf ungeahnte Höhen gehoben wurden und übermenschliche Taten vollbrachten. Doch nicht nur Soldaten stürzten sich auf einen Blick von ihm in den Tod, nicht nur Armeen flohen oder ergaben sich kampflos, auch der Wind wechselte in entscheidenden Situationen, brachte ihn vor der englischen Flotte in Sicherheit oder beschlug wundersam deren Fernrohre.

„Allen Gewalten
zum Trotz sich erhalten,
nimmer sich beugen,
kräftig sich zeigen,
ziehet die Arme der Gottheit herbei."
(Goethe)

Erst als Napoleon unter der Last des Kaisermantels verweichlichte, matt und gleichgültig wurde, begann auch sein Stern zu wanken.

Das Wissen, daß die Überwindung des Todes als Herausforderung par excellence den höchsten Gewinn bereithält, schlummert in jedem Mann – auch heute noch. Früher, als die Welt noch erobert wurde, sich Mann und Mann gegenüber standen und heroische Ideale galten, fanden sich viele Gelegenheiten der Todesbegegnung. Heute, in einer Zeit der Verhätschelung und Verweichlichung, scheint jede wahre Herausforderung tabu. Um so bedeutsamer ist es, daß neue, „künstliche" Formen entstehen, in denen Männer ihr elementares Bedürfnis verwirklichen. Zu nennen sind sogenannte Extremsportarten wie Kletterpartien an kaum bezwingbaren Wänden, Motorradrennen im Wüstensand, Kanufahrten im Sturzflug, aber auch der verwegen-akrobatische Umgang von Jugendlichen mit ihren Rollbrettern und ganz offene Arten der Todesbegegnung, die im Dschungel der Metropolen wie Moden irrlichtern: das Springen von Brücken an einem Seil, das wenige Zentimeter vor dem Aufprall zurückreißt, das Rasen auf falscher Fahrbahn, das Hangeln an fahrenden Untergrundbahnen usw., auf niedrigster Ebene schließlich die Animation durch Horror- und Actionfilme, Videospiele oder brutal agierende Musikbands. Aus all diesen Unternehmungen, so pervertiert und ersatzmäßig sie auch sein mögen, klingt der Schrei nach Todeserfahrung – oder Lebenserfahrung, die, wie wir sahen, der Wurzel des Todes entsprießt.

Todeserfahrung und Wiedergeburt ist auf den verschiedensten Ebenen und in unterschiedlichen Graden möglich. Jedes Wagnis, jeder Vorstoß ins Unbekannte umschließt sie, denn immer, wenn wir Begrenzungen sprengen, verlieren wir einen Augenblick den Boden unter den Füßen, spüren den Abgrund, den Schauder des Nichts – und immer, wenn wir uns wiederfinden, sind wir ein anderer geworden, weil etwas in uns gestorben ist. Wir sind leichter geworden. Die ewige Kette der Angst, die uns klein und gemein macht, die wir oftmals so schwerfällig mit uns ziehen wie ein Galeerenhäftling, verliert ein Gewicht. Schließlich sind wir so leicht, daß wir tanzen können – heiter hinwegtanzen über Schrecken und Abgründe, vor denen die anderen schaudernd zurückweichen und die nur Theaterkulissen sind für das Spiel, das wir Leben nennen. Unsere Person ist nur Form, ist Nebensache. Wichtig allein ist, was unter dem Schleier unserer Bewegung sich hebt und senkt. Die Angst oder jenes tiefe Bewußtsein, das sich allein für Männer geziemt: daß die Materie nichts und der Geist alles ist, das untrügbare Empfinden einer Unsterblichkeit, das uns zu Helden, Königen, Göttern aufsteigen läßt.

Von den pases des unerreichten Belmonte, die ebenfalls einem Tanz, ja einer Umarmung mit seinem Stier glichen, wird berichtet, daß sie den Zuschauern Tränen der Rührung entlockten. Wer mit dem Tod so lässig und majestätisch umgeht, als wenn er ihm nichts bedeute, überträgt eine Kraft, die alle erhebt, die Anteil an dem schenkt, was menschliches Leben an unzerstörbaren Werten umschließt.

Der Durchbruch zur Freiheit, zum göttlichen Sein ist die unwiderstehliche Triebkraft des Mannes. Der Mann, der es wert ist, ein Mann zu sein, wird bis an die Grenzen gehen, die seine Natur oder die Lebensumstände ihm gesetzt haben – und dann darüber hinaus.

„Ist es möglich, den Bergpfad zu überschreiten?“, fragte Napoleon seine Offiziere, die er zur Untersuchung des gefürchteten St. Bernhard Passes ausgeschickt hatte. „Es liegt vielleicht“, war die zögernde Antwort, „in den Grenzen der Möglichkeit“ – „Dann also vorwärts“, sagte der kleine Korporal.

4. Wollen

„Dem Mann, der Wollen kann, ist nichts unmöglich."
(Mirabeau)

4.1. „Werde, was du bist"

Verstehen wir unter Wagen die Annahme von Herausforderungen, die Grenzüberschreitung im Sinne der Selbsterfahrung und Selbstbewährung, so sei nun mit Wollen auf Orientierung und Zielstrebigkeit verwiesen. Beides sollte sich auf der Lebensreise zusammenfinden.

Es gibt Männer, die sehr viel wagen, aber keinen Schritt vorwärts kommen. Sie gleichen Schiffen, die den Gefahren des Ozeans trotzen und ständig riskante Manöver ausführen, doch leider den Kompaß verloren haben. Andererseits gibt es Männer in „pfeilschnellen Wagen", mit bestem „Kartenmaterial" gerüstet, die ebenfalls stecken bleiben, weil ihnen der Sprit ausgeht – es mangelt an Unternehmungsgeist.

Unabdingbar verknüpft mit dem Wollen als einer bewußten Willensausrichtung ist die Vorstellung eines *Ziels,* dem der Wille zustrebt. Lassen wir die Pflichten und Aufgaben des Alltags, denen sich Männer zielstrebig widmen und die nach einer gewissen Zeit abgehakt und durch neue ersetzt sind, beiseite, gibt es für den erwachenden Mann nur ein einziges Ziel, das unabhängig von allen Situationen bestehen bleibt: die Verwirklichung seines tieferen Seins gemäß der antiken Formel: „Sei du selbst" oder „Werde, was du bist". Das hierauf sich konzentrierende Wollen benötigt jedoch klare Voraussetzungen: Der Mann muß die Wahrheit des eigenen Seins schon erfahren, zumindest geahnt haben. Er muß *wissen.*

Was eigentlich vollkommen einleuchtend ist, bedarf doch gerade in heutiger Zeit, wo „Selbstverwirklichung" obszessiv und beinah ausschließlich von irregeleiteten Frauen verfolgt wird, einer besonderen Hervorhebung. Der Anspruch man selbst zu sein setzt voraus, daß überhaupt von einem eigenen Selbst als etwas Bestimmtem und Erkennbarem die Rede sein kann. Dies ist aber für den modernen Durchschnittsmenschen, der entweder aus mehreren schattenhaften Personen oder aus keiner Person besteht, in höchstem Maß problematisch, so daß man Nietzsche beipflichten muß, der die Befolgung des „Sei du selbst" als „nur wenigen gestattet" ansah. Entscheidend ist also, ob man bei einem derartigen Unternehmen tatsächlich vom Flügelschlag seines höheren Selbst bewegt wird oder nur von den Winden verdrängter Ressentiments.

Wenn man tatsächlich die große Vernunft vernimmt, die niemals „Ich" sagt, sondern „Ich" ist, die Geist und Sinn nur als „Werk- und Spielzeug" benutzt, soll man ihr folgen, ohne zu zögern. Der Mann, der den Ruf seines wahren Seins vernimmt, macht sich auf seinen Weg ohne rückwärts zu blicken. Stufe um Stufe, Schicht um Schicht durchdringt er die Sinnkreise seines Lebens und läßt sie ohne Bedauern hinter sich. Er wird klare Entscheidungen treffen und dann zu Taten schreiten, bei denen er seine besten Kräfte einsetzt. Er wird alles nötige tun, seine transzendente Vision stets neu zu gewinnen, zu stabilisieren und sein Leben auf ihr zu begründen. Alles andere, Arbeit, Frau, Kinder, Vergnügen, ist neben diesem Bestreben zweitrangig – sofern es sich nicht in die Sinnhaftigkeit seines tiefsten, angemessensten Seins integrieren läßt.

Ein Mann, der sich selbst entdeckt hat und sich entschieden hat, seiner inneren Wahrheit zu folgen, geht eine unwiderrufliche *Pflicht* ein. Er schafft sich selbst ein Gesetz, er wird sich Gesetz.

Die Ehre – die einzig wirkliche Ehre des Mannes – liegt darin, den selbstgeschaffenen Normen treu zu bleiben. Es gibt keinen Umstand, der ihn davon entbindet. In seinem Buch *Engländer, Franzosen, Spanier* hat der spanische Schriftsteller und Diplomat Salvador De Madariaga diesen Ehrbegriff auf besonders treffende Weise charaktisiert. Wenngleich die Beschreibung auf seine Landsleute aus den Zwanziger Jahren bezogen ist, dürfte sie auch zu Völkern und Zeiten sprechen, die diesbezüglich ein Nachholbedürfnis haben: „El honor", die Ehre des Spaniers, bestehe darin, daß er eine subjektive Verhaltensregel hat, die über allen objektiven Vorschriften steht. Diese Regel ist „Erbteil der Seele", eine gebieterische Empfindung, die dem wohlgeborenen Mann eindeutig anzeigt, was er jeweils zu tun hat. Das ernsteste Anliegen des Spaniers ist, *seine Seele zu retten*: die Spontanität und Unversehrtheit der individuellen Tätigkeiten,

Ideen und Leidenschaften. *Lieber zwingt er die Dinge, dem Gesetz seiner Person zu folgen, als sich gleichsam selbst zu versachlichen.*

4.2. Wollen zwischen Freiheit und Pflicht

Präzisieren wir, indem wir zunächst eine offene Frage klären. Es wurde das Freiheitsstreben des Mannes betont, der elementare Impuls, alles, was ihn begrenzt und einengt, zu überwinden.

Steht Pflicht und Gesetz hierzu nicht in krassem Widerspruch? Antwort: Nur scheinbar und erst durch die eingebürgerte Sichtweise der Allgemeinheit.

Die gewöhnlichen Menschen, wenn sie von Freiheit reden, von „ihrer Freiheit“, meinen immer die Freiheit „von“ etwas, normalerweise von Mächten und Umständen, die mehr oder weniger triebhafte Regungen einschränken wie Sex, Zerstreuung, Aufofahren, Konsum usw. Wenn sie sich ungehindert diesen Bedürfnissen hingeben können, haben sie das Gefühl, frei zu sein. Der überlegene Mensch kennt neben der Freiheit „von“ etwas eine Freiheit „zu“ etwas. – Die Freiheit zu einer Aufgabe, einer Möglichkeit, die ihn zu sich selbst führt. Und es mag sein, daß er nur deshalb gegen ihm auferlegte Ketten rebelliert, um sich unwiderruflich daran binden zu dürfen.

Wer ein „warum“ zu leben weiß, erträgt nicht nur jedes „wie“ (Nietzsche), er nimmt damit auch eine *Pflicht* auf sich. Und hier liegt das zweite gängige Mißverständnis: Pflicht ist nicht Zwang. Sie beruht immer auf freier Wahl. Hinter der Pflicht steht immer ein Wollen und Sollen, niemals ein Müssen. Ein Sklave hat keine Pflicht, er muß tun, was von ihm verlangt wird, um keine Schläge zu kriegen. Ebenso hat ein Tier keine Pflicht, es kann nur seinen Instinkten folgen, es muß.

Pflichten kann also nur ein *freies* Individuum haben. Anders gesagt: Pflichten gibt es nur gegenüber sich selbst, nie gegenüber anderen. Wer sich verpflichtet ist niemandem Rechenschaft schuldig, als sich allein.

Es war der „Alleszertrümmerer“ Kant, der diesen Pflichtbegriff zum Grundstein seiner von kompromißlos männlichem Geist durchdrungenen Ethik machte. „Zwey Dinge" erfüllten ihn bekanntlich „mit immer neuer und zunehmender Bewunderung und Ehrfurcht": „Der bestirnte Himmel über mir und das moralische Gesetz in mir." – Was letztlich für ihn in einem zusammenfiel. Keine Fremdbestimmung also, kein Sich-Beugen unter äußere Autorität ist mit Pflichterfüllung gemeint.

Die enge, lebendige Wechselwirkung von Freiheit und Pflicht zeigt sich nun darin, daß Pflicht nicht nur Freiheit voraussetzt, sondern Freiheit schafft. Denn wer seiner Pflicht folgt, folgt sich selbst; er nähert sich immer mehr dem lebenschaffenden Mittelpunkt seines Wesens und löst damit kontinuierlich die Fesseln der Fremdbestimmung, bis er in ungetrübter Eigenart, ungefesselt, unbehindert, furchtlos und wahrhaftig dasteht. So kann ein Mensch erst dann annähernd frei sein, wenn er den Weg der Eroberung seines Innern bereits beschritten hat. Es gibt keine Freiheit ohne Verantwortung, ohne Pflichtbewußtsein. Der schottische Denker Carlyle sagte deshalb geradeheraus: „Gehorsam macht frei." – Nicht „Kadavergehorsam", sondern Gehorsam gegen sich selbst, gegen sein besseres Ich – oder gegen einen uns überlegenen Menschen, dem wir aus freien Stücken folgen: „Stolz sein, einen Meister gefunden zu haben." (Stefan George) Wir haben das Recht, zu gehorchen, und die Pflicht, (uns) zu befehlen. Nicht umgekehrt.

Wer erkannt hat, daß Freiheit als Gegenstück zu bewußter Pflichterfüllung *erworben* sein will, wird sich angesichts eines Staates, welcher sich rühmt, die Freiheit zu *schenken,* eines gewissen Unbehagens nicht freisprechen können. Wie Freiheit *verkommt,* wenn sie unfreien Massen, die nur das Gesetz ihres Bauches kennen, von außen zugeteilt wird, erleben wir jeden Tag deutlicher. Doch dies nur am Rande.

4.3. Schwert, Stab und Phallus

Sinnbild des Wollens ist unter anderem wieder das Schwert, aber nicht das schlagende, sondern das still in den Himmel gerichtete Schwert. Dem aufrecht gehaltenen Schwert wohnt die Grundform des Stabes inne. In ihm sind verschiedene Wollens-Aspekte gebündelt, weswegen er ein Symbol von elementarer, beinahe magischer Ausdruckskraft ist.

Schon kleine Jungen spüren die faszinierende Macht des Stabes. Gern nehmen sie einen Stab oder Stock in die Hand, besonders in fremder, unheimlicher Umgebung, zum Beispiel in einem dunklen Keller. Der Stab stärkt den Mut und das Selbstvertrauen, gibt Halt und Sicherheit. Seine Wirkung liegt aber nicht nur in einer besseren Wehrhaftigkeit. Sie teilt sich vor allem als unmittelbarer Machtzuwachs mit. Darin liegt das eigentliche, „magische" Geheimnis des Stabes begründet. Es ergibt sich eine Gedankenverbindung zum „Zauberstab", aber auch zum Hirtenstab („Dein Stecken und Stab tröstet mich", Psalm 23), zum Dirigentenstab, der das Chaos der Instrumente bändigt und zum Zepter, der die Würde des Königs versinnbildlicht.

Das Geheimnis der schöpferischen Potenz des Stabes erhellt durch die Bedeutung des „Aufrechten". Beim Menschen hat aufrechte Haltung sehr viel mit Ichbewußtsein, Identität und der Fähigkeit zu Willenshandlungen zu tun. Das kleine Kind, indem es sich aufrichtet, vollzieht damit eine welt- und bewußtseinsveränderte Tat. Es beginnt, sich erforschend und gestaltend zu orientieren, die Hände werden frei zum erprobenden Handeln. Indem es zu laufen lernt, befreit es sich aus der Abhängigkeit von der Mutter, stößt aber auch deutlicher an die Grenzen zwischen sich und den Objekten der Umwelt. Damit erlebt das Kind sich selbst beziehungsweise seinen Körper immer mehr als den Mittelpunkt seiner Existenz. Der aktivierte, aufrechte Stab, zum Beispiel in die Erde gesteckt, verkündet: „Das ist mein Ort, hier bin ich, hier stehe ich." Nicht zufällig bedeutet der Buchstabe „I", der einem Stab ähnelt, im Englischen „Ich".

Die Analogie geht aber noch weiter, wenn man bedenkt, daß auch die erste Zahl, die „1", einen Stab verbildlicht, und diese ist, wie wir sahen, die explizit männliche Zahl, die Einheit, Identität und Unwandelbarkeit zum Ausdruck bringt. Die Beziehung des Stabes zum Männlichen zeigt sich auch ganz direkt darin, daß dieses in der Symbolik der graphischen Zeichen durch eine Vertikale (|) ausgedrückt wird, während die Horizontale (—) für „weiblich" steht.

Damit weist das Symbol des Stabes über die schlichte menschliche Individuation hinaus in den Bereich des Heroischen, in dem „Standhaftigkeit“ und Treue zu sich selbst in höherem Sinne gefragt sind. Voraussetzung ist das ordnende, schöpferische Bewußtsein und der entschlossene Wille, Stabs-Qualitäten, die im erhobenen Schwert präzisiert werden. Die hieratische oder königliche Unbewegtheit des Mannes, der vollständig in seinem Sein verankert ist, kommt vor allem im Zepter zum Ausdruck.

Eine dynamische, „sieghafte“ Komponente erhält das transzendente Mann-Sein im Sinnbild des Phallus. Die tiefere Bedeutung des Phallus geht weit über die populären und äußerlichen Aspekte von Fruchtbarkeit und männlicher Zeugungskraft hinaus. Nur so ist übrigens auch seine besondere Faszinationskraft für Frauen erklärlich. Der Phallus verkörpert weniger das natürliche als gerade das übernatürliche, „magische“ Mann-Sein, das durch die Ablösung materieller Fesseln erwacht und wirksam wird.

In diesem Sinn wurden ihm weltweit heilige Monumente errichtet: In der Bretagne, wo ein steinzeitlicher Granit-Phallus neun Meter hoch aus dem Boden ragt, in den Berghöhlen des Himalaya, die gigantische Kultstätten umschließen, im afrikanischen Busch oder den Regenwäldern Afrikas und Südamerikas. In Griechenland und Rom wurde er oft auf den Grabdenkmälern verwendet, als Zeichen der Auferstehung. Auch beim ägyptischen Gott Osiris war er nicht ein Symbol der Fruchtbarkeit, sondern der Auferstehung nach dem Tode. In Indien wird der Phallus noch heute von Asketen als Abzeichen um den Hals getragen, da er die Kraft der virya, des übernatürlichen Mann-Seins verbildlicht.

Hiermit wären einige sich entsprechende Inhalte genannt, die in der Symbolik des Stabes mitschwingen. Sie begegneten uns bereits als hervorragende Ausdrucksformen des wahren Mann-Seins. Auf den Nenner gebracht verkündet der Stab die fundamentale Formel männlichen Wollens: „Sei du selbst“ oder „Werde, was du bist“.

4.4. Makellos handeln

Es geht nun darum zu zeigen, wie das Wollen die „freie“ oder die „reine“ Tat hervorbringt, die wahrhaft männliche Tat, und was sie bedeutet. Man kann wohl ohne zu übertreiben sagen, daß die heutige Welt von der „reinen Tat“ – der einzigen, die den Namen verdient – keine Ahnung mehr hat. Entsprechend dem schlafwandlerischen Zustand, in dem die meisten Menschen durchs Leben gehen, ein Zustand, den ein Wissender unserer Tage (G. I. Gurdjieff) als „Aufgesaugtwerden von den Dingen des Alltags“ beschrieben hat, ist auch ihr Handeln nur oberflächliches, oft reflexartiges Reagieren auf die Reize der Außenwelt. Selten entspringt das Handeln der Tiefe des eigenen Seins und selbst wenn es so ist, wird es, sobald es den Gürtel der Ichhaftigkeit passiert, verbogen und umgeleitet. Beladen von Ängsten, Egoismen und sogenannten Erfahrungen ist es nicht eindeutig, sondern vieldeutig, nach Anerkennung und Wirkung schielend das Gegenteil dessen, was es zur Schau trägt. So oder so, gehemmt, berechnend oder reflexhaft, ist das Handeln gefangen, weil es vom Seinsgrund getrennt ist. Es ist kein Agieren, sondern immer nur Reagieren, kein unbedingtes Handeln und daher auch bei betont aktivistischem Anstrich nicht „aktiv“, sondern – sich selbst erleidend – passiv. D’Annunzio sagte: „Die Tat ist nicht die Schwester des Traums und nicht einmal des Gedankens.“

Was führt nun zur Tat, die sie selbst ist, zur „reinen“ Tat, die sich frei und kraftvoll zum Ausdruck bringt? Es wurde bereits gesagt, daß die Erfahrung des Todes zu einer Verantwortung führen kann, die zu halbherzigen oder unnützen Handlungen keine Zeit läßt, daß vollends die Erfahrung des Ich-Todes zu einer Unerschrockenheit führt, die das Handeln von allen menschlichen Komplikationen befreit.

Stellt man das Handeln unter den Imperativ des Wollens, so leitet sich ein Prinzip daraus ab, dessen Befolgung das gleiche Ergebnis hervorbringt. Die traditionelle Welt nannte es „Handeln ohne Wunsch“, oder „Handeln, ohne auf die Früchte des Handelns zu sehen“.

„Allein das Handeln kannst du lenken,
doch niemals dessen Früchte.
Leb nicht für deiner Taten Früchte,
noch klamm're dich an Tatenlosigkeit."

(*Bhagavad-gita*)

Der Ausdruck „Früchte" bezieht sich auf jede mögliche Handlungsfolge. Wir sollen handeln, ohne auf Sieg oder Niederlage, Erfolg oder Mißerfolg, Gewinn oder Verlust zu achten, ebensowenig auf Lust oder Schmerz und natürlich auch nicht auf Billigung oder Mißbilligung von seiten der Umwelt. Wenn das gelingt, ist das Handeln „rein".

Reines Handeln, um einem möglichen Mißverständnis entgegenzutreten, bedeutet nicht blindes Handeln. Die Rede, nicht auf die Folgen (Früchte) zu sehen, betrifft die persönlichen Antriebskräfte, nicht aber die Kenntnis der Umstände, die nötig ist, eine Handlung überhaupt sinnvoll durchzuführen. Eine Handlung mag fehlschlagen – das ist zweitrangig. Doch darf der Fehlschlag nicht durch die Unkenntnis der Voraussetzung für effektives Handeln verursacht sein.

Nichtsdestoweniger ist die Weisung für uns Abendländer befremdlich. Wir handeln ja immer, weil wir etwas erreichen oder vermeiden wollen, unser Handeln ist zweckgerichtet, und der Zweck, um dessentwillen wir es beginnen, richtet sich meistens auf den persönlichen Vorteil. Allerdings sind wir uns kaum bewußt, daß diese für uns so selbstverständliche Einstellung eine direkte Auswirkung auf die *Qualität* unseres Handelns hat, die auf uns, seine Verursacher, zurückschlägt. Anders die Traditionswelt. Bis ins Mittelalter (Meister Eckhart) war das Wissen lebendig, daß zweckgerichtetes Handeln *Entfremdung* verursacht. Sobald man handelt, weil man sich etwas davon verspricht, eine Belohnung oder auch nur ein gutes Gelingen, ist man nicht mehr in der Handlung drin, sondern ihr voraus, in der Zukunft. Man handelt nicht mehr mit voller Aufmerksamkeit, sondern wickelt die Sache ab, bis ihr Zweck erfüllt ist. Handeln als Mittel zum Zweck wurde dementsprechend nicht als „aktiv sein" verstanden, wie man es heute tut, sondern nur als „Geschäftigsein". Es war Handeln im untergeordneten Sinn. Wie eine Handlung, deren Folge zu ihrem Grund wird, zu innerer Abspaltung und Entseelung führt, wird besonders deutlich, wenn sie nur um des Lustgewinns willen begangen wird: Es gibt Männer, die Verbindung zu einer Frau aufnehmen, weil sie ihnen sympathisch ist, weil sie lebendigen Austausch spüren. Irgendwann vielleicht führt die gegenseitige Anziehung zum Höhepunkt einer sexuellen Vereinigung. Andererseits gibt es Männer, die nur „das Eine" im Kopf haben, als isolierten Zweck, dem alles andere – das Reden, das Lächeln, die Blumen – nutzbar gemacht wird.

Wenn „reines" Handeln unpersönliches Handeln ist, stellt sich die Frage, von welcher Initiative es dann getragen wird. Die Antwort lautet, daß es vom eigenen inneren, natürlichen Gesetz bestimmt wird. Es ist von der Pflicht bestimmt, sich selbst in den Handlungen zu erfüllen. Ein Mann, dessen Handeln vom eigenen Sein ausgeht, wird es verächtlich finden, zu fragen, was es ihm einbringt und ob es wohl Dank erfährt. Er freut sich, wenn seine Taten Erfolg haben oder anerkannt werden, er ist aber nicht von den „Früchten" abhängig. Er handelt in erster Linie, weil „es so sein muß", weil er sich selbst durch sein Handeln verantworten, weil er sich selbst „in Form" bringen will. Das ist das „bhakti" der arischen Inder, das Treueprinzip, das den Mann an sein Handeln bindet, auch wenn er weiß, daß sein Handeln sinnlos ist, daß es keinen Erfolg haben wird. In jedem Fall wird er weitergehen und notfalls gegen sich selbst, gegen seine Interessen handeln, wenn dies der einzige Weg für ihn ist, seine Ehre zu wahren.

Man könnte vermuten, daß „reines", unpersönliches Handeln, das nicht nach Lust und Gewinn fragt, trocken und ohne Schwung bleibt. Dem ist aber nicht so. Neben der Lust, die durch die Befriedigung individueller Bedürfnisse oder Triebe entsteht, war seit je eine andere Art Lust oder Glück bekannt, welches die reine Tat von höherer Ebene her begleitet. Der Mann, der vom innersten Sein her handelt, begibt sich ganz in die jeweilige Situation hinein. Keine Erwartungen, keine Ungeduld, keine Sorgen um das Gelingen der Handlung lenken ihn ab. Nichts ist für ihn interessanter als das, was er in diesem Moment gerade tut. Indem er bewußt ins Hier und Jetzt geht, verbindet er sich mit seinen Eigenkräften, mit seiner Ganzheit, die lustvoll in seine Handlung einströmt und sie als Feuer besonderer Art von Anfang bis Ende „begeistert".

Es ist dabei völlig gleichgültig, welchen Inhalt das Handeln hat. Es kann sich um eine heroische Aufgabe handeln, zu der sich der Mann entschlossen hat und der er beharrlich und zielstrebig nachkommt. Es kann sich um kleine, vorübergehende Aufgaben handeln oder um ganz belanglose Tätigkeiten des Alltags. Jede noch so „unwichtige" Arbeit kann, mit dem inneren Kraftquell verbunden, zum Anlaß der tiefen Freude und Meditation werden. „Ich trage Feuerholz und schöpfe Wasser, wie geheimnisvoll, wie wunderbar", sagte ein Zen-Mönch.

Es kommt also nicht darauf an, was man tut, sondern *wie* man es tut. Ob man die Sache „abwickelt", weil sie nur Mittel und Zweck ist, oder ob man sich *aktiv,* mit vollem Bewußtsein in sie hineinbegibt.

Das aktive Handeln ist damit zugleich eine Stilfrage, und wie jeder Stil hat auch dieser bezeichnende Merkmale.

„Ganz sein im Fragment, geradlinig im Gekrümmten", so lautete eine antike Maxime. Der Mann, der sich für eine Sache oder Aufgabe entscheidet, entscheidet sich *ganz* für sie, nicht halbherzig oder mit Vorbehalt. Er will, was er tut, und er tut, was er will. Er ist vollständig, mit seinem ganzen Sein in den Handlungen drin. Das macht ihre gleichbleibende, nicht zu kopierende Qualität und unwiderstehliche Wirkung aus. Das „Sein als Stattfindendem" spricht gleichermaßen aus der bescheidenen Arbeit eines Handwerkers wie aus einer exakten mechanischen Arbeit, aus dem Meisterschuß eines Bogenschützen, wie aus dem Kommando des Kapitäns, aus einer Begrüßung wie aus dem angemessenen Handeln in einer Gefahrensituation.

Der Ausdruck des Seins ist keineswegs auffällig oder bombastisch, sondern einfach, natürlich und immer genau zur Situation passend, weil das Sein mit den Dingen in Einklang steht. Hier liegt das ganze Geheimnis. Handlungen, die dem Kern entspringen, machen nichts vor und biedern nicht an, sie bezwingen. Vor allem bezwingen sie Frauen, die für das Schicksalhafte ein feines Gespür haben. Doch das ist ein anderes Thema, das gleichwohl zu einer abschließenden Bemerkung führt: Man kann alles tun, der Wille kann alles erstreben, vorausgesetzt man ist fähig, auf alles im gleichen Maß zu verzichten. Sobald das Handeln unter den Trieb und nicht mehr unter das Wollen fällt, ist seine herrliche, souveräne und unwiderstehliche Kraft dahin.

5. Schweigen

„Was ist das Klatschen der einen Hand?“
(Zen-Spruch)

5.1. Schweigen als Disziplin und als Sein

Wir unterscheiden zwischen dem Schweigen als Disziplin und dem Schweigen als Ausdruck des Seins. Ersteres begleitet den Weg des Mannes von Anfang an, letzteres ist die Erfüllung des Weges und für die wenigsten in seiner Vollkommenheit zu erreichen.

Das *Schweigen als Disziplin* wird in allen Meditationsanweisungen gefordert und ist eine Grundübung auf dem initiatischen Weg. Die Adepten der alten Einweihungsschulen unterlagen der strengsten Schweigepflicht. Dies aber weniger, weil man fürchtete, daß irgendwelche Geheimnisse an die Außenwelt dringen konnten, sondern eher zum Schutz der Adepten selbst. Die Gefahr, daß initiatisches Wissen an unberufene Ohren hätte gelangen können, war gar nicht so groß. „Was ich weiß, kann ich nicht sagen, und was ich sage, weiß ich nicht“, lautet ein Mysterienspruch. Wir sprachen darüber, daß wirkliches Wissen nicht mitgeteilt werden kann, sondern „verwirklicht“ werden muß, da es sich immer um reines Erfahrungswissen, um unmittelbare Erkenntnis handelt. Die Mitteilung solchen Wissens würde nicht nur am unzulänglichen Medium unserer Sprache scheitern, sondern vor allem daran, weil andere, die seinsmäßig nicht auf der gleichen Stufe stehen, nichts damit anfangen könnten. Die Weitergabe würde also notwendig Herabminderung und Verfälschung des Wissens nach sich ziehen, auch für den „Wissenden“ selbst.

In der Meditation dient das Schweigen der Selbstkontrolle und öffnet den Weg zu inneren Erfahrungen. Der Geist muß stille werden, damit das innerste Wesen vernehmbar wird. An den Lärm der Welt und das innere Getön unserer Sorgen, Gefühle, Süchte und Sehnsüchte gewöhnt, fliehen wir oft vor der Stille. Damit fliehen wir vor der Begegnung mit uns.

Schweigen ist auch ein Ausdruck von Selbstbeherrschtheit im täglichen Leben. Ein Mann muß Spannungen aushalten können, ohne sie zu verdrängen oder gleich anzufangen zu jammern. Ein geschwätziger Mann wird ganz allgemein zurecht als verächtlich empfunden. „Pobre en palabras, pero en obras largo". – Arm an Worten, reich an Handlungen, lautete eine Losung des alten spanischen Adels. Und Moltke prägte den männlich-preußischen Stil mit der Weisung: „Wenig sprechen, viel tun und mehr sein als scheinen."

5.2. Schweigen als Sein

Das *Schweigen als Sein* ist mit der Vorstellung einer dem Sein entsprechenden Leere verbunden. Die Leere des Seins ist nicht Vakuum, sondern Abwesenheit des Konkreten, die Aufhebung alles Gewordenen, Manifesten und damit Vergänglichen im Urgrund des Weltganzen. Das ewige Sein spricht zu uns durch das „Schweigen" – durch das Schweigen des Kosmos und dessen, der Kosmos in sich trägt. Wer dahinter nur Lautlosigkeit vermutet, wird sehr überrascht sein, welch tödlicher Ausdruck von Aktivität aus dem „Schweigen" hervorbrechen kann.

5.2.1. Leere, Fülle, Bewußtsein

Wie das „Schweigen" jede Lautstärke übertönt, so überbietet die „Leere" auch jede erdenkliche Fülle. Das göttliche Sein ist der Inbegriff aller Realität; in ihm liegt alles Konkrete, bevor es sich in der Welt des Werdens entfaltet, in ungeschiedener Einheit begründet. Es ist die Quelle von Zeit und Raum, Anfang und Ende der Existenz, Allgegenwart und Allerfüllung, das alldurchdringende, ewige Feld allmächtiger Geisteskraft.

„Unser Herz ist unruhig, solange es nicht in Dir ruht“, sagte der Heilige Augustinus. Der Ruf seines Inneren ist der mächtige, unzerstörbare Antrieb auf der Lebensreise des Mannes. Als Bürge des Seins, gefangen in endlicher Form und eingeschnürt von den Fesseln des Ich-Seins, leidet der Mann unter seinen Begrenzungen, weit über sein Begreifen hinaus. Sein Wille, sich zu behaupten, sein Mühen um gültige Form ist deshalb übergriffen vom Antrieb, Schicht um Schicht, Form um Form zu durchdringen, um in der umfassenden Ganzheit seine ihm angemessene Seinsweise zu verwirklichen.

Die Form, in der sich die höchste Seinsweise des Mannes bekundet, ist das Bewußtsein. Gleichzeitig ist es die höchste „Magie“, die wir kennen. Sein und Bewußtsein sind eins, weil das Sein reine Geisteskraft ist. Man kann auf verschiedenen Stufen bewußt sein, im engeren oder weiteren Kreis, oberflächlicher oder tiefer. Absolutes Bewußtsein ist die unmittelbare Wahrnehmung des Weltganzen, es ist die Bewußtseinsqualität des Lebens schlechthin.

Das Bewußtsein gewöhnlicher Menschen reicht kaum über die Erkenntnis ihrer niederen Ichhaftigkeit hinaus. Was die Frau betrifft, so lebt sie zwar in Zusammenhang mit dem Weltganzen, da sie aber nur Teil ist, kann sie das Ganze nicht in sich aufnehmen. Ihre überpersönliche Wahrnehmung beschränkt sich daher auf Intuition, auf passives Spüren, beeindruckt werden. Der gewöhnliche Mann spürt weniger als die Frau, trägt aber, da er dem Sein untersteht, das Weltganze potentiell in sich.

Das höhere Bewußtsein beginnt aktiv zu werden, wenn der Mann über sein irdisches Ich hinaus die Erfahrung des unwandelbaren Selbst gewinnt, und sei sie auch noch so flüchtig und bruchstückhaft. Dieses Selbst ist nicht „sein“ Selbst, sondern der Urgrund aller Erscheinungen. Je weiter er daher in seinem Innern voranschreitet, um so lichter und transparenter wird auch die Außenwelt. Die Dinge der Welt verwandeln sich; ihre Fremdheit und Beiläufigkeit weicht einer Tiefe, in der sich seltsam vertraut die Signaturen der Ewigkeit abbilden. Schließlich kann die „große Erfahrung“

aufspringen, das „tat-twam-asi“ der Inder, der Einsturz des kleinen, gegenständlichen Bewußtseins vor einem umfassenden „Das bist auch Du“, das dem Erweckten aus jeder Blume, aus jedem Stein und aus jedem Menschen entgegenstrahlt. Und doch ist dies erst der Anfang. Das beseligende Erlebnis des Einssein muß wieder weichen, der Verzückung ist keine Dauer beschieden. Durch eine Reihe geistiger Krisen muß der Erwachsene lernen, die Erfahrung der Ganzheit in sich zu verarbeiten. In dem Maße, da ihm dieses gelingt, gibt es nichts Außergewöhnliches und „Phantastisches“ mehr, sondern nur noch die Wirklichkeit, in der das empirische Ich als Teil dieser Wirklichkeit integriert ist. Die Persönlichkeit, ihre Sicht- und Erfahrungsweise, hat sich nicht aufgelöst, sie besteht weiter. Und doch ist alles anders geworden. Es ist, als ob der Subjektcharakter des Ich von einem anderen, umfassenderen Subjekt übernommen und dadurch relativiert wurde. Die Erfahrung des Seins trägt nicht mehr die Qualität des „ganz Anderen“, die Dinge sind einfach „so, wie sie sind“. Die Wiese ist wieder grün. Aber sie leuchtet in einem tieferen Grün als zuvor.

Der zum Sein und zum Leben Erwachte hat das Gefühl, nunmehr erst richtig er selbst zu sein. Er hat erfahren, daß man verlieren muß, um besitzen zu können, daß man nicht haben kann, wenn man festhält, daß man nicht stark sein kann, wenn man nicht losläßt. Im Vollendeten ist das ganze Universum in übergegenständlicher Fülle lebendig und glasklar präsent. Er ist im eigentlichen Sinne des Wortes Person: seine Gestalt ist durchlässig für das Wesen, das große Sein, das durch sie hindurchtönt (personare), wie die Stimme durch die Maske (persona) eines antiken Schauspielers tönte. Diese Transparenz dokumentiert sich im Glanz seines Erlebens und in der Strahlung seiner Erscheinung. Die Atmosphäre, die den lebendigsten aller Menschen umgibt, ist mit pulsierender Energie geladen. Es ist eine Energie, die ihm ein Volumen verleiht, das ihn unwillkürlich zu Raum kommen und Raum in Besitz nehmen läßt. Sobald er sich nähert, drängt sich den anderen das Empfinden einer übernatürlichen Kraft auf, einer Kraft, die erschreckt und gleichzeitig zur Verehrung zwingt, die überwältigt und kampflos entwaffnet, die zwar vollkommen kontrolliert wird, aber immer zur Entladung bereit ist.

Die elementare Mächtigkeit solchen Wesens legt auf Anhieb eine selbstverständliche Rangordnung fest. Menschen, die weniger aus der Fülle des Seins schöpfen, fühlen sich unwillkürlich zu dem, der sie in sich verkörpert, hingezogen. Sie nähren und stärken sich aus dem Quell seines kräftegeladenen Wesens, suchen Halt und Orientierung, sind bereit sich zu opfern und ihm zu folgen, um in diesem umfassenden Leben den Sinn des eigenen, wahren Lebens zu finden.

Menschen von seinsgeladener Mächtigkeit sind die geborenen Herrscher und Könige. Was Königtum wesensmäßig bedeutet, läßt sich an der hinduistischen Vorstellung des cakravarti (Dreher des Rades) ablesen. Warum dreht sich das Rad? „Dreißig Speichen treffen die Nabe. Auf dem Nichts daran beruht des Wagens Wirkung", sagte Laotse im *Tao Te King*.

Nach Konfuzius hat der zum Herrschen bestimmte Mensch im Gegensatz zum gewöhnlichen „ein Prinzip der Festigkeit und der Ruhe anstelle der Unruhe". Von der Bewegung hat er sich in einen Zustand verlagert, der als wahre Ursache der Bewegung bewegungslos ist. Von der Fülle ist er zur „Leere" übergegangen, womit er zum innersten Kern der Fülle gelangt ist, wie auch in der Leere der Nabe die Festigkeit und Bewegung des Rades begründet liegt.

Einige Grundsymbole des Königtums brachten ursprünglich diesen Gedanken zum Ausdruck: In erster Linie das Zepter, welches die feste Beständigkeit des im Sein verankerten Herrschers verbildlichte, dann der Thron, der „erhabene Ort", dessen polare Funktion durch das bewegungslose Auf-ihm-Sitzen noch unterstrichen wurde. Zepter und Thron bildeten nach der traditionalen Symbolik die „Achse der Welt", und der König beherrschte als „Dreher des Rades" nicht nur die Kräfte der eigenen, niederen Natur, sondern damit auch automatisch die Lebensfunktionen und Lebensformen der Untergebenen seines Reiches, denen er durch die eigene machtvolle Existenz, und hielt sie sich auch in der Abgeschiedenheit eines heiligen Raumes verborgen, Segen und Ordnung zukommen ließ. Bei Konfuzius liest man dazu: „Wer kraft seiner himmlischen Tugend herrscht, gleicht einem Polarstern. Er bleibt fest an seinem Ort, aber alle Sterne kreisen um ihn." (Lun-yü, II,1)

5.2.2. Handeln ohne handeln

In engem Zusammenhang mit der Eigenschaft des Vollendeten, durch seine bloße Anwesenheit zu wirken, sei es belebend, sei es vernichtend, steht das oft paradox erscheinende *„Handeln ohne zu handeln"*, das Wei-Wu-Wei der taoistischen Lebensphilosophie. Nur Banausen denken dabei an passives Nichtstun. In Wahrheit ist es die stärkste und aktivste Art zu handeln, die überhaupt möglich ist. „Durch Nicht-Handeln kann alles getan wer-den", sagte Laotse.

Es geht um Handeln, das unverzögert dem Kern des Seins entspringt, hellwach und ohne den Hauch zwischen Denken und Tun. Insofern ist es tatsächlich ein Nicht-Tun, da wir im Westen ja immer mit einer gewissen Anstrengung „tun", getrieben von dem Verlangen, Widerstände zu finden und niederzuwerfen, um uns selbst besser dabei zu spüren. Nicht-Handeln bedeutet ein Ende des Spiels mit dem Widerstand und der Selbstbehauptung, das uns nur immer weiter vom Ursprung wegführt. Die Dinge werden nicht vergewaltigt, damit sie in ein bestimmtes Denkschema passen, man macht sie sich zu Verbündeten, man paßt seine Handlungen dem Naturgesetz an und ist folglich erfolgreich. Zur Verdeutlichung mag das Bild des erfahrenen Reiters dienen. Ein wirklich erfahrener Reiter tut der Natur des Pferdes keine Gewalt an. Obwohl er, im Sattel sitzend, des Pferdes Herr ist, bewegt sich das Pferd, ohne Zwang zu empfinden, in vollkommener Harmonie mit ihm. Das Pferd vergißt den Menschen und der Mensch vergißt das Pferd, sie bilden eine geistige Einheit und sind nicht mehr voneinander geschieden. Für den Zuschauer erscheinen Pferd und Reiter wie aus einem einzigen Guß. Das ist ein greifbares Beispiel für Nicht-Tun oder die unbewegte Bewegung, die hierfür Voraussetzung ist. Das Herz muß zur Ruhe kommen, jegliches Haften, woran es auch sei, muß sich lösen, jeder Moment muß tief werden wie ein Brunnen, in dem sich die Sterne spiegeln und in ihnen drin die Ewigkeit.

Solange wir unruhig, zweifelnd, von Haß oder Furcht bewegt sind, ist auch das Abbild der Dinge in unserem Herzen bewegt und unklar oft bis zur Unkenntlichkeit verzerrt. Damit wird auch unser Handeln unklar. Stehen wir einem Gegner im Kampf gegenüber und fragen uns: „Soll ich's jetzt so machen oder lieber so?“, ist unser Verhalten blockiert und zerstreut. Sind wir von Leidenschaft überwältigt, hauen und stechen wir blind drauflos; wir treffen nicht unseren Gegner, sondern das Zerrbild, das wir uns von ihm machen, wir treffen uns selbst. Wenn wir nicht Freude noch Trauer, nicht Angst noch Zorn spüren, ist das Herz völlig leer und durch gar nichts belastet. Aus dem Zustand der völligen Ruhe und Wunschlosigkeit erwacht die Freiheit zu einem spontan, natürlichen Handeln, das immer ins Zentrum trifft: zielsicher wie ein Pfeil, präzise wie der Meißelschlag eines Meisters, vernichtend wie ein Schwerthieb und ungehindert und leicht wie ein Flügelschlag. Mit Laotse gesprochen: „Ein guter Kämpfer braucht keine Gewalt, ein guter Sieger kämpft nicht, ein guter Führer lenkt nicht, ein guter Wanderer hinterläßt keine Spuren.“

5.2.3. Der Schild

Das Schweigen, die Leere, die Unergründlichkeit des Seins finden ihren symbolischen Ausdruck in einer Waffe, die nicht dem Angriff, sondern der Bergung dient: dem Schild.

Die meisten Menschen verachten die Kunst der Schildführung, weil sie ihrem natürlichen Antrieb zuwiderläuft. Sie wollen sich nicht verdekken, sich nicht zurückziehen, sie wollen da sein, gesehen werden. Aufgrund eines unwiderstehlichen Triebes wollen sie, daß man „weiß“, wer sie sind – oder was sie zu sein glauben; daß man weiß, wenn sie handeln, daß sie es waren, die gehandelt haben und daß man über ihre Eigenschaft als die Handelnden voll des Lobes ist. In der Sprache Don Juans bedeutet dieses Bestreben, sich *erreichbar* zu machen. Wer sein Ich in den Vordergrund stellt, wer auf Geltung pocht, macht sich erreichbar, greifbar, durchschaubar – und damit von seiner Umwelt abhängig. Der gewöhnliche Mensch – mit oder ohne Handy – ist ohnehin schon ständig erreichbar, da er an tausend Punkten haftet, die ihn verraten. Kennt man ihn eine zeitlang, weiß man im voraus, wie er auf eine bestimmte Situation reagiert und kann sich seine berechenbaren Verhaltensmuster zunutze machen.

Anders der Vollendete. Indem er sich ganz in sein Zentrum zurückgezogen hat, hat er die Abhängigkeit gegenüber den Menschen durch und durch *zerstört.* Was diese über ihn sagen oder denken, ob ihr Urteil über ihn richtig oder falsch ist, interessiert ihn einfach nicht mehr. Ein falsches Wort, eine ungerechte Tat, auch ein Schlag auf die Wange kann ihn nicht aus der Fassung bringen. *Er existiert ja gar nicht.*

„Das unendlich große Quadrat hat keine Ecken, der unendlich große Behälter kein Fassungsvermögen, das unendlich große Bild keine Form", sagt Laotse. Mögen diejenigen, die ein Vergnügen daran haben, versuchen oder auch glauben, sie könnten die Luft ergreifen. Der Vollendete wird ihnen den Boden unter den Füßen wegziehen, ohne daß sie es merken. Er kann zur Tat schreiten, ohne daß sie merken, von wo aus die Tat gesetzt wurde, ja, daß überhaupt eine Tat gesetzt wurde. Wollten sie ihn bekämpfen, würden sie keinen Angriffspunkt, keinen Widerstand finden und trotzdem eine Kraft spüren, gegen die sie nicht ankönnen und die als erstes sogar die bloße Möglichkeit zu einem Angriff verhindert. Der Vollendete ist unfaßbar; er ist wie ein Abgrund, ein Nebel, aber der Nebel liegt denen im Auge, die ihn betrachten. Man weiß nie, was er tut und was er zu tun imstande ist. Kaum meint man ihn dingfest zu haben, hält man in Wirklichkeit seinen leeren Mantel und er steht hinter einem. Das heißt es, die Waffe des Schildes zu führen.

Der Schild kann neben der Eigenschaft, unerreichbar zu machen, noch eine weitere Funktion besitzen. In der Erzählung von Perseus, dem Sonnenfürsten, hat er die Gabe zu spiegeln und wird verwendet, um den versteinernden bannenden Blick der Medusa zu brechen. Der Vollendete ist ein Spiegel des Universums, dazu bestimmt, das Sein im Dasein zu offenbaren. Er spiegelt aber auch die Gedanken und Absichten des jeweiligen Menschen, der ihm gegenübertritt. Da sein Ich frei von Trübungen und Bewegung ist, vermag er Gutes und Böses, Aufrichtigkeit und Falschheit dessen, der kommt, bis in die feinste Faser zu reflektieren. Es ist nicht so, daß das Ergebnis als ein Gedanke vorläge. Dann wäre sein Ich schon wieder verstrickt und sein Handeln unfrei. Es ist lediglich ein Sich-Spiegeln der Außenwelt, ein Hineinscheinen, das nicht zu Gedanken, sondern zu glasklarem Wissen führt und eine unfehlbare, genau passende

Reaktion begründet. Denken und Tun sind eins und der Schildträger wird sich nie in die Aktionen und Emotionen, die der Gegner ihm aufdrängen möchte, durch die er ihn bannen möchte, hineinreißen lassen. Er spielt seine Spiele mit, aber klar, distanziert und absolut unpersönlich, und über die Regeln der Spiele entscheidet alleine *er*.

5.2.4. Macht

Wer fest und unbeweglich im Sein verankert ist, spürt einen gewaltigen Zuwachs an Macht. Er *wird* nicht bewirkt wie gewöhnliche Menschen, er bewirkt selbst. Er existiert nicht unter Bedingungen, sondern unbedingt und damit unter jeder Bedingung. Er kann alles erreichen, was er nur will.

Macht, so eindeutig sie beschaffen ist, wird meist mißverstanden, was manchmal gefährliche Konsequenzen hat. Deshalb zu diesem Punkt noch einige Anmerkungen. Zunächst: Macht hat nichts mit Gewalt zu tun. Hier herrscht eine starke (gelenkte) Begriffsverwirrung, die unter anderem zum „Negativimage" von Macht und Autorität geführt hat. Die Anwendung von Gewalt ist immer ein Zeichen von Schwäche, von Ohnmacht. Wer Macht hat, ist auf Gewalt, auf materielle Mittel zur Durchsetzung seiner Macht, nicht angewiesen. Schon gar nicht auf Geld. Er verfügt über eine unpersönliche Kraft, die fraglos anerkannt wird, die anzieht, entzündet und überwältigt.

Als weiteres: Macht kann man nicht erlangen oder erstreben. Es ist ein initiatischer Grundsatz, daß *„Du die Macht nicht suchen darfst, sondern die Macht Dich suchen muß"*. In der Tradition ist die Macht weiblich. Sie sucht ein Zentrum, und wer ihr eines zur Verfügung zu stellen vermag, durch sein eigenes Feststehen, durch seinen *Verzicht,* durch seine Herrschaft über das eigene Ich, mit dem verbindet sie sich und gehorcht ihm als ihrem Herrn. Ebenso wie das Wasser Wirbel um einen Brückenpfeiler bildet, der fest in der Strömung steht, so zieht sich die Aura der Macht spontan um denjenigen zusammen, der wie eine unpersönliche Kraft vorwärtsschreitet und nicht auf sich selbst achtet. Das Sein ist Voraussetzung für die Macht. Eine Unbeeindruckbarkeit, die nicht nach ihr Ausschau hält, ist das, was sie anzieht. Der Gier nach ihr entzieht sie sich ebenso wie eine Frau den Nachstellungen eines verzweifelt-lüsternen Liebhabers.

Damit wird auch die Art der Gefahr verständlich, die mit der Macht verbunden ist. Der Besitz von Macht, den er nicht mehr zurückweisen kann, stellt die letzte große Prüfung für den Mann vor seiner Vollendung dar. Jede Macht ist für das Ich wie ein Wirbel feinstofflicher Kraft, der von seiner „Zentrums"-Qualität fixiert und gebunden ist. Läßt sich das Ich von der Macht zu eigennützigen Zwecken verführen, wird das Zentrum geschwächt und die Macht reißt das Ich mit sich fort. Die Macht und die Kräfte verwandeln sich in Wesenheiten, von denen der Gefallene besessen wird. Im Umgang mit Macht ist daher ein hoher Grad von Verantwortung wichtig, und zwar in erster Linie gegen sich selbst. Der sich Vollendende muß die Unumstößlichkeit seiner Mitte wahren, in der sich die Ordnung des Seins verkörpert und die ihn beruft, zum Träger, Hüter und unbekümmerten Künder des höheren Lebens zu werden.

6. Opus magnum – Das magische Werk der Verwirklichung

Wir wollen noch einmal ganz klar herausstellen, was magische Männlichkeit wirklich bedeutet und wie der einzelne sie erwecken kann. Die praktischen Hinweise sollen dabei zusammengefaßt und ergänzt werden.

Es dürfte inzwischen deutlich geworden sein, daß die Magie, von der hier die Rede ist, absolut gar nichts zu tun hat mit jenem hexenmäßigen Zauberwesen, das die gewöhnlichen Menschen mit ihrer Vorstellung von Magie verbinden und das sie teilweise ansport, sich „Kräfte" zueigen zu machen, von denen sie sich die Erfüllung verschiedenartigster Wünsche versprechen.

Wohl gibt es seit alters auch diese Art von Magie, sie beschränkt sich jedoch auf ein Handwerk ohne spirituelle Bedeutung, weswegen sie oft genug auch in „schwarze" Bereiche abgleitet. Eine wirkliche vollwertige Magie (wie sie traditional auch immer als „Hohe Magie" verstanden wurde) hat ihren Ansatzpunkt nicht in der bloßen Handhabung überstofflicher Kräfte, sondern in der Verwandlung des eigenen Selbst. Diese Verwandlung führt dann zwar auch zum Besitz der verschiedensten Kräfte und Fähigkeiten, doch werden sie eher als Nebenprodukt des Prozesses betrachtet, da sie in dem Moment, wo sie greifbar werden, zu interessieren aufhören. Dies um so mehr, je höher der Betreffende sich entwickelt, verläßt er doch zunehmend jene Bereiche, in denen ihn Leidenschaften und menschlich-allzumenschliche Ziele in Bann schlagen. Für den Eingeweihten liegt der Gewinn seiner magischen Operation anderswo.

Betrachtet man die Gestalt des Magiers in der Überlieferung, fällt auf, daß sich bei allen Umdeutungen das Ideal einer geistigen Männlichkeit aufrecht erhalten hat. Damit ist die Vorstellung einer herrschenden Überlegenheit, die den Magier mit der Tradition des initiatischen Königtums, aber auch mit dem spirituellen Geschlecht des Kriegers und Helden verband, gemeint. Nicht zufällig spricht man in der Hermetik von einer „Königlichen Kunst“, die das „Große Werk“ zur Vollendung bringt. Was sich dahinter verbirgt, zeigt exemplarisch das Zeugnis des italienischen Hermetikers Della Riviera, der Anfang des 17. Jahrhunderts ein Buch mit dem bezeichnenden Titel *Il mondo magico de gli Heroi* (Die magische Welt der Heroen) herausbrachte. In diesem Buch wird Magie als Bezeichnung für die Kunst derjenigen Meister verwendet, die sich den Weg in das Paradies zu eröffnen wissen, um am „Lebensbaum“ teilzuhaben, der dort im Zentrum steht. Offensichtlich ist dies eine Anspielung auf die Wiederherstellung eines Urzustandes, also die vollkommene Erkenntnis und innerste Fühlung mit einem persönlichen Zentrum, wie sie das Ziel der wahren und eigentlichen Initiation darstellt.

Dies entspricht ganz dem Anliegen der hermetischen Alchimie, in der ständig von Reinigung, Waschung, Abtötung beziehungsweise einer komplizierten Verwandlung unedler „befleckter“ Metalle zum „edlen Gold“ oder zur „reinen Sonne“ die Rede ist. Die Chiffrensprache der Metallurgie will nichts anderes beschreiben als das, was der alte chinesische Text von der „Goldenen Blüte“ fordert: Die „Wahrung der Mitte“ oder die „Suche nach dem Herrn“, der mit dem „Polargestirn“ verglichen wird, „um das sich der Himmel dreht“.

Die Aufgabe eines echtes Magiers ist es also, sich selbst zu entdecken, die eigene wahre Natur anzustreben. *„Erkenne dich selbst“*, *„erschaffe dich neu* *in der Kraft der Sonne*", lautet die unumstößliche Forderung. Die Sonne, das Zentrum unserer Persönlichkeit, hat sich im Zustand des materiellen Körpers „mit einem Schatten" umhüllt. Es ist die „Rauchschwade der Unwissenheit", die nach indischer Lehre wie eine Schlange die „reine Flamme des atma" verdunkelt. Von diesem Schatten, dem Zauberbann der sie umgebenden und durchdringenden Erdhaftigkeit, kann und muß sie befreit werden. Es geht nicht darum, den Körper oder die Individuation zu verurteilen, wie es eine gewisse Art der Askese tut, auch nicht darum, der Körperlichkeit zu entfliehen, um sich im formlosen, unbegrenzten Nirvana aufzulösen. Die Hohe Magie will lediglich eine bestimmte, korrekte Beziehung zur materiellen Erscheinungsform herstellen. Das Selbst darf nicht Sklave des Körpers werden, indem es mit dessen Bedürfnissen, der Begierde und einem dumpfen veräußerlichten Bewußtsein verschmilzt und damit sein eigentliches Bewußtsein verliert. Es darf nicht, wie Narziß, dem „Tod" in den „Wassern" verfallen, indem es sich über das eigene Spiegelbild beugt und selbstverliebt daran untergeht. Wir sind unendlich größer und mächtiger als das kleine beschränkte Ego, mit dem wir uns laufend verwechseln, das zwar ein Spiegelbild unseres höheren Selbst, aber eben nur Spiegelbild ist, vielfach verzerrt und gebrochen im Medium dieser Welt. Es kommt darauf an, den uranfänglichen, „aufrechten" Menschen gegenüber dem „von den Wassern gezeugten Bild", dessen Beschränkungen er im Zustand der Identifikation unterliegt, neu zu entdecken und seinen Vorrang, der ihm als formgebendem Prinzip gebührt, wieder herzustellen. Das bedeutet soviel wie die Herrschaft des lichthaften Yang-Prinzips wieder aufzurichten, das durch den Einfluß der „unteren Wasser" verlorenging. Das Bild, das im Traktat von der Goldenen Blüte für das Zu-sich-kommen verwendet wird, ist eben das Bild des Herrschers, der nach seinem Sturz auf den Thron zurückkehrt, indem es die widerrechtliche Herrschaft eines aufrührerischen Generals, der sich seine Schwäche zunutze gemacht hatte, beendet, worauf ihm die Untertanen gerne wieder gehorchen.

Beim „Großen Werk" liegt der schwierigste Teil darin, die Fessel zu zerreißen, durch die das wahre Selbst an der Krankheit des Ich leidet, jener Geisteshaltung, die sich so sehr mit einem bestimmten Körper und seiner vergänglichen Eigenart identifiziert, daß sie bei einer Umwandlung des Bewußtseins mit Schrecken und Todesangst reagiert. In der Tat ist die Überwindung des Ich eine Tötung, ein aktives Zerbrechen dessen, was man für den Mittelpunkt seines Lebens hielt. Für den Übergang von der äußeren zeitlichen zur inneren und ewigen Natur wird oft die Symbolik der Schiffahrt verwendet – die Überquerung des „Großen“ oder des „Roten Meeres“. In der ägyptischen Tradition spricht man von einer „Sonnenbarke“, welche die „Urwasser“ überwindet und von Horus, dem Gott der Wiedergeborenen, geleitet wird.

Um den Wechsel gefahrenlos zu überstehen, ist es nötig, daß sich das Ich in immer neuen Vertiefungen mit seinem zugrunde-liegenden Selbst verbindet. Langsam, aber immer intensiver müssen die Kräfte des Zentrums gestärkt werden. Die Persönlichkeit muß eine Kraft entwickeln, die es ihr erlaubt, die Persönlichkeit selbst zu durchbrechen. Dies ist die Voraussetzung. Wenn der Kern noch nicht fest gefügt ist, führt die Auflösung nicht über, sondern unter den Zustand, von dem man ausging, und endet nicht selten in Tod, Wahnsinn oder Besessenheit.

Die initiatische Tradition spricht in diesem Zusammenhang von dem „sanften Feuer“, das geweckt werden muß, einem Feuer, das brennt, aber nicht verbrennt. Gemeint ist ein „Enthusiasmus des Geistes“, der sich in sich selbst sammelt wie in einem Umschlingen, einem Brüten, einem Nähren, einem Kochen und einem „Lieben“. Das Feuer muß aber langsam und sehr beständig „kochen“, damit die „Tötung“ und Offenbarung des Lichtes stattfinden kann. Jede Hast ist verderblich und kommt, wie die Alten sagten, „vom Teufel“.

Damit empfiehlt sich die Bindung an eine Disziplin der Bestimmtheit und Klarheit. Die Methode der Meditation als stilles Sitzen zur Entleerung des Geistes wurde bereits besprochen. Als weiteres sei die Methode des Yoga genannt, vor allem des Hatha-Yoga. Yoga heißt „Joch“ und weist auf die Rückverbindung des Menschen mit seinem göttlichen Ursprung hin. Die jahrhundertelang geheimgehaltene Praxis, die unter dem Siegel strengster Verschwiegenheit nur mündlich vom Meister zum Schüler überliefert wurde, gilt als der am gründlichsten erforschte Weg zu einer höheren Bewußtseinsstufe. Freilich gibt Yoga nur jedem das, wozu er schon innerlich reif ist. Wenn es im Westen als eine Art Fitneßprogramm praktiziert wird, als Mittel zur Leistungssteigerung, was letztlich aber nur tiefer in die Unseligkeiten des Alltags verstrickt, denen man zu entrinnen versucht, ist das solcherart „Esoterikern" vollkommen zugemessen. Der Wert des Yogas liegt anderswo, und richtig betrieben sind Yogaübungen nichts weniger als Gymnastik, sondern auf ihre Art Meditation.

Entscheidend ist auch hier die vollkommene Konzentration – und zwar auf jede Bewegungsphase. Ein wesentlicher Teil der einzunehmenden Haltungen (Asanas) ist das absolut unbewegliche Verharren, das nicht die geringste Mühe hervorrufen darf. Yoga ist eine rein geistige Disziplin, die das ganze Leben hindurch perfektioniert werden kann. Ziel ist die absolute Herrschaft des Geistes über den Körper. Nichts ist eindrucksvoller, als einem wirklichen Hatha-Yogi bei seinen Übungen zuzuschauen. Weder Unterbrechungen noch Beschleunigungen stören den Ablauf seiner Bewegungen, die einem ruhig dahinfließenden Strom gleichen. Sein Atem geht leicht und mühelos, nicht durch Muskelkraft, sondern allein durch die Kraft des Geistes in die schwierigsten Positionen gebracht.

Zu empfehlen ist für den Anfänger die von Swami Sivananda gelehrte Rishikesh-Reihe, die aus neun genau aufeinander bezogenen Haltungen besteht. Da Fehler zu allerhand Störungen führen können, sollte man Yoga nicht aus der Literatur, sondern in einer Schule lernen (wo man allerdings ebenfalls Pech haben kann).

An dieser Stelle soll eine Atemübung beschrieben werden, die, verbunden mit einer bestimmten Visualisierung, nur selten gelehrt wird, aber von starker initiatischer Wirkung sein kann. Nehmen Sie den vollständigen oder halben Lotussitz ein oder setzen Sie sich mit geradem Rücken auf einen Stuhl. Atmen Sie mehrmals durch die Nase tief aus und ein. Verhalten sie mit dem Atem auf halber Höhe und führen Sie Ihre rechte Hand zur Nase. Daumen und Ringfinger sind gestreckt, Zeige- und Mittelfinger eingeschlagen. Der Daumen wird an den rechten Nasenflügel gelegt, so daß beim nun erfolgenden Ausatmen die Luft allein durch das linke Nasenloch entweicht. Ziehen Sie die Luft per Bauchatmung durch dasselbe Nasenloch wieder ein, bis der Brustraum ca. dreiviertel gefüllt ist. Halten Sie den Atem ungefähr 4 Sekunden an und schließen Sie mit dem Ringfinger auch den anderen Nasenflügel. Anus- und Beckenmuskulatur werden in dieser Phase leicht zusammengezogen, damit der Sauerstoff möglichst vollständig im Körper bleibt und alle Zellen beleben kann. Die Dauer des angehaltenen Atems kann mit einiger Übung auf 12 bis 16 Sekunden verlängert werden. Imaginieren Sie während des Anhaltens eine helle, strahlende Sonne im ersten Chakra am unteren Ende der Wirbelsäule. Lösen Sie dann den Daumen und atmen Sie tief und langsam durch das rechte Nasenloch aus. Rechts wieder einatmen, Nase zuhalten, nochmals die Sonne im Wurzelchakra imaginieren und links ausatmen. Der Ausatem ist länger als der Einatem und sollte von der Vorstellung einer totalen Reinigung des Körpers begleitet werden.

Links wieder einatmen, Nase, Anus- und Beckenmuskulatur schließen und die Sonne im 2. Chakra in der Höhe des Kreuzbeines beziehungsweise im Unterbauch imaginieren. Nacheinander wird die Sonne durch alle Chakren emporgehoben, als nächstes ins Sonnengeflecht (zwei Finger breit über dem Bauchnabel), dann ins Herzchakra (Brustmitte), dann zur Kehle, zur Kopfmitte (zwischen den Augenbrauen) und schließlich zum Scheitel oder eine Handbreit darüber. Jedes Chakra wird zwei- bis dreimal aktiviert.

Ziel dieser Übung ist die Befreiung des männlichen Yang aus dem unteren Körperbereich, dem Sitz der Leidenschaften beziehungsweise des dumpfen vegetativen Lebens, in dem es nach der Yogalehre gefangengehalten wird.

Verzagen Sie nicht, wenn Sie die Sonne zunächst nur schwach oder gar nicht imaginieren können. Die Fähigkeit, sie sich bildhaft und plastisch vorzustellen, wird nach einiger Zeit so stark, daß Sie sogar ihre Wärme spüren. Bekanntlich können Yogis bei eiskalten Temperaturen üben und den Schnee in ihrer Umgebung zum Schmelzen bringen. Wichtig ist zu wissen: Imagination ist nicht Selbsthypnose. Imaginieren heißt erschaffen. Wenn man es fertigbringt, einen Bewußtseinszustand genau zu fixieren, hat man bereits den ersten Schritt zu seiner Verwirklichung eingeleitet. Geist wird Stoff und zwingt die Materie in jede beliebige Richtung. Die Wechselatmung sollte entweder morgens, bei Sonnenaufgang, oder am Abend, bei Sonnenuntergang durchgeführt werden. Zu diesen Zeiten nehmen Sie „lebenden“, mit der Yang-Kraft gesättigten Atem auf, während tagsüber vorwiegend „toter“ Yin-Atem die Atmosphäre bestimmt. Das Gesicht soll in Richtung einer aufgehenden beziehungsweise untergehenden Sonne zeigen.

Zur Kräftigung Ihres Yang-Potentials können Sie auch Karate üben. Die scheinbar gewaltsamen Stoß- und Schlagbewegungen werden in ihrer Vollendung ebenso leicht und mühelos durchgeführt wie eine Asana und entfalten erst dadurch die volle Wirkung. Wenn ein Meister eine Kata (in einen Bewegungslauf gebrachte Kombination verschiedener Angriffs- und Abwehrtechniken) vorführt, sieht es so aus, als könne ihn nichts auf der Welt mehr bremsen. Und so ist es wohl auch.

Als weiteres können wir eine Übung empfehlen, die Hans Hasso von Veltheim-Ostrau in seinem bemerkenswerten Erlebnisbericht *Tagebücher aus Asien* mitgeteilt hat. Sie ist gewissermaßen eine magische Grundübung. Nehmen Sie ein Stück weiße Pappe von mindestens 40 x 50 cm und malen Sie in die Mitte einen kreisrunden schwarzen Fleck von etwa 6 cm Durchmesser. Befestigen Sie die Pappe an einer Wand, vor der Sie in ungefähr 1 bis 1½ Meter Entfernung sitzen, etwas über Augenhöhe. Sitzen Sie aufrecht und mit entspannten Muskeln. Konzentrieren Sie sich zunächst auf Ihren Atem, der langsam und tief sein soll. Schauen Sie dann bei gleichmäßigem Weiteratmen auf den schwarzen Fleck und versuchen Sie, möglichst wenig zu blinzeln. Lassen Sie alle Gedanken fahren. Schauen Sie aufmerksam auf den schwarzen Fleck und warten Sie ab, ob er sich verändert. Zu Anfang sollte die Übung eine Viertelstunde nicht überschreiten. Von Veltheim-Ostrau: „Das Gelingen der Übung zeigt sich nach einigen Tagen oder später dadurch an, daß sich das Schwarz des Flecks in eine andere Farbe verwandelt. Ist die Veränderung eingetreten, dann muß man einen neuen, halb so großen kreisrunden Fleck malen und wieder dasselbe üben, bis eine andere Verwandlung des Schwarz eintritt. Das wird dann mit fortsetzender Halbierung solange durchgeführt, bis nur noch ein winziger Punkt bleibt ... Dieser verwandelt sich ... erst in einen leuchtenden Stern, dann in etwas, was mit der aufgehenden Sonne verglichen werden könnte ...“

Diese Übung dient dazu, das Yang, das im Zustand der Abhängigkeit zur Außenwelt hin gerichtet und damit „zerstreut“ ist, zu sammeln, indem man es um sich selbst kreisen läßt. Das Sich-ausrichten auf den immer kleiner werdenden Punkt ist das Hilfsmittel, ist doch der Punkt diejenige Gestalt, in welcher die Vielfalt noch nicht in Erscheinung getreten ist. Der Niveaubruch zeigt sich im „Öffnen“ des Punktes, an dem sich die Kristallisierung des Lichtes der eigenen inneren Mitte kundtut.

Der Erfolg dieser Übung hängt wie bei allen anderen meditativen und kontemplativen Übungen wesentlich davon ab, daß man Erfolg nicht suchen darf. „Handeln im Nichthandeln“, wie es im Osten heißt. Dabei ist auch der geduldig vollzogene Rhythmus, die ständige Wiederholung wichtig. Erst wenn das Gehirn an einer schon bekannten und wiederholten Vorstellung das Interesse verloren hat – ohne daß die Konzentration nachläßt –, kann der Abstieg in uns hinein beginnen. Im Zustand der Stille fällt der Geist tief in sich selbst und erkennt sich.

Die folgende Übung entstammt der Runenmagie. Sie hat die erste und wichtigste Rune, die Is-Rune, zum Gegenstand. Als senkrechter Stab verkörpert sie die magische Kraft der Persönlichkeit. Jeder Mann ist eine lebendige Is-Rune, ob er es weiß oder nicht. Die beste Zeit ist auch hier die Stunde des Sonnenaufgangs. Stellen Sie sich aufrecht hin, die Hände leicht an den Körper gedrückt. Vollatmung – beim Einatmen die starke Vorstellung, daß Sie die Kraft der Sonne aufnehmen. Beim kurzen Anhalten des Atems die Vorstellung, daß die Kraft im Körper kreist und alle Schlacken aufnimmt. Beim Ausatmen die Vorstellung, daß die gesättigte Kraft den Körper nach allen Richtungen verläßt und alles ungesunde mit sich nimmt.

Die Übung kann gesteigert werden durch leises Summen des „I“ beim Ein- und Ausatmen. Auf die Tonhöhe und Reinheit kommt es nicht an. Weitere Steigerung erreicht man durch Emporrecken des rechten Armes. Der Zeigefinger ist ausgestreckt, die anderen Finger werden um den eingeschlagenen Daumen gekrümmt. Kommt es nach einigen Wiederholungen zu einer deutlichen Erwärmung des Fingers, zeigt sich, daß die Übung Erfolg hat. Bei dieser Haltung ist der einfallende Kraftstrom am stärksten. Die Sonne braucht natürlich nicht wolkenlos vom Himmel herabzustrahlen.

Abschließend sei das Singen von Mantras empfohlen. Mantras sind Silben oder Klänge, die uns mit der feinstofflichen Ebene in Beziehung bringen. Im Mantra offenbart sich die Wesenheit einer Sache selbst (die nicht mir ihrer materiellen Form und gewöhnlichen Bezeichnung erfaßt wird!). Besonders wirkmächtig ist die heilige Silbe „OM", das Ur-Wort, der Wesensgrund aller Dinge.

Nehmen Sie den Lotussitz ein. Nach tiefem Einatmen fließt die gebremste Luft aus und bringt die Stimmbänder durch das „om" zum Schwingen. Der Ton soll so tief und gleichmäßig wie möglich sein. Im letzten Drittel der Ausatmung wird der Mund geschlossen und die Bauchmuskulatur kontrahiert, um die letzten Reste der Luft mit einem „m..." auszustoßen. Dieses „m..." muß im Schädel summen. Konzentrieren Sie Ihren Geist auf den Ton, durch den die Welten erschaffen wurden. Aber machen Sie sich keine Illusionen. Die Schriften besagen, daß man auch eine Million Mal ein Mantra wiederholen kann, aber wenn es mechanisch geschieht, bleibt es ein wirkungsloses Hin- und Herbewegen der Lippen. Das, was ein Mantra unter Energie setzt, ist die geistige Kraft des Operanten, die sich mit seinem eigenen Machtvermögen verbindet, die Kraft vervielfacht und so den „Niveausprung" herbeiführt im jähen Aufblitzen eines „ich habe verstanden".

Damit soll es genug sein. Der Wege gibt es viele, aber das Zentrum ist ein einziges. Der Aufbrechende wird noch weitere „magischen Übungen" ausfindig machen, es ist aber besser, zwei oder drei von ihnen die Treue zu halten, als ungeduldig von einer zur anderen zu springen. Im übrigen wiederholen wir, daß magische Männlichkeit auch gar nicht „geübt", sondern nur erweckt werden kann. Für alle Übungen gilt, was ausdrücklich für die Mantras gesagt wird: daß man sie ansehen muß als „das wiederholte Rütteln eines Schlafenden bis er aufwacht".

Die hier gewählte Disziplin wird durch Gelegenheiten der Öffnung ergänzt, welche das Leben selbst bietet: Durch wehrhafte Auseinandersetzung mit allen Ängsten, deren gemeinsamer Schlüssel die Angst vor dem Tod ist, unbequemen und schicksalhaften Situationen nicht ausweichen, sondern sie suchen. Besonders wenn es die Ehre gebietet, das tiefe und unbestechliche Gefühl, sich selbst nur auf diese Weise treu sein zu können. Das Leben also als Herausforderung sehen. „Man genießt sich selbst am besten in der Gefahr", sagte Napoleon. Das heißt: Man „berauscht" sich am eigenen göttlichen, im Angesicht des Todes unsterblichen Ich.

Wenn es auch ein Sich-Annähern, ein Zustreben auf das Zentrum gibt: Die Wandlung selbst, die Gegenwärtigkeit, wird immer ein Sprung sein. Das ist der „Biß der Viper". Die dünn gewordene Nebelwand reißt entzwei und die Sonnen- oder Gold-Natur bricht in voller Herrlichkeit durch. – Erlöschen des Wahns: der Erwachte sieht seinen innersten Wesenskern und damit das Schicksal aller Wesenheiten und Dinge. Sein Zentrum wird sich mit der universalen, nicht-werdenden Natur verbinden und daraus eine göttliche Stärke ziehen, die sich in wunderbaren Kräften ausdrückt. Wer die „Kraft" hat, kann die Dinge in ihrer unmittelbaren Wirklichkeit wahrnehmen und damit die ganze Natur beherrschen. Das ist „magische Männlichkeit": in die Tiefen des eigenen Wesens hinabsteigen, den Funken des ewigen Lichts zu erkennen und im Namen der Kraft des göttlichen Funkens zu wirken und handeln.

3. KAPITEL

DIE BEZIEHUNG VON MANN UND FRAU

1. Die erotische Anziehung

Aus dem, was wir über den Weg des Mannes und die Natur der Geschlechter gesagt haben, ergeben sich zwanglos einige Folgerungen für die Gestaltung einer lebendigen und sinnerfüllten Beziehung von Mann und Frau.

Zunächst ist es wichtig, sich darüber im klaren zu sein, was Mann und Frau überhaupt zueinander hinzieht. Was ist eigentlich menschliche Sexualität, Erotik – wie kommt die geheimnisvolle, beglückende, unwiderstehliche Anziehungskraft zustande, die zur Vereinigung zweier Körper drängt und das Band der geschlechtlichen Liebe schmiedet? Es ist seltsam und wiederum bezeichnend, daß bei aller wissenschaftlichen Diskussion und Plattwalzerei dieses Themas bis in die abgelegensten Seitenzweige die interessanteste Frage umgangen und das Manko anscheinend auch gar nicht bemerkt wird.

Obwohl der Verdacht doch naheläge, daß die Beantwortung dieser Frage ein kräftiges Schlaglicht in den Beziehungsdschungel hineinwerfen könnte, in dem sich immer mehr bindungswillige Menschen verirren, so sehr verirren, daß ein deutsches Nachrichtenmagazin einmal ganz ernsthaft die Überlegung anstellte, ob Männer und Frauen überhaupt zueinander passen.

Wie gesagt, man stellt die entscheidende Frage nicht, zumindest stellt man sie nicht mehr *neu.* Man begnügt sich mit biologistisch geprägten Erklärungsmodellen, wie sie das letzte Jahrhundert hervorbrachte. Gedankenlos spricht man noch heute vom „Fortpflanzungstrieb" – als wenn sich Mann und Frau nur deshalb vereinigen, weil sie verzückt wären von der Idee, ein Kind in die Welt zu setzen – oder bemüht die Hormontheorie, welche die sexuelle Erregung als Folge der Ausschüttung von Hormonen erklärt. Neuerdings werden vor allem geschlechtsspezifische Duftstoffe auf den Plan geführt. Die physiologische Erklärung, so wissenschaftlich sie sich auch gebärdet, ist aber nur eine Scheinerklärung, da sie nicht zwischen dem unterscheidet, was die Sexualität *stimuliert* (die „Hormonschwelle" oder die Duftstoffe) und was sie *begründet,* was ihren bestimmenden Inhalt ausmacht.

Was die Bedingungen im Sinne des einfachen Stimulierens angeht, so könnten die Rolle der Hormone auch bestimmte andere Substanzen spielen, angefangen bei Alkoholika. Aber damit ist das Eigentliche des sexuellen Erlebnisses nicht erfaßt. Einen Kausalzusammenhang mit der Biochemie herzustellen ist genauso naiv, wie wenn man behaupten wollte, daß das Öffnen der Schleuse die Ursache für die Entstehung des Wassers ist, welches sich durch die Öffnung ergießt.

Der Libidotheorie, auf die Analytiker gerne zurückgreifen, muß man zugute halten, daß sie die Sexualität als eigenständigen, *psychischen* und elementaren Impuls begreift. Die Verbindung der Libido mit physiologischen Prozessen wird nicht als zwangsläufig angesehen. Andererseits weiß sie das spezifische Element der „Lust" nicht anders zu deuten, als daß es durch Abreaktion zustande käme. Lust ist ganz einfach das Gefühl der Erleichterung, das durch das Aufhören einer Spannung entsteht, durch die Entladung der drängenden Energie der Libido. Dieser Moment ist im sexuellen Erleben sicher nicht unwesentlich, wird er aber für ausschlaggebend erklärt, reduziert man die körperliche Vereinigung sozusagen auf eine Masturbation zu zweit, bei der jeder Partner für sich genießt und die Realität des anderen mißachtet. Solch grobgeschliffene Formen der Liebe gibt es natürlich, vor allem in einer Zeit, in der man es eilig hat und auf den persönlichen Vorteil bedacht ist.

Dennoch wird das Geheimnis des Eros durch solche Erklärungen nicht erklärt. Es wird weder durch mechanistische noch biologistische Anschauungen erklärt, im Gegenteil, es verflüchtet sich, da Eros auf jener Seite des menschlichen Lebens wohnt, welche unsichtbar und daher dem wissenschaftlichen Zugriff nicht willfähig ist. Dem elementaren Impuls, der Mann und Frau zueinandertreibt, muß eine eigene, von der einfachen Biologie unabhängige Realität zuerkannt werden.

Nach uralten Lehren, die im Abendland bis zur Renaissance vertreten wurden, entsteht bei der Begegnung von Individuen beider Geschlechter eine besondere Energie, ein immaterielles „Fluidum", das in östlicher Tradition auch „tsing" genannt wird. Dieses Fluidum ist nichts anderes als die energetische Spannung, die durch die Polarität zwischen Yin und Yang bewirkt wird. Alle natürlichen Kräfte strömen zwischen zwei Polen. Nord-

und Südpol der Erde schaffen ein magnetisches Kraftfeld, der positive und negative Pol einer Steckdose oder Batterie ermöglichen den elektrischen Strom. Auf dieselbe Weise erschaffen der männliche und der weibliche Pol zwischen zwei Menschen den Fluß des sexuellen Gefühls. Die Spannung wirkt um so stärker, je mehr die Individuen sexuiert sind, der Mann also das Prinzip des Yang und die Frau das des Yin verkörpert. Schon die Gegenwart eines andersgeschlechtlichen Menschen, besonders in einem geschlossenen Raum, kann die tsing-Kraft erwecken, die als eigentümliche Schwingung, als diffuser Rausch oder Begierde erlebt wird. Fast jeder kennt diese Zustände aus Erfahrung. Die Kraft kann verschiedene Grade und Intensitäten annehmen, steigert sich gewöhnlich bei körperlicher Berührung (vom Händedruck bis zum Streicheln oder zum Kuß) und erreicht ihren vorläufigen Höhepunkt im Erlebnis der körperlichen Vereinigung. In und neben dieser gibt es aber noch weitere Grade, die mehr oder weniger zum Bereich der Sexualmagie im spezifischen Sinn gehören.

Davon abgesehen kann man ganz allgemein von einer Magie des Sexus sprechen, da die Anziehung auf „übernatürliche", nicht greifbare und dennoch absolut wirksame Weise zustande kommt. Diese Magie ist auch die Voraussetzung der persönlich geprägten Liebe. Und wenn die Wissenschaft möglicherweise auch Schwierigkeiten mit dieser Auffassung hat, so wird sie doch von der Weisheit des Volkes und durch das Erleben des einzelnen unwiderruflich bestätigt. Wenn das Fluidum, das „gewisse Etwas" fehlt, springt der berühmte „Funke" nicht über, das ist allgemein anerkannt. Ebenso spricht man, meist ohne sich über das Wort im klaren zu sein, von der „Faszination", die ein Mann oder eine Frau ausübt – womit man den im Altertum üblichen Fachausdruck für Verzauberung oder Verhexung aufgreift. Die universelle Sprache der Liebenden weiß ebenfalls lange, worum es geht: „Ich habe dich im Blut", „Ich spüre dich in meinem Blut", „Ich denke immer an dich", „Ich bin toll (rasend, wahnsinnig) verliebt, vernarrt" – das sind bekannte, fast stereotype Redewendungen, die ein Faktum zum Ausdruck bringen, das viel wesentlicher und positiver ist als alles, was die landläufige Sexuologie betrachtet: die massive, resistente, auch gegen den Willen erfolgende psychische Fesselung an eine Person, die magnetische Faszinierung.

Natürlich spielen bei Liebe oder Verliebtheit noch andere Faktoren eine Rolle als die nackte Elementarkraft, die Mann und Frau zueinander treibt. Das gilt besonders für „zivilisierte" Gesellschaften. Die erotische Zuneigung wird hier von einer Vielzahl individueller wie sozialer Faktoren beeinflußt, von der Neigung zu einem bestimmten „Typ" ebenso wie der Zugehörigkeit zu einer bestimmten Rasse, Klasse, vom richtigen Auto oder der richtigen Mode. Doch wie bei den Hormonen muß man auch hier unterscheiden zwischen dem, was *bedingt* und dem, was *bestimmt.* Wenn eine Maschine reibungslos funktionieren soll, muß sie aus bestimmten einander ergänzenden Teilen zusammengesetzt sein – das ist die Bedingung. Wo aber die Antriebskraft fehlt, steht auch die vollkommenste Maschine still.

Gleiches gilt für all jene Bedingtheiten – von dem besonderen Parfüm über die unwiderstehlichen Augen, dem süßen Lockenkopf bis hin zu geistigen Affinitäten –, die schließlich zu einer Partnerschaft führen. Wenn die Anziehung fehlt, springt der Funke nicht über und die Liebe kommt auch bei optimaler Erfüllung aller Voraussetzungen nicht zustande, so daß sich dann allenfalls Sympathie oder Kameradschaft ergeben. Wiederum aufschlußreich ist dabei, daß es Fälle gibt, in denen der Eros den Überbau von Kultur und individuellen Fixierungen kurzerhand in die Luft sprengt und eben darin seinen wahren, ursprünglichen Charakter bekundet. Chamfort hat diesbezüglich von einem „göttlichen Recht" der Liebe gesprochen, nach dem sich die Liebenden „gegen Gesetz und menschliche Konventionen" gehören.

2. Das Elend des Eros in unserer Zeit

Nun ist es zuzugeben, daß sich das „göttliche Recht" der Liebe in unserer egalitär zementierten Gegenwartslandschaft nur mehr sporadisch durchsetzt und hauptsächlich einer gewissen Hof- und Heldenliteratur wie romantisierenden Schmachtfetzen den kitschig verzuckerten Stoff zum eigenen Überleben bietet. Außerhalb dieser weltabgewandten Festung repräsentiert der Eros als alles verzehrende Leidenschaft oder Triebkraft zu erhabenen Taten, wie er zum Beispiel die Ritter des Mittelalters beseelte, eher den (pathologisch verdächtigen) Einzelfall. Auch als inspirierender Genius, wie er Dichter wie Dante oder Goethe beflügelte und selbst dem mittelmäßigsten Jüngling die Feder für ein paar holprige Verse führte, scheint seine Wirkung gebrochen. Der „oiseau rebelle", wie ihn Carmen besang, gleicht heute einem zahmen Kanari, dessen dünnes Gefieder, auch wenn es sich spreizt, kaum einen Liebesrausch zu entfachen vermag, jenes beseligende Empfinden von Neusein und Neu-in-der-Welt-sein also, das seit jeher mit dem Zustand der Liebe, deren Symbol nicht umsonst das vom Pfeile Amors durchbohrte und damit befreite Herz ist, verbunden wurde. Natürlich gibt es auch heute noch „Liebe", aber hat sie noch ihren „göttlichen Funken", der einen Mann zum Helden oder zum Schuft werden läßt und das Mädchen in träumende Paradiese entführt? – Ohne Zweifel hat sich hier eine Änderung im Format vollzogen.

„Ein Blick von dir, ein Wort unterhält mehr als alle Weisheit dieser Welt", sagte Faust zu Gretchen. – Denkt man sich beide heute auf einer Schulbank oder im Hörsaal der Uni, so finden sie den trockenen Stoff des Professors weit aufregender als gegenseitige Liebesbekundungen. Noch vor drei, vier Jahrzehnten galt es als eine Art biologisches Schicksal, daß Mädchen, die in der Schule den Jungen voraus waren, in einem gewissen Alter zurückfielen, weil sie zum Opfer schwärmerischer Gedanken wurden. Heute reißen sich beide Geschlechter um „Punkte", als wenn sie nicht wüßten, daß sie sowieso keinen Arbeitsplatz mehr bekommen. Davon abgesehen ist Liebe auch in entspannteren Situationen ein Freizeitpunkt unter vielen. Die Liebe ist nicht gestorben, o nein, sie ist nur keine Macht mehr, welche die Menschen „ergreift". Eher wird sie ergriffen und wird „gemacht": nach getaner Arbeit zur Streßentlastung, zur Förderung der Durchblutung oder Verdauung (man soll ja auch schön davon werden) oder einfach nur „just for fun".

Das ist ja auch alles ganz praktisch und soll nicht verurteilt werden, nur sollte man sich im klaren sein, daß Amor, des Pfeils und der Schwingen beraubt, kein Gott mehr ist, und daß dieses genau der Punkt ist, an dem sich trotz scheinbarer Humanisierung und Entschärfung geschlechtsübergreifenden Zündstoffs die eigentliche Krise in der Beziehung von Mann und Frau erst entzündet hat. Das wird einsichtig, sobald man die Wurzel der Banalisierung des Eros ins Auge faßt, die in der immer stärkeren Angleichung der Geschlechter zu sehen ist. Wenn der Mann immer weiblicher und die Frau immer männlicher wird, verschwinden die starken Gefühle, weil die sexuelle Anziehungskraft überhaupt verschwindet. Aber nicht nur Liebe und Leidenschaft schwinden, der ganze Kitt, der eine Beziehung zusammenhält, geht kontinuierlich verloren. Denn eine Beziehung lebt ja gerade aus der „Bezogenheit", aus dem lebendigen Spannungsfeld entgegengesetzter, aber sich ergänzender Energien. Jedes Molekül, jedes Atom hat durch diese Art Bindung Bestand. Wenn der „reizvolle Unterschied" wegfällt, wenn sich Männer und Frauen sogar in Augenblicken der Intimität an eine „politisch korrekte" Gleichheit klammern, gibt es kein miteinander, sondern nur noch ein nebeneinander, das Übereinkommen zweier Kumpel, im Bett ihre Genitalien aneinander zu reiben. Beim ersten Windstoß wird dann das Nebeneinander zu einem erbarmungslosen Gegeneinander, wie die Scheidungsdesaster mit ihren Kämpfen um winzigste Vorteile am laufenden Band beweisen.

Eine Beziehung von Menschen ohne Beziehung (zum Partner und zur eigenen sexuellen Natur) ist aber schon vor der Trennung gescheitert. Rein äußerlich zeigt sich das an den „Seitensprüngen", die heute von Männern wie Frauen zunehmend praktiziert werden und sich bezeichnenderweise einer erfrischenden Unschuld erfreuen. Pärchen suchen in Anzeigen reihenweise nach „Gleichgesinnten", Agenturen bieten den passenden Fremdgänger an und die Medien helfen nach Kräften, die Umherhopserei, die ja nur dem Spaß dient, als völlig normal darzustellen – was sie unter der Voraussetzung eines erotischen Totalschadens ja auch tatsächlich ist. Menschen, die keine Beziehung mehr eingehen können, sind auch nicht zur Sünde oder zum Treuebruch fähig, es reicht nur zu einer kleinkarierten Verderbtheit, um die man sich wirklich kein schlechtes Gewissen zu machen braucht.

So kommt es, daß unsere Zeit trotz endloser Freizügigkeit und Beseitigung fast aller Tabuschranken nicht eigentlich ausschweifend ist. Die Menschen werden von ihrer Sexualität nicht um- oder mitgerissen, wie es in anderen Zeiten des Umbruchs der Fall war. Die Triebe lodern nicht mehr. Sexualität in allen Arten und Abarten ist ein organisierter, berechenbarer Bestandteil im „Planquadrat Leben", weil sie, ihrer elementaren Spannkraft beraubt, eben erschöpfte und mickrige Sexualität ist.

Der Niedergang wird beschleunigt durch ihre industrielle Vereinnahmung. In tausend Formen beherrscht der Sexus heute den Film, die Reklame, das gesamte tägliche Leben der Gegenwart. Die Auslagen der Kioske bersten vor nacktem Fleisch, schon nachmittags hüpfen blanke Busen durchs Fernsehen und „Talkmaster" wetteifern mit schlüpfrigen Reden um Einschaltquoten. Die fortwährend gierige Ausleuchtung, Zurschaustellung und Beredung tötet aber den Sexus, der wesensmäßig mit Spannung, Verborgenheit und Geheimnis zu tun hat. Das hieraus erfolgende Verlangen nach mehr und nach immer Schärferem besiegelt den sexuellen Ausverkauf.

Die obszöne, mit allen technischen Raffinessen gespickte Dauerberieselung hat zu einer nachdrücklichen Verschiebung des Sexus auf eine abstrakte Vorstellungsebene geführt. Die Gefühle sind stumpf geworden, aber der Geist, die Phantasie ist beständig in Unruhe. Die Opfer dieser Intellektualisierung werden von einer diffusen, chronischen Erregtheit umtrieben, die beinahe unabhängig von jeder konkreten Befriedigung ist. Man denkt heute sehr viel mehr an den Sexus als in früheren Zeiten, wo das Sexualleben weniger frei war und man jene Gefangenschaft des Geistes hätte erwarten müssen, die aber gerade für unsere Tage charakteristisch ist.

„Sex spielt sich im Kopf ab", sagen die Wohlinformierten und sind auch noch stolz auf diese Verkrüppelung. Schon Nietzsche meinte, daß der Kopf kühl, aber das Herz heiß sein müsse. Ein kaltes Herz, gepaart mit einer pornographischen Überhitzung des Kopfes sind ein wesentlicher Bestandteil des heutigen Erotismus. Eines Erotismus, der alles verspricht und nichts hält, weil er einen beständigen Durst erzeugt, der keine Erfüllung findet. Hier liegt die Ursache einer weiteren typischen Zeiterscheinung, daß nämlich die Lust am Spaß oder der Spaß an der Lust von einer wachsenden sexuellen Frustriertheit begleitet wird. Noch nie war das Bedürfnis nach dem totalen erotischen Erlebnis, nach Tiefe und Leidenschaft so drängend wie heute. Und noch nie wurde es regelmäßig so stark enttäuscht. Es genügt eben nicht, den Partner angesichts uferloser Erwartungen gegen ein anderes Modell zu tauschen, das mehr verspricht. Die eigene Impotenz wandert mit. Auch bei bizarren Arrangements, die den „ultimativen Kick" versprechen, fällt einen die Öde an – gerade dort. Die Folge ist Sexverdrossenheit und Mißtrauen gegenüber dem anderen Geschlecht, das augenscheinlich versagt hat.

Indessen sind nicht nur jene mißtrauisch und verschlossen, die bei der Hetzjagd nach sexueller Erfüllung gescheitert sind, sondern auch relativ unberührte Naturen (unschuldig ist ja heute kein Mensch mehr). Die seltsame Blockiertheit, die offene oder latente Geschlechterfeindschaft hängt nicht mehr vom Einzelerlebnis ab. Sie ist lange schon chronisch und allgemein geworden. Wie eine giftige Wolke hängt sie über den industriellen Gesellschaften, nährt sich aus eigenem sexuellen Unvermögen wie der Erfahrung, daß einem der „andere" nichts wesentliches zu bieten vermag. Erst durch seine Belanglosigkeit wird das andere Geschlecht tatsächlich zum „anderen", nämlich zum fremden Geschlecht, gegen das sich der Zorn der enttäuschten, tief verschütteten inneren Natur richtet. Diesen Zorn bekommen vor allem die Männer zu spüren.

Die meisten Scheidungen werden heute von Frauen beantragt, eiskalt, der Mann weiß oft gar nicht den Grund anzugeben. Frauen lassen sich künstlich befruchten oder „benutzen" den Mann, um ein Kind zu zeugen, anschließend jagen sie ihn zum Teufel. Frauen werden lesbisch, weil Frauen „viel zärtlicher" sind. Frauen explodieren, wenn Männer Annäherungsversuche oder nur ein harmloses Kompliment machen, das ihnen früher geschmeichelt hätte (in den lateinamerikanischen Ländern heute noch), Frauen schaffen sich eigene Buchläden, Parkplätze, Bürokratien und Frauenbusse. Sie klettern die Karriereleiter empor und konkurrieren um Jobs, die früher den Männern gehörten (nur der Kanalreiniger wird noch verschmäht). – Mit solchen und ähnlichen Aktivitäten wird der Männerwelt eine klare Botschaft vermittelt: „Wir brauchen Euch nicht!"

Mitunter hört man sogar die übermütige Frage: „Wozu gibt es euch überhaupt?" – eine Frage, die das zeugungsfixierte Männchen zutiefst verunsichert.

Die moderne, emanzipierte Frau entzieht sich also dem Mann, psychisch und zunehmend auch körperlich – was ein weiteres Merkmal der sexuellen Milieus unserer Zeit ist. Indem sie sich aber entzieht – und das ist genauso charakterlich –, bleibt sie auf penetrante Weise präsent. Unsere Zeit steht im Banne des Sexus, und die weibliche Sprödigkeit fügt sich gnadenlos in den Betrieb der kommerziellen Ausschlachtung. Eindeutig ist es die Frau, die im Mittelpunkt der diffusen Sinnlichkeit steht, eine Tatsache, die nicht unbedingt selbstverständlich ist. Junge aufreizende Frauentypen, sorgfältig ausgewählt und auf jede erdenkbare Weise zur Schau gestellt, verfolgen nur einen Zweck: den frustrierten Mann zu umgarnen und sexuell zu vergiften. Und zwar so, daß sich in ihnen der unvermeintliche Schatten kommerzieller Erotik – alles zu versprechen und nichts zu halten – auf schamlose Weise zum lukrativen Programm erhebt. Man spielt mit offenen Karten: Moderner Sex ist kein Sex zum Anfassen, sondern zum geil werden.

„Don't touch", heißt die oberste Regel. Es ist der Sex des Striptease, der Dessous, der gewagten und raffinierten Präsentation, oder der sterile Sex der Peep-Shows, Videos und des Cyber-Space. Der Frauentyp selbst ist Programm: Schon seit der „göttlichen" Garbo oder der Dietrich hat man es in immer neuer Auflage mit einer Erscheinung zu tun, die blaß, blond und ruchlos keineswegs durch betörende Weiblichkeit, sondern durch Unnahbarkeit und durch Kälte beeindruckt. Der Typ wird von Frauen repräsentiert, die eigentlich ohne Ausstrahlung und im Privatleben meistens frigide sind. Erst durch einen immensen technischen Aufwand, der sie international wie interkontinental in Szene setzt, erhalten sie jenen Nimbus, dessen beklemmende Wirkung allein durch die Auswertung dessen zustande kommt, was sie wirklich beherrschen und was ihren einzigen Lebenssinn ausmacht: sich schamlos zur Schau stellen und die Männer nach allen Regeln der Kunst zu verführen.

Idole fassen den Zeitgeist brennpunktartig zusammen und verstärken ihn dadurch. Es gibt immer mehr junge Frauen und Mädchen, deren

Hauptinteresse darauf gerichtet ist, ihre körperlichen Reize zu präsentieren, die Männer „anzumachen“ und die Befriedigung, die sie daraus ziehen, der Befriedigung durch das normale und konkrete Sexualerlebnis vorzuziehen. Diese Verlagerung der Sexualität, die mit Empfindungslosigkeit oder sogar neurotischer Ablehnung gegenüber dem körperlichen Akt einhergehen kann, steht mit dem in Beziehung, was die Psychoanalyse als autistische Spielarten der Libido bezeichnet. Wie modern das genußvolle um-sich-selber-Drehen geworden ist, kann man in jeder Disco beobachten. Kalt bleiben und seine Wirkung genießen hat auch mit der Faszination der Macht zu tun. Vor allem solange die Männer mitspielen und nichts unternehmen, die Frauen auf den Boden der sexuellen Tatsachen zurückholen. In diesem Spiel sind die Männer, von deren Begierde man profitiert, die „Schweine“, die „nur das Eine wollen“, während die Frauen den sauberen und vornehmen Part übernehmen. In den Videoclips einer gewissen „Girlie-Band“ sieht man hinter Gittern gefangene Männergestalten, die ihre Arme ohnmächtig nach den vorbeirauschenden „Girlies“ ausstrecken oder auch Männer, die an Brettern gefesselt auf das Autodach der Mädchen geladen und abtransportiert werden. Alles nur Spiel und Spaß oder doch ein verborgener Hintersinn?

3. Zur Lage der Frau

Die Angleichung der Polaritäten von Mann und Frau hat nicht nur Bindungen aufgelöst und das Sexualleben pervertiert, sie hat auch die Frauenbewegung hervorgerufen, die den „Kampf der Geschlechter“ auf eine ideologische Basis gehoben hat. Allgemein herrscht die Ansicht, es habe sich bei der abendländischen „Emanzipation“ um eine Befreiung der Frau aus männlicher Abhängigkeit und Versklavung gehandelt, um ein begrüßenswertes Ereignis der weiblichen Selbstfindung also. So sehr das vordergründig oder in Einzelfällen auch zutreffen mag, sieht die Lage, vom energetischen Standpunkt betrachtet, doch etwas anders aus.

Nachweisbar wollten sich die Frauen erst dann „befreien“, als der Niedergang der männlichen Dominanz im Zuge der industriellen Revolution schon besiegelt war. Nicht äußerlich besiegelt, sondern von der Substanz her, die leere Formen und hohles Pathos zurückließ. Erst die Schwächung der männlichen Energie, die ihre Ansprüche nicht mehr erfüllen konnte – nicht etwa ihre unerträgliche Stärke –, rief die weibliche Reaktion auf den Plan. Und zwar mit naturgesetzlicher Unumgänglichkeit. Sobald sich ein Pol in einer magnetischen Spannung verändert, verändert sich automatisch der andere Pol. Die Entmännlichung des modernen, materialisierten Mannes mußte schicksalhaft eine Verstärkung männlicher Anteile auf seiten der Frauenwelt nach sich ziehen. Wie es ja auch in jeder Zweierbeziehung geschieht: Je schwächer der Mann wird, je mehr er an Tatkraft und Initiative verliert, um so energischer wird die Frau. Es gibt keine gleichschwachen Partner.

Bei aller Zwangsläufigkeit der Entwicklung wurden die „Siege" der Frauenbewegung teuer erkauft, was der modernen, seelisch zerrütteten Frau nun auch langsam bewußt wird. Sie wurden erkauft um den Preis der Selbstaufgabe, um den Preis einer männlichen Überfremdung des eigenen Wesens.

Was als Sieg gefeiert wurde, war eigentlich eine Abdankung. Der sogenannte Feminismus, der eine Befreiung der unterdrückten Persönlichkeit vorgab, konnte der Frau keine andere geben als einen Abklatsch der männlichen. „Die traditionale Frau, die absolute Frau, fand Erfüllung in der Hingabe, im Leben nicht für sich selbst, sondern indem sie in Einfachheit und Reinheit alles für ein anderes Wesen sein wollte." (Julius Evola) Dadurch erfüllte sie sich selbst, „hatte ihren eigenen Heroismus und stand im Grunde sogar höher als der gewöhnliche Mann. Die moderne Frau hat sich selbst zerstört, indem sie für sich sein wollte", für sich sein *mußte*. Denn der Mann der industriellen Leistungsgesellschaft war nicht mehr vertrauenswürdig. Er war kein Mann mehr, der in sich selber ruhte, in dessen Augen sich Himmel, Acker, Handwerk und der Stolz einer genügsamen aber unabhängigen Existenz spiegelte. Er war ein Anhängsel der Maschine, ein mechanisierter und domestizierter Mann und konnte als solcher keinen Raum zur Entfaltung bieten. Eine Frau, die der Stärke des Mannes vertrauen kann, die sich gehalten, geborgen und sexuell befriedigt fühlt, hat niemals den Wunsch sich zu emanzipieren. Ihr Streben nach Selbständigkeit ist eine Folge von Frustration. Erst die Fragwürdigkeit des Mannes bringt eine Frau dazu, sich mit ihm zu messen, ihn auszustechen, ihn übertrumpfen zu wollen, um eine Kraft zu erlangen, die sie bei ihm nicht findet. Daß es sich bei dem Mann, dem sie nacheifert, nicht mehr um den echten Mann, sondern um den Retorten-Mann, um den Hampelmann einer standardisierten Gesellschaft handelt, ist ihr nur unzureichend bewußt. Und so stürzt sie sich in denselben Graben der Lohnarbeit, des Verdienens, des blutleeren Intellektualismus und der übersteigerten praktischen Aktiviät, in welchem sich auch schon ihr „Konkurrent" ruinierte. Der Mann hat in aller Unverantwortlichkeit dabei zugesehen und sieht weiter zu, er hilft sogar kräftig mit, die Frau auf die Straße, in die Ämter, in die Fabriken, die Universitäten und all die niedrigen Ansteckungsherde der modernen Gesellschaft zu stoßen. Das Ergebnis ist der unaufhaltsame Niedergang weiblicher Eigenart unter begierig aufgesogenen Seins- und Verhaltensweisen des anderen Geschlechts. Unter Seins- und Verhaltensweisen, die zu den minderwertigsten überhaupt zählen: kleinkarierter Rationalismus, Besitzanspruch, Profitgier und die Härte eines geschäftsmäßigen sich-durchbeißens und über-Leichen-gehens. Hier liegt, nebenbei bemerkt, auch der Grund für die weibliche Frigidität, die so allgemein geworden ist, daß man frigide sein und modern sein bei Frauen geradezu gleichsetzen kann. Es geht dabei nicht darum, daß die moderne Frau nicht hin und wieder einen Orgasmus „erlangen" könnte, sondern um ihre grundsätzliche Verschlossenheit, um das krampfhafte Hochhalten einer „Persönlichkeit", welche keine ist.

Die Vermännlichung, die sich (besonders bei Akademikerinnen) bis in die körperlichen Merkmale hinein ausgeprägt hat (harter, „kritischer" Blick, zusammengepresste Lippen, überhaupt eine seltsame Spitzheit der ganzen Erscheinung), rechtfertigt und beweihräuchert sich durch Mythen, von denen die „Powerfrau", die alles im Griff hat, oder das rotzfreche „Girlie" die derzeit beliebtesten sind. Aber die Mythen sind irreal und umschmeicheln mit einem Glorienschein, was Verfall und beschleunigte Auflösung signalisiert. Es gibt keine „Powerfrauen", nur „ausgepowerte" Frauen, und je stärker die Frau sich gebärdet, um so mehr verliert sie an Kraft, an Substanz. Man betrachte nur einmal sehenden Auges die armen, bemitleidenswerten Geschöpfe, die sich auf der politischen Bühne herumtreiben.

Wie gesagt, die emanzipierten Frauen spüren nun langsam, daß sie sich selbst verloren haben. Aber sie konnten nicht anders, die eingeschlagene Richtung war nach dem Versagen des Mannes logisch und unabwendbar. Unbewußt wissen die Frauen, wer schuldig an ihrer Misere ist. Darum werden die Männer, obwohl (oder gerade weil!) sie so brav waren, verachtet, gehaßt und verspottet. Gerade unabhängige und erfolgreiche Frauen werfen den Männern vor, daß sie schwach und marklos geworden seien und daß sie ihnen nicht mehr vertrauen können. „Früher gab es Männer, heute nur noch Schlappschwänze", sagte eine gereifte Dame, die früher im Frankfurter Frauenrat tätig war. – Solche und ähnliche Äußerungen verdienen Beachtung, um so mehr, als sie emanzipierten Frauen nicht leicht fallen dürften. Stellen sie doch die gesamte Frauenbewegung infrage, besser gesagt, stellen sie sie als das dar, was sie tatsächlich ist: kein Sieg über den starken Mann, sondern eine Kapitulation vor dem schwachen Mann.

Die Situation der vom Geschlechterkampf (oder -krampf) ermüdeten Frauen ist allerdings wenig beneidenswert. Sie ist beinahe ausweglos. Zum einen sehnt sich die Frau nach der festen Ordnung, die jeden Menschen an seinen Platz stellt. Sie sehnt sich nach einer starken Schulter, an die sie sich anlehnen kann, nach dem Mann, der weiß was er will und ihr sagt, wo es langgeht. Andererseits kann sie nicht vor dem Unzureichenden niederknien und zu ihm emporflehen: „Mann, sei doch stark." Das geht einfach nicht, das hilft weder ihm noch ihr. So muß die „befreite" Frau weiterkämpfen, muß immer stärker, immer hoffnungsloser werden, weil das, was sie zu sich selber erlösen könnte, nicht da ist. Zudem darf sie sich ihren Wunsch nach Frausein kaum eingestehen, sie muß ihn sogar erbittert zurückweisen, um nicht an der Diskrepanz zwischen Schein und Sein, zwischen Anspruch und innerer Wahrheit zugrunde zu gehen. So bläst sie weiterhin die Fanfare, und die Töne werden zunehmend schriller und aggressiver.

Doch hinter allem Getön steht die Not des alleingelassenen weiblichen Wesens. Es ist dringend erforderlich, daß der Mann die verborgene

Botschaft endlich einmal heraushört. Eine Frau sagt nur selten direkt und in klaren Worten, was sie eigentlich will. Das liegt in ihrer Natur. Sie nörgelt herum, kritisiert den Mann wegen diesem und jenem und fordert schon morgen das Gegenteil. In Wirklichkeit geht es um ganz etwas anderes. Der eingeschüchterte, hilflose Mann hat der Frau einen Bärendienst erwiesen, daß er den Forderungen des Feminismus nachkam. „Werde weiblicher, übe Selbstkritik, hinterfrage dich!" – Als „Softie" verlor er sich völlig in einem geschlechtslosen Abseits, zwang die Frau, sich noch mehr zu vermännlichen und mußte erschrocken feststellen, daß er's nun richtig bei ihr verdorben hatte. Vielleicht sind Spott und gezielte Provokationen – die Linie, auf die sich die Frau nunmehr einschwenkt – tatsächlich beste Mittel, seine Begriffsstutzigkeit zu durchdringen, ihm klarzumachen, was Feminismus von Anfang her sein wollte: eine Herausforderung – eine Herausforderung an das Mann-Sein im besten Sinne.

4. Der einzige Ausweg aus der Misere – drei Forderungen an den Mann

Die Frauen wissen es mit dem Bauch, aber nicht mit dem Kopf, die Männer wissen es anscheinend überhaupt noch nicht. Der einzige Ausweg aus der Misere, in der sich beide Geschlechter aufreiben und ihre Identität verlieren, ist der, daß der Mann sich entscheidend verändert. Und diese Veränderung kann nur so aussehen, daß der Mann die ihm eigene Energie stärkt. Nur durch eine Belebung der Yang-Kräfte kann sich erneut ein polares Spannungsfeld aufbauen, das die Frau an den ihr beschiedenen Platz zurückholt. Das täte rückwirkend auch dem Mann gut. Aber den ersten Schritt muß er selbst tun, nicht die Frau kann den ersten Schritt tun, indem sie ins Nichts hinein ihre Weiblichkeit aufbaut. Das Weibliche ist der passive, reagierende Teil im Weltgeschehen, und „aktive" Weiblichkeit ist ein Widerspruch in sich selbst.

„Die Frau ist das, was der Mann aus ihr macht", sagten noch unsere Väter. Die scheinbare Arroganz des Spruches verfliegt, wenn man sich der Verantwortung, die er fordert, bewußt wird. Einer Verantwortung, die die Folge beinhaltet: Die Frau ist so, wie der Mann es verdient hat. Wenn die Frau dem Mann heute auf den Kopf spuckt – im Einzelfall wie im gesellschaftlichen Konsens – dann hat es der Mann verdient, punktum. Den Heutigen täte es gut, das zu wissen – und die richtigen Konsequenzen daraus zu ziehen.

Natürlich kann eine „Renaissance des Männlichen“ nicht per Gesetzesentwurf erfolgen. Sie kann überhaupt nicht auf breiter Basis erfolgen, da hierzu jede soziale wie individuelle Voraussetzung fehlt. Die einzige Chance liegt in der Erweckung von Männern, die der Erweckung fähig sind. Hierbei wird es sich nur um wenige handeln, aber das ist kein Schaden. Große Veränderungen wurden immer von wenigen oder einzelnen durchgesetzt. Eine Männerbewegung im Sinne eines „Maskulinismus“, die sich gar noch durch konspirative Absprachen, Selbsthilfegruppen und gemeinsame Agitationen auszeichnet, wäre das Letzte und geradezu lächerlich.

Der Mann ist kein Herdentier, sondern Einzelkämpfer. Diejenigen, die zur Frontlinie der Erweckten vorstoßen, werden die Ausstrahlung von Magneten haben, die weithin Verlorenes bündeln und Suchendes ausrichten. Ihre Standfestigkeit wird gerade im gegenwärtigen Chaos unwiderstehliche Bannkreise schaffen, die sich nach und nach, auf natürlichem Wege, zur machtvollen Aura eines neuen männlichen Geistes zusammenschließen.

Was die Beziehung zu Frauen angeht, sollte sich der erwachende Mann über bestimmte Prinzipien klar sein. Wenn er sich auf dem „Weg“ befindet, trägt er sie schon im Blut und wird sie aus sich heraus geltend machen. Sie ergeben sich aus dem bisher Gesagten und wurden im Ansatz bereits erläutert, sollen aber im folgenden, da sie von großer Wichtigkeit sind, noch einmal explizit formuliert und zum Thema des letzten Abschnitts ergänzt werden. Sie lassen sich auch als Forderungen begreifen, die an den neuen unabhängigen Mann zu richten sind:

1. Sei du selbst.
2. Beherrsche dein sexuelles Verlangen.
3. Sei Haupt und Herr deiner Partnerin.

4.1. Sei du selbst

Das Verlangen nach Selbstsein, nach Wiederentdeckung der eigenen göttlichen Wahrheit, wurde als treibende Kraft auf dem Weg des Mannes beschrieben. Das heilige Ziel, das ihm mehr oder weniger deutlich vorschwebt, dem er Wissen, Wollen und Wagen weiht, das er zeitweilig in den Wirren der Welt verliert, aber nie ganz verleugnen darf, wenn er nicht aus dem „Buch des Lebens“ gestrichen sein will, dieses Ziel seiner tiefsten Sehnsucht wird in der Beziehung zur Frau auf eine besondere Probe gestellt. Die Frau, in der sich die Welt in ihrer naturhaften Seite manifestiert, ist dem Manne ein „pharmakon“: Gift und Arznei, Dämon und Engel, Fallstrick und Himmelspforte zugleich. Sie ist es nicht wirklich (es liegt uns fern, sie zu mystifizieren), sie ist es aber in der Weise, wie sich der Mann auf sie einläßt. Die Frau ist im Leben des Mannes eine der größten Herausforderungen, und das ist gut so, zeigt sich doch gerade daran, ob er in seinem Wesen von Gold oder Asche ist.

Grundsätzlich kann man sagen, daß eine Beziehung, die diesen Namen verdient, von seiten des Mannes eine gewisse Reife voraussetzt. Der Mann muß fähig sein, seine männliche Identität zu bewahren, er muß den Mut haben, seinen eigenen Weg zu gehen und seine eigene Wahrheit zu leben. Das heißt nicht, daß er egoistisch und rücksichtslos sein soll, das würde das Fehlen von Reife bedeuten. Es ist aber wichtig, daß er in Fühlung mit seinem Wesenskern bleibt und aus der Mitte heraus verantwortungsvolle Entscheidungen trifft, gleichgültig, ob sie der Partnerin zusagen oder nicht. Die innere Berufung des Mannes hat oberste Priorität und muß sich bei aller Liebe gegen Ansprüche, die ihr im Weg, stehen durchsetzen.

Die meisten Männer haben vor einem kompromißlosen Selbst-sein Angst. Sie mögen nicht „anecken“, sich nicht unbeliebt machen. Sie rechtfertigen ihre Schwäche und Nachgiebigkeit gegenüber den Frauen mit einem heuchlerischen Ausdruck von Toleranz. In Wahrheit sind sie sinnlich von ihnen abhängig und in unwürdigster Weise auf Bestätigung ihres Selbstbildes durch die Frauen angewiesen. Es gehört zu den letzten „sexuellen“ Tabus, die weder Männer noch Frauen zu lüften Interesse haben: Der moderne verunsicherte Mann ist eine Marionette in weiblicher Hand. Die Ausmaße seiner Fremdbestimmung bis in die höchsten politischen Verantwortlichkeiten sind nur erahnbar. Man kann davon ausgehen, daß nicht die Männer, sondern die Frauen, die sich hinter ihnen verbergen, den Gang der Geschichte lenken. Hier zeigt sich noch einmal die Wirkung des Polaritätsverlustes: Im gleichen Maß, wie der Mann seine aktive Selbstbestimmung verlor, ist der Anspruch der Frau, ihn zu formen, gewachsen und zunehmend dreister geworden. Nicht er, sondern sie bestimmt über sein Verhalten im Bett, über seinen Charakter (mal Softie, mal Macho, mal irre Kombination) oder plant seine Karriere in Absprache mit dem Chef. Der nach Anerkennung dürstende Mann beeilt sich, den Ansprüchen nachzukommen, macht Klimmzüge an der Karriereleiter oder am Reck, um Männlichkeit zu beweisen oder läuft zum Psychiater um Männlichkeit loszuwerden. Die weiblichen Druckmittel sind uralt und entstammen der Kindererziehung: Lob und Liebesentzug. Sie sind absolut wirksam, da sie genau auf den wunden Punkt zielen: die unterentwickelte Männlichkeit.

Gleichwohl haben sie, auf den Mann bezogen, eine subtile Nebenwirkung. Er wird zwar für seine Bravheit gelobt und bewundert, in Wahrheit aber von seiner Herrin verachtet ...

Die Frauen hassen nichts mehr, als dem Mann gegenüber die Rolle einer Ersatzmutter spielen zu müssen. Ihre Eitelkeit wird zwar befriedigt, die innere Weiblichkeit aber zutiefst erzürnt. Das Weib in der Frau will den Mann, der fest zu sich selber steht, der nicht danach schielt, einer Frau zu gefallen und ihr zuliebe sich ummodelt, sondern in erster Linie sich selbst gefällt. Eine mallorquinische Schönheitskönigin antwortete auf die Frage, was den deutschen vom spanischen Mann unterscheidet, folgendermaßen: „Der deutsche Mann fragt, wenn er ‚fertig' ist: ‚War ich gut?' Der spanische Mann ruft: ‚Ole!'"

Das Beispiel ist recht trivial, zeigt aber anhand des Kontrastes zwischen dem blutvollen Spanier und dem blassen Nordländer, der der Lächerlichkeit anheimfällt, was im Grunde vom Mann erwartet wird: strahlende Männlichkeit, welche unbekümmert den Raum füllt und nicht von den Reaktionen der Partnerin abhängt, um glücklich zu sein.

Die Ausstrahlung eines Mannes ist dann am stärksten, wenn er die wache Präsenz seines maskulinen Bewußtseins erreicht hat. Reines Bewußtsein, gleißend und klar wie Kristall, ist die höchste Stufe der Männlichkeit. Dieses Bewußtsein zu spüren, das Wissen um die eigene Wahrheit, verbunden mit dem entschlossenen Willen, die Wahrheit zu realisieren, bereitet der Frau das tiefste Vergnügen. Es wirkt erotischer als die stählernste Muskulatur. „Das Glück des Mannes heißt: Ich will – das Glück der Frau heißt: Er will", wußte Nietzsche. Die Frau wird immer wieder versuchen, den Mann, mit dem sie verbunden ist, von seinen Entscheidungen abzubringen. Sie wird ihn um Dinge bitten, von denen sie weiß, daß sie nicht seiner Linie entsprechen. Sie wird enttäuscht, maulig und wütend sein, wenn er nicht das tut, was sie von ihm verlangt. Sie wird sich aber nur deshalb in dieser Weise verhalten, weil sie sein volles Bewußtsein, seine zuverlässige Integrität spüren möchte. Sie will nicht wirklich erreichen, worum sie ihn bittet. Sie will nur prüfen, ob er so schwach ist, daß er ihr nachgibt. Oder ob er dazu in der Lage ist, unbeirrt seinen höchsten Zielen zu folgen.

Ein Mann muß sich klar sein, daß er Vertrauen und Zuneigung einer Frau nicht dadurch gewinnt, daß er ihre Forderungen erfüllt. Er gewinnt und begeistert sie, wenn er fest zu sich selbst steht – und sie dennoch aufrichtig liebt. Wenn er ihr zuliebe sich anpaßt, wenn er Dinge tut, von denen er nicht ganz überzeugt ist und damit die Zielsetzung seiner Partnerin übernimmt, wird sie sich einen Moment lang freuen. – Dann wird sie ihn mit Verachtung strafen. Weil sie spürt, daß er seiner eigenen Wahrheit, um die er kämpfen sollte, untreu geworden ist. Weil nicht er, sondern sie den Mittelpunkt seines Lebens bildet. Und weil sie ihm deshalb nicht mehr vertrauen kann.

Erich Maria Remarque hat die reizende Fabel von einem Felsblock erzählt, den die Welle liebte: „Sie umschäumte und umbrauste ihn, sie küßte ihn Tag und Nacht, sie umschlang ihn mit ihren weißen Armen. Sie seufzte und weinte und flehte ihn an, mit ihr zu kommen, sie liebte ihn und umspülte ihn dabei langsam, und eines Tages gab er nach und sank in ihre Arme ... Und plötzlich war er kein Felsen mehr zum Umspülen, zum Umlieben und zum Umtrauern. Er war nur noch ein Steinbrocken auf dem Meeresgrunde, untergegangen in ihr. Die Welle fühlte sich enttäuscht und suchte sich dann einen neuen Felsen." (*Arc die Triomphe*, Zürich, München, S. 159).

Nietzsche sprach vom „Instinkt der zweiten Rolle". – Eine Frau will nicht herrschen, nicht Macht ausüben, so sehr es auch heute den Anschein hat. Eine Frau will sich opfern. Weil sie in ihrem Innersten weiß, daß sie nur durch die Hingabe frei werden, ihre menschlichen Grenzen aufgeben und durch die Begeisterung, durch den Schwung, der sie über sich selbst hinaushebt, Anteil am Heiligen haben kann.

Natürlich bleibt immer die Frage offen, inwieweit moderne Frauen zu einem Aufschwung noch fähig sind. Die Verdrängungen, denen sie ihre feministische Identität verdanken, werden noch immer durch eine massive Abwehr geschützt. Hinzu kommt, daß neuere Generationen kaum etwas anderes kennen als Anti-Bilder von Männlichkeit. Mütter vermitteln den Töchtern allein schon durch das lebendige Beispiel, daß Männer als Sockel der Dumpfheit für die gehobenen weiblichen Ansprüche da sind. Es ist also sehr gut möglich, daß solche Frauen bei einer Konfrontation mit tatsächlichen Männern hoffnungslos überfordert sind. Andererseits werden es langfristig gerade sie sein, die verborgenes weibliches Potential zum Leben erwecken. Es tut ja sonst niemand, und jedes Pendel, das überzogen ist, sehnt sich nach Ruhe und Gleichgewicht.

4.2. Beherrsche dein sexuelles Verlangen

Die Frage des Selbst- oder Bei-sich-seins stellt sich erneut im Um-gang mit der eigenen Sexualität. Besser gesagt, sie gründet in diesem elementaren Bereich und zwar dergestalt, daß jede männliche Integrität auf Sand gebaut ist, wenn die Triebe nicht hinreichend kontrolliert werden können.

Gemeinhin wird angenommen, der Mann spiele in der sexuellen Begegnung den aktiven, die Frau den passiven Teil. Sein Geschlechtstrieb scheint lebhafter und verlangt nach dringenderer Befriedigung. Die Rolle des Mannes ist auch heute noch zu werben und zu „erobern", die Frau wartet eher ab, zögert, widerstrebt, reagiert jedenfalls in der einen oder der anderen Weise auf den männlichen Vorstoß. So sehr das vordergründig auch zutreffen mag, ist die Beziehung unter einem bestimmten Gesichtspunkt vertauscht, zumindest was das Gebiet der gewöhnlichen, „natürlichen“ Sexualität betrifft.

Gegenüber dem rein sexuellen Bedürfnis, der drängenden Triebhaftigkeit des Mannes, besitzt die Frau immer eine entschiedene Überlegenheit. Ihre Passivität kann mit der Ruhe eines Magneten verglichen werden, der das herannahende Eisen in seinen Wirbel hineinzieht. Darauf spielt schon die Alltagssprache an, wenn sie einer Frau das Attribut „anziehend“ beilegt. Durch ihre Faszinationskraft ist die Frau auf eine aktive Weise passiv, während der Mann, welcher ihr erliegt, auf passive Weise aktiv ist. Seine Aufmerksamkeit wird durch die weiblichen Reize „gefesselt“, in Bann gezogen, und die sich daraus entwickelnde Aktivität beschränkt sich, um im Bild zu bleiben, auf die willenlose Annäherung an ein Magnetfeld.

Die Frauen wissen sehr wohl um die aktive Kraft ihrer Sexualität, genauso wie sie die passiven Aspekte der männlichen Sexualität durchschauen. Der Mann ist leider ein wenig naiver. Er meint zu erobern und zu verführen, obwohl er selbst der Verführte ist. Genau dort, wo er meint, im höchsten Grad Mann zu sein und eine Frau zu besitzen, weil er sie in den Armen hält und sich in ihre Substanz ergießt, genau dort gibt er der Kraft des Weiblichen ungehemmt nach. Davon abgesehen entscheidet die Frau, nicht der Mann, ob und wie schnell es zum Beischlaf kommt. Ein amerikanisches Sprichwort sagt deshalb treffend: „The man chases the woman, as long as *she* catches him.“ – Der Mann jagt die Frau, so lange bis sie ihn fängt.

Der Grund für die starke aktive Sexual- und Verführungskraft der Frau ist darin zu sehen, daß sie die naturhafte Seite des Kosmos repräsentiert. Sie ist Trägerin des geschlechtlichen Elementes in dieser Welt, und alles, was mit Beziehung zu tun hat, vor allem mit sexueller Beziehung, hat wesentlichen Charakter für sie, erfüllt das Gesetz ihres Seins.

„Tota mulier sexus“, die ganze Frau ist Sexualität, lautet ein alter abendländischer Ausspruch. Eine indische Bezeichnung für die Frau ist kamini, das heißt: „Diejenige, die aus Begierde besteht.“ Dieses Grundwesen wird in der Wirkung der weiblichen Nacktheit spürbar, die den Mann seit je fasziniert hat. Es handelt sich nicht um „Schönheit“ oder um animalisch-fleischliche Reize, die ihn verführen; in der Faszinationskraft der weiblichen Nacktheit ist ein Moment des Schwindels vorhanden, der dem Schwindel gleicht, der von dem Leeren, dem Grundlosen hervorgerufen wird. Es ist die Ursubstanz der Schöpfung in der Zweideutigkeit ihres Nicht-Seins, die hier hervorbricht und im Mann die Erscheinung der Durga, der großen Göttin, heraufbeschwört, der Prostituierten, Mutter und ewigen Jungfrau in ihrer orgiastischen Unerschöpflichkeit. Die Wirkung der männlichen Nacktheit auf die Frau ist dagegen viel weniger stark. Sie ist vorwiegend physisch und phallisch bedingt und verdankt sich vor allem der Muskulatur unter dem banalen Aspekt einer tierhaften Kraft. Männlicher Striptease ist daher eine der lächerlichsten Betätigungen und beweist einmal mehr, daß man angestammte Ressorts nicht blind auf das andere Geschlecht übertragen kann. Der männliche Körper ist deshalb nicht faszinierend, oft sogar reizlos zu nennen, weil der Mann das Geschlechtliche nicht im Materiellen auslebt. Der Mann ist vom Wesen her „sexuell und noch etwas darüber“, wobei das „darüber“ den Ausschlag gibt. Man kann einen tiefen symbolischen Sinngehalt darin finden, daß die Sexualorgane des Mannes als etwas scharf Umrissenes, sozusagen Losgelöstes und von außen Zugefügtes erscheinen, während sie bei der Frau in die Tiefe des innersten Fleisches reichen.

Je stärker nun die Aspekte des „Männchens“, d. h. die instinktiven, gewalttätigen und sinnlichen Züge des Mann-Seins in einem Mann entwickelt sind, um so weniger ist er „bei sich“, um so abhängiger ist er im sexuellen Bereich. Er mag seinen „Mann stehen“ und einwandfrei „funktionieren“, gleichwohl bewegt er sich sozusagen auf fremdem Terrain.

Im Mittelmeerkreis der Großen Göttin wurde die Überlegenheit der Frau über die animalische Männlichkeit durch die Herrin der wilden Tiere verbildlicht, die auf dem Stier reitet oder den Stier am Leitseil führt. Durga, die auf dem Löwen sitzt und eine Schlange in der Hand hält, ist deren indische Entsprechung. Das gleiche Thema taucht in der von der Kabbala inspirierten achten Tarotkarte auf, in der eine Frau ohne Anstrengung den Rachen eines wütenden Löwen offen hält.

Natürlich haben die Frauen im Laufe unserer Kulturentwicklung immer mehr von der magischen weiblichen Urkraft eingebüßt. Die stärkste Annäherung an den Typus der absoluten Frau scheint sich bei indischen und orientalischen Frauen erhalten zu haben, auch schwarze Frauen stellen an sinnlicher Faszinationskraft jede Europäerin in den Schatten, vor allem die Nordeuropäerin.

Dessen ungeachtet gewährleistet auch eine reduzierte weib-liche Sexualkraft die geschlechtliche Dominanz über einen gewöhnlichen Mann, d.h. einen Mann, der nur körperlich oder in abgesunkenen Charakterbestandteilen Mann ist. Ein solcher Mann ist den subtilen Kräften der Frau immer hoffnungslos unterlegen, da er ihrer Magie keine eigenständige im Sinne des höheren Mann-Seins entgegenzusetzen vermag. Nicht selten spürt er das auch und trägt aus einer unbewußten Kompensation von Angst oder Minderwertigkeitsgefühlen der Frau gegenüber eine betonte „Männlichkeit", Gleichgültigkeit, Brutalität oder Verachtung zur Schau. Das sind aber Dinge, die ihn keinen Schritt weiter bringen und an der fundamentalen Struktur der Situation überhaupt nichts ändern.

Gleichwohl spricht vieles dafür, daß die Situation der geschlechtlichen Abhängigkeit des Mannes heute ihr Endstadium erreicht hat, an dem sie sich selber totläuft. Die männliche Sexualität ist dermaßen auf das Banale, Profane und Animalisch-Grobe zurückgesunken, daß sie kurz vor ihrem Bankrott steht. Die Frau interessiert sich nicht mehr für das farblose Werben, das Leiden, Betteln und dumpfe Begehren des anderen Geschlechts. Sie verspottet den Mann als „schwanzgesteuert" oder als Wesen, das sein Gehirn in der Hose hat. Die sattsam bekannte Ironisierung der männlichen Sexualität, die sich täglich über die Medien aus-breitet und, wenn sie Frauen beträfe, einen Sturm der Entrüstung auslösen würde, spiegelt den kollektiv-weiblichen Hintergrund einer abgrundtiefen Geringschätzung. Solche Zustände sind sehr ungewöhnlich und Ausdruck einer verkehrten Welt. Schließlich ist es die Frau, welche die Sexualität als Substanz besitzt, die „sexuell denkt und am Sexus Gefallen findet", auch wenn sie ihre Begierde in eine scheinbare Passivität kleidet, durch die sie die Männer anlockt, gerade dann. Die Verweigerung der modernen Frau drückt aber nicht mehr die „unpersönliche" Hemmung ihrer Natur aus, die durchaus als sekundäres Geschlechtsmerkmal gelten kann, sondern einfach nur Kälte und Unlust. Der Mann dagegen, der wesenhaft „über" der Sexualität stehen sollte, gebärdet sich weinerlich abhängig, leidet zutiefst, wenn die Partnerin ihn verläßt oder wenn er gerade keine besitzt. Wenn zehn Personen heute vor Liebeskummer von einer Brücke springen, sind neun davon „männlich".

Der Mensch gewöhnt sich an alles. Der Mann hat sich mittlerweile daran gewöhnt, mit der Partnerin endlos über Beziehungsfragen zu schwätzen, wildfremden Frauen gegenüber, zum Beispiel Psychologinnen, seine intimsten Ängste zu offenbaren, beifällig zuzustimmen, wenn ihn die feministisch gelenkte Presse zum Idioten stempelt oder das Scheidungsgesetz ihm das letzte Hemd auszieht, inbrünstig Schwangerschaftsgymnastik zu treiben oder mit einer Küchenschürze sein Genital zu verhüllen.

Jeder moderne Mann sollte sich einmal in einer ruhigen Minute Gewißheit verschaffen, auf was er sich selbst als Geschlechtswesen reduziert hat. Entweder ist er bereits zum Neutrum geworden, das „starken" Frauen nur noch ein weiches Elend zu zeigen imstande ist, oder er definiert sich ausschließlich über seine Potenz, was beinahe ebenso schlimm ist. Bei dieser Fehlhaltung, die natürlich uralt ist, könnte die Selbstbesinnung beginnen. Was bedeutet es, wenn er damit angibt oder auch nur stolz darauf ist, soundso oft zu „können"? Was bedeutet es, wenn er jeder Frau hinterherschaut und „allzeit bereit" ist? Was bedeutet es, wenn er ein „Versagen" im Bett als eine sein Selbstbewußtsein vernichtende Katastrophe erlebt? Was bedeutet es, wenn die Frau es jederzeit in der Hand hat, die Katastrophe herbeizuführen, zum Beispiel durch eine abschätzige Bemerkung, eine Anspielung auf die Qualitäten des Vorgängers oder durch ein ironisches Lächeln? – Gerade das letzte Beispiel könnte ihm zeigen, wie hilflos die männliche Sexualität ohne Hintergrund ist, mag sie auch noch so brausend daherkommen. Ein Wörtchen kann sie fällen...

Ein überlegener Mann definiert seine Männlichkeit niemals über die sexuelle Funktion. Er ist sich darüber im klaren, daß sie nur *eine* Möglichkeit in der Bandbreite seiner geschlechtlichen Ausdruckskraft ist, und zwar die geringste. Seine Geschlechtlichkeit ist ein Bogen, der sich in weitem Schwung vom Himmel zur Erde spannt. Dieser Spannweite ist er sich ständig bewußt. Und diese Bewußtheit führt zu einer grundsätzlich anderen Haltung der Sexualität gegenüber, als sie der animalische Mann an den Tag legt, dem der nach oben steigende Bogen verdunkelt ist.

Dem überlegenen Mann ist Sexualität einerseits weniger wichtig, andererseits um ein Vielfaches wichtiger als dem gewöhnlichen Mann. Sie ist weniger wichtig, weil er sich ihrer *Relativität* im geschlechtlichen Ausdrucksgefüge bewußt ist. Er ist nicht unbedingt auf den Beischlaf angewiesen, um sich als Mann zu entfalten und wohl zu fühlen. Er kann sich auch schöpferisch engagieren und wird diese Möglichkeit im Entscheidungsfall sogar vorziehen, wie es selbst triebhaft veranlagte Schöpfernaturen wie zum Beispiel Picasso bewiesen haben. Das heißt nicht, daß er sich von Frauen weniger angezogen fühlt.

Im Gegenteil: Männer, die ihre Yang-Energie voll entwickelt haben, fühlen sich von Frauen besonders stark angezogen, zumindest von denen, die eine entsprechende Weiblichkeit ausstrahlen. Der überlegene Mann zeichnet sich allerdings dadurch aus, daß er bei aller Intensität der Anziehung sein Geschlechtsleben vollkommen kontrollieren kann. Er „verfällt" nicht, indem er sich passiv von weiblichen Reizen fesseln läßt und im Höhepunkt der Verzückung ohnmächtig vor der weiblichen Urkraft zusammenbricht, er bewältigt vielmehr – ganz allgemein gesprochen – die sexuelle Herausforderung in der ihm typischen Seinsweise von unmittelbarer Präsenz und Lebensfülle und gleichzeitiger Distanzierung. Es kann sogar ohne weiteres behauptet werden, daß seine Fähigkeit zur Distanz um so größer ist, je stärker und intensiver er die geschlechtliche Anziehung wahrnimmt. Eine gewisse Entsprechung zeigt sich in den Verhaltensnormen der Völker: Die temperamentvollen Südländer haben – zumindest in ihrer Vergangenheit – beachtliche Schutzmechanismen bis hin zu bizarren, todbringenden Tabus um die Kräfte des Sexuallebens errichtet; der Norden war, abgesehen vom farblosen Puritanismus, immer bedeutend „freier", und sicherlich ist es kein Zufall, daß die Sexwelle Anfang der 70er Jahre gerade diejenigen Länder erfaßte, deren Bewohner über ein wenig feuriges Innenleben verfügten.

Das Verhältnis des überlegenen Mannes zu seiner Sexualität kann mit dem des erfahrenen Reiters zu seinem Vollblut verglichen werden. Auch wenn seine Vitalkraft hinreißend ist, hat er sie vollständig unter Kontrolle und kann ihr mit leichter, kaum spürbarer Lenkung die eine oder die andere Richtung geben. Und diese Beherrschung hat nicht das geringste mit Unterdrückung zu tun, beweist er doch gerade hiermit die hohe Wertschätzung seiner Geschlechtlichkeit. Er findet es einfach zu schade, seine Geschlechtskraft in jeden Dreck oder in jeden Sumpf hineinrasen zu lassen. Der animalische Mann, dem ständig die Zügel durchgehen, tut genau dies, und unterbewußt weiß er das auch, wie die schrecklichen Worte zeigen, mit denen er Sexualverkehr ausdrückt. Seine Vulgärsprache zeigt, daß er seine Geschlechtlichkeit selbst für Dreck erachtet und gerade für Wert hält, auf x-beliebige Weise verschleudert zu werden. Er kennt ja nichts anderes als eben das unterste Ende.

Tatsächlich steht hinter dem achtsamen Umgang mit der Geschlechtskraft ein Wissen, das dem modernen, stofflich verhafteten Menschen, wenn er durch Zufall davon erführe, abstrus und abergläubisch erschiene, dem Eingeweihten jedoch als gelebte Erfahrung präsent ist.

Es wurde gesagt, daß die geschlechtliche Energie des Mannes über die sexuelle Potenz hinaus in geistig-schöpferischer Aktivität zum Ausdruck gelangt. Die sexuelle Funktion wurde als der geringste Ausdruck seiner Geschlechtskraft bezeichnet. Nun ist hinzuzufügen, daß gleichwohl die höchsten Möglichkeiten in der materiellen Substanz der Geschlechtskraft, im männlichen Samen, als feinstoffliche Energie gespeichert sind. Im indischen Sprachgebrauch heißt der männliche Samen „virya“. Dasselbe Wort bezeichnet das Mann-Sein in seinem hervorragenden, übernatürlichen Sinn, wie es zum Beispiel in der Askese auftritt und über den Kreislauf von Tod und Wiedergeburt hinausführen kann.

Auch der Uneingeweihte dürfte bereits erfahren haben, daß Sperma mehr ist als eine Verbindung von Wasser, Eiweiß, Phosphaten und anderen Stoffen. Er hat sich diese Erfahrung nur nicht bewußt gemacht. Und doch spürt er nach jeder Ejakulation, wie sich sein Energiezustand drastisch verändert. Erregung und höchste Gespanntheit weichen fast schlagartig einer Ermattung, in der jeder Wunsch nach Aktivität erlischt. Der Durchbruch in diese wunschlose Leere, der jähe Umschlag von Spannung in Entspannung bis hin zu kurzzeitiger Bewußtlosigkeit wird vom gewöhnlichen Mann beglückend, als „das“ sexuelle Glück erlebt. Er kann auch erfahren, daß guter regelmäßiger Sex sein Leben harmonisiert. Die tägliche Arbeit, der Umgang mit anderen Menschen ist weniger streßbelastet. Was er wahrscheinlich nicht bemerkt oder bemerken will, ist eine erhöhte Mittelmäßigkeit, die er sich für sein Leben einhandelt. Der Mut, berufliche und spirituelle Risiken einzugehen, verringert sich. Ebenso seine schöpferischen Aktivitäten und die Begeisterung für ein Ziel, das über ihn selbst hinausführt. Er wird nicht untätig oder lethargisch, er begnügt sich jedoch, nur soviel zu tun, um über die Runden zu kommen und sich in seiner Behaglichkeit einzurichten.

Vor diesem Hintergrund kann die sexuelle Funktion als Abspaltung aus der Fülle der urmächtigen Geschlechtskraft begriffen werden. Sie führt die Geschlechtsenergie – in welchem Umfang auch immer – einer biologischen Spezialisierung zu, was Entfremdung der Energie vom Wesen des Mannes in seiner Ganzheit bedeutet. Ein Mann, der es nicht gewohnt ist, die höheren Aspekte seiner Geschlechtlichkeit fruchtbar werden zu lassen, ist der nach „unten“ fließenden Strömung mehr oder weniger ausgeliefert. Sie macht sich als Spannung, als qualvoller Energiestau bemerkbar, der sich nach außen, in die Welt der Objekte, befreien will. Ans Fleisch und an die natürliche Ordnung gebunden entlädt sich die Energie im Kinderzeugen: an Stelle des Schöpfertums tritt die Geburt, an Stelle unsterblichen Schaffens sterbliches Schaffen.

Der Wissende ist sich dieser Zusammenhänge bewußt. Er weiß um den kostbaren Wert seiner Sexualkraft. Was nicht gleich bedeutet, daß er Geschlechtsverkehr für sich ablehnt. Obwohl es auch das gibt: um der Geschlechtlichkeit willen auf Sexualität zu verzichten. Nur sollte man dabei aufpassen, daß man die letztere nicht einfach unterdrückt, sondern der Urenergie zurückführt, da diese sonst selbst blockiert wird.

Weniger problematisch ist deshalb ein kontrollierter Umgang mit Sex. Nicht die Frau, sondern der Mann sollte darüber entscheiden, wann und wie oft er ejakuliert. Im Normalfall läßt es der Mann ja einfach geschehen. Er überläßt es der Frau, ihn mit ihrer Geschicklichkeit auszusaugen und leerzupumpen, je öfter, je lieber. Hier wäre also ein Umdenken nötig. Ein überlegener Mann kann sich hin und wieder entscheiden zu ejakulieren.

Er wird die Entscheidung aber allein treffen und bevor er sich dem Geschlechtsverkehr widmet, nicht erst im letzten, unkontrollierten Augenblick. Wenn er daran gewöhnt ist, beim Sex zu ejakulieren, wird er seine Enthaltung wahrscheinlich zunächst bedauern. Er kann aber die Erfahrung machen, daß es auch ohne Erguß zu erfülltem Sex kommen kann, daß gerade durch seine volle, bedingungslose Präsenz eine Intensität des Erlebens erreicht wird, die weitaus genußvoller ist als das kurze, krampfhafte Zucken, gefolgt von Erschlaffung und Lustlosigkeit. Genußvoller übrigens nicht nur für ihn, sondern auch für die Partnerin.

Eine andere Möglichkeit, kontrolliert und verantwortungsvoll mit seiner Geschlechtskraft umzugehen, liegt in der *bewußten Umwandlung* der Ejakulation. Beim „normalen" Geschlechtsakt wird der Samen nach „unten" geleitet und über die Genitalien hinausgestoßen. Es gibt aber auch den Weg, die Strömung nach „oben" zu lenken, wobei die Richtung nicht allein physisch, sondern auch metaphysisch zu denken ist, da hierbei die kosmischen Fesseln gesprengt werden und die abgespaltene Sexualkraft in die uranfängliche Einheit zurückgeführt wird. Dies ist der Königsweg der intimen Vereinigung, der den Mann mithilfe der Frau zur Vollkommenheit führen kann. Wer ihn einmal beschritten hat, wird ihn nicht mehr verlassen, weil ihm „normaler" Verkehr als mehr oder weniger wertlos erscheint. Da er sich nahtlos an den beschriebenen Weg der männlichen Selbstverwirklichung anschließt, soll er im übernächsten Kapitel erläutert werden.

Wie immer ein Mann sich entscheidet, sein Sexualleben zu gestalten: Wenn er verantwortlich mit den ihm anvertrauten Kräften umgeht, wenn er lernt, seine Triebhaftigkeit, die rein animalische Sexualität zu beherrschen, wird er spüren, daß neue, belebende Energien frei werden, die er gewinnbringend in den Prozeß seiner Selbstschöpfung integrieren kann.

Die Frau ist die personale Verkörperung der Erscheinungswelt; auch darum ist es so wichtig, daß das Verhältnis zu ihr in Ordnung kommt. Wenn die Frau einen Mann an sich binden und abhängig machen kann, können es andere Umstände auch, da nützt es ihm gar nichts, wenn er äußerlich siegreich und muskelschwirrend daherkommt. Wenn er vor den subtilen Verführungskräften zusammenbricht, wenn sie mit ihren bewährten Methoden, wann immer sie will, das Beste aus ihm herausziehen kann, ist seine Stärke auf Sand gebaut; das Leben wird ihn dann gleichfalls mühelos aushöhlen können. Die Frau weiß das übrigens sehr genau. Sie mag es genießen, ihm feuchte Vergnügungen zu entlocken, weil sie sich darin bestätigt und sexuell geschmeichelt fühlt. Ein Teil von ihr bleibt aber immer unbefriedigt. Solange sie weiß, daß sie sexuell die Oberhand hat, wird sie dem Mann nicht restlos vertrauen, sich nicht vollkommen seiner Umarmung hingeben können. Ihr Innerstes ist von seiner Schwäche enttäuscht und sie wird sich wohl hüten, es ihm zu öffnen. Warum sollte sie auch, wenn sie erleben muß, wie sich ihr Partner nach einem krampfartigen Anfall von selbstverliebter Befriedigung in die postejakulative Lustlosigkeit zurückzieht?

Ein Mann, der sein Triebleben unter Kontrolle hat, ist weder unempfänglich noch gleichgültig. Er nimmt jedoch eine Haltung zu Frauen ein, die er auch gegenüber der Welt einnimmt: er freut sich ihrer, er würdigt ihre Gaben und ihre Schönheit, er kann sie mit aller Leidenschaft lieben – doch er bedarf ihrer nicht.

Wer weder zwanghaft ejakulieren muß noch sonstwie von weiblicher Zuwendung abhängt, wird die Erfahrung machen, daß Frauen ihm anders und positiver entgegenkommen als anderen Männern. Frauen begreifen sehr schnell, wenn ein Mann wirklich frei und unabhängig für sich steht. Wenn er es sich leisten kann, höflich und aufmerksam auf sie einzugehen, ohne gleich irgend etwas zu wollen; wenn er auch keine Geringschätzung demonstrieren muß, um zu beweisen, daß er „wer ist". Diese Art Mann kann der Frau offenbaren, was sie wirklich benötigt, wonach sie gerade in heutiger Zeit verlangt wie ein lechzendes, ausgetrocknetes Flußbett. Wenn er wirklich dazu in der Lage ist, ihr ein unverrückbares Zentrum bereitzuhalten, wird sich die Frau ihm mit zitternder Ehrfurcht nähern wie etwas Heiligem. Sie wird sich an seine Geschlechtskraft schmiegen und selbstvergessen in sie ergießen. Es tritt dann die Situation ein, daß die Beziehungen der natürlichen Sexualität sich umkehren. Der Mann ist dann nicht mehr der passive Teil, der der weiblichen Faszinationskraft erliegt, er begegnet ihr nunmehr als Träger des Seins, dem die zwingende Macht des Einen eigen ist. Damit ist wiedererweckt, was dem Verhältnis von Männlich und Weiblich im wirklichen, übernatürlichen Sinne entspricht.

4.3. Sei Haupt und Herr deiner Partnerin

Die dritte Forderung an den Mann in seiner Beziehung zur Frau ergibt sich aus dem vorhergehenden sowie aus dem Fortschreiten auf dem inneren Weg. Sie ist einzig die Wahrnehmung und die Umsetzung dessen, was seiner metaphysischen Vorrangstellung entspricht. Dieser Vorrang hat nichts mit menschlicher Überlegenheit zu tun. Wir erinnern: Mann und Frau sind von ihrer Bestimmung durch die Urprinzipien so verschieden, daß sie nicht aneinander zu messen sind. Bestimmte männliche und weibliche Eigenschaften gegeneinander ausspielen zu wollen ist Unsinn und zeugt von der Mentalität des modernen entwurzelten Einheitsmenschen. Etwas anderes ist jener Vorrang, der dem Mann, der das Sein überzeugend verkörpert, gegenüber der Frau, die das Werden verkörpert, von selber zukommt. Die Überordnung des Seins ist darin begründet, daß es die Ganzheit repräsentiert, die das Werden einschließt. Sofern es sich auf der menschlichen Ebene widerspiegelt, ist es übermenschlich und leidenschaftslos und legitimiert sich durch seine bloße Anwesenheit. Der hieraus erwachsende Vorrang des Mannes hat weder mit „besseren" Eigenschaften noch mit „überlegenem" Können zu tun.

Das metaphysische Grundverhältnis findet eine recht anschauliche Illustration in dem bekannten biblischen Mythos, nach welchem Eva von Adam abstammt, indem sie aus seiner Rippe geschaffen wurde. Die von Adam genommene Frau heißt „ischa", weil sie aus „isch" (dem Manne), gezogen wurde (1. Mose 2,22 f). Entsprechend bezeichnet Paulus den Mann als „Bild und Abglanz Gottes", die Frau aber als des Mannes Abglanz (1. Kor. 11,7) und folgert daraus, daß der Mann das „Haupt des Weibes" ist (1. Kor. 11,3), was wiederum der alttestamentlichen Weisung: „Er soll dein Herr sein" (1. Mose 3,16) entspricht. Befreit man die Aussagen von der Patina eines falschen Machtanspruchs, der auf Willkür und Unterdrückung hinauslief, können sie als authentische Zeugnisse des traditionalen Geistes auch vor allem heute eine gültige Richtlinie im Verhältnis von Mann und Frau bieten.

Was heißt es, wenn der Mann als „Herr" dazu aufgerufen wird, über die Frau zu herrschen? – Die Forderung ist für unsere sensiblen, humanisierten Gegenwartsbürger ja unerträglich, auch die dem Zeitgeist verpflichteten Kirchen gäben wohl vieles darum, solch „skandalöse" Stellen aus ihren Schriften verschwinden lassen zu können. Doch glücklicherweise ist das nicht möglich und so kann man sich weiter über die Stellen ärgern – oder sie zu begreifen versuchen. Zweifellos ist das „Herrschen" demselben Mißverständnis verfallen wie „Macht" und „Autorität", es wird alles in einen Topf der „Gewalt" geworfen. Läßt man die Voreingenommenheit jedoch beiseite, stellt sich das „Herrschen" ähnlich wie „Macht", deren Bedeutung bereits geklärt wurde, in einem wesentlich anderen Licht dar. Man kann sagen, daß „Herrschen" die Aktualisierung von Macht bedeutet, die konkrete Umsetzung einer bis dahin „ruhenden" Energie im Bereich des Lebendigen. Herrschen hat damit Macht zur Voraussetzung. Und beides entspringt einer höheren Seinsqualität, einer Überlegenheit, die sich fraglos Geltung verschafft.

Autorisierendes Herrschen ist also nicht auf Gewalt oder äußere Druckmittel angewiesen. Es „zieht an sich, ohne zu rufen" und weist einen Weg, dem aus freien Stücken gefolgt wird. Unterdrückung und Zwangsausübung sind mit einer höheren Auffassung männlicher Würde nicht zu vereinbaren. Wo diese eingesetzt werden müssen, um Überlegenheit erst zu *schaffen,* hat Herrschaft ihr Recht verwirkt.

Das Geheimnis erfolgreichen Herrschens liegt darin, daß der Herrschende nicht zu herrschen *verlangt.* Diese Haltung ist äußerst selten. Fast jeder will irgendwo Macht ausüben, mehr oder weniger offensichtlich, aber begierig. Der „Wille zur Macht" ist einer der stärksten Impulse im Menschen. Doch triebhaftes Herrschen wollen läuft immer im Schlepptau der eigenen Abhängigkeit. Unfrei und unberufen muß es sich um die Herrschaft bemühen, verbraucht sich im Widereinander der Kräfte. Dagegen fällt demjenigen, der sich nicht um sie schert, weil er souverän ist, die Herrschaft ganz von alleine zu. Er verfügt über Macht, weil er Macht als wesensmäßigen Zustand verwirklicht hat. Er hat sein *Gelüst* nach Herrschaft, die triebhafte Ich-Natur überwunden. Und damit hält er die Welt in den Händen. Die Herrschaft über sich selbst ist die *Grundlage* wahrer Machtausübung. Sie ist gleichzeitig ihre Legitimierung, denn nur wer sich selbst beherrscht und dadurch zur Freiheit erwacht ist, wird andere nicht knechten wollen.

Berufenes Herrschen heißt niemals beherrschen, sondern Weisung geben. Es zeigt eine Richtung auf, die der positiven Entwicklung zu einem bestimmten Ziel dient. Dieses Aufzeigen bedeutet nicht aufdrängen oder befehlen, ist aber dennoch absolut eindeutig und verbindlich. Es ist einfach so, man braucht nicht darüber zu diskutieren. Die natürliche Leichtigkeit dieser Art Herrschens kennzeichnet den erhabenen Staatenlenker ebenso wie das Oberhaupt einer Familie oder den Mann in einer gelungenen Partnerschaft. Und in allen Fällen ist die dem Herrschenden entsprechende Antwort Vertrauen. Besonders natürlich in einer intimen Zweierbeziehung.

Vertrauen läßt sich bekanntlich nicht herstellen. Entweder es ist, kommt spontan oder es ist nicht. „Vertrauensbildende Maßnahmen" sind deshalb der größte Unsinn. Viele Männer machen den Fehler, bei ihrer Partnerin um Vertrauen zu werben oder gar zu bitten: „Vertrau mir doch!" Sie sind einfühlsam, diskutieren über ihre Beziehung und machen auch sonst alles „richtig". Dennoch haben ihre Aktionen nicht das geringste Gewicht. Ein anderer Mann tritt in den Raum, blickt die von Zweifeln und Unsicherheit gequälte Frau nur an und schon folgt sie ihm bedingungslos. – Was wirkt?

Der Mann, der zu herrschen weiß, zeichnet sich dadurch aus, daß er nicht so viel „macht", sondern einfach „ist". Wenn die Partnerin weint, schnippisch ist oder diskutieren will, tut er nicht dieses und jenes, um ihr zu gefallen: er nimmt sie in seinen Arm und alles ist gut. Frauen machen manchmal viel Wirbel. Aus dem Nichts heraus zaubern sie Szenen herbei, die geradezu bühnenreif sind. Sie jammern, zerbrechen Geschirr, überhäufen den Mann mit Klagen und mit Kritik, die er nicht versteht. Ein mittelmäßiger oder unreifer Mann reagiert dann verständnislos, aggressiv, schmollt, zieht sich zurück, sucht sich zu rechtfertigen oder will ins Gespräch kommen. In allen Fällen verhält er sich passiv; er reagiert, aber er agiert nicht. Und die Strafe folgt auf dem Fuß. Je mehr sich der Mann bemüht, eine Streitsituation zu bewältigen, je mehr er mit tröstenden oder klärenden Worten das emotionale Chaos zwischen sich und der Partnerin zu durchdringen versucht, um so höher schlagen die Wogen. Es scheint, als finde die Frau ein perfides Vergnügen daran, die sachlichen Argumente, die hilfreich angebotenen Brücken durch eine atemberaubende Logik in Beweise von bösesten Absichten umzuwandeln. Die meisten Männer verbrauchen sich jahrelang in solchen „Beziehungskisten" und meinen noch immer, daß der gesunde Menschenverstand einmal siegen müsse. Schließlich finden sie sich auf der Straße wieder oder die Kiste wird zur perversen Gewohnheit oder die Frau fragt den Chef ihres Mannes, ob er noch „aufsteigen" könne. Viel Leid und Nervenkraft könnten erspart bleiben, wenn Männer endlich begreifen würden, daß es bei „Szenen" niemals um einen Streitpunkt, sondern um ihre Partnerin und um sie geht. Frauen lieben zuweilen das Chaos und lassen es gerne schäumen, es ist der Jungbrunnen ihrer Weiblichkeit. Andererseits erwarten sie aber auch, daß der Mann sie daraus befreit – der Mann und nicht seine armseligen Argumente. Wenn die Frau einen Streit beginnt oder eine Diskussion anzettelt, ist der Anlaß, und mag er auch noch so konkret sein, nur vordergründig. Die Frau meint nicht das, was sie scheinbar zu sagen vorgibt. Sie fragt nicht nach einer Sache, sie fragt nach dem Mann, der dahintersteckt, denn der Mann ist nun einmal der Mittelpunkt ihres Lebens. Die Sache dient ihr nur dazu, den Mann, der vielleicht hinter Sachlichkeiten verschwunden ist, wieder hervorzulocken. Er sollte sich also im klaren sein, daß seine Integrität gefragt und vielleicht infrage gestellt ist. Da kommt es dann nicht darauf an, eine Forderung zu erfüllen, zum Beispiel die Zahnpaste zu verschließen, das liegengebliebene Hemd wegzuräumen oder das Auto in die Garage zu stellen. Solche Dinge dürften nicht ernsthaft stören. Sie stören aber dann ungemein, wenn der Mann nicht in Ordnung ist. Dann stört sogar das, was er alles „richtig" macht.

Frauen sehnen sich immer nach der göttlich-männlichen Präsenz in einem Mann, gleichgültig in welcher Stimmung sie sind oder worüber sie sich gerade beschweren. Ein Mann sollte die Klagen seiner Partnerin als Aufforderung verstehen, sein Bestes zu tun und sein Leben gemäß seiner

Wahrheit und seinem Sinn auszurichten. Wer es einfacher haben will, soll Punkt für Punkt auf ihre Beschwerden eingehen und sie darüber hinaus mit Schmuck, Kleidern und teuren Partys verwöhnen – das beste Mittel, die Partnerin zur Hyäne werden zu lassen und sich selber eine Lektion zu erteilen. Viele Frauen haben sich damit abgefunden, im Portemonnaie des Mannes einen Ersatz für Männlichkeit zu erblicken. Weil diese so selten geworden ist, wollen sie wenigstens einen Mann, der Geld hat (interessanterweise auch Frauen, die selbst gut verdienen). Die Rechnung geht aber niemals auf, weder für sie noch für ihn, denn keine Frau ist neurotischer als ein Luxusweibchen.

Ein Mann kann nur immer wieder sich selbst anbieten: seine maskuline Präsenz, seine Zielsicherheit, seine Integrität. Es gibt dazu keine Alternative und außerdem ist es sein höchster Liebesbeweis. Wenn die Partnerin Chaos entfesselt, zieht er sich nicht zurück, er verharrt reaktionslos, doch voll gegenwärtig in ihren emotionalen Stürmen. Wenn sie traurig, verschlossen oder gereizt ist, begegnet er ihren Verdunkelungen mit Liebe und Wachheit. Er toleriert ihre Launen und schlechten Stimmungen nicht, er versucht sie mit seiner wachen Präsenz zu durchdringen, damit sie ihr Herz öffnen kann. Es mag sein, daß sie trotz seiner liebevollen Geduld sein maskulines Geschenk zurückweist. Das kann daher kommen, daß sie durch schlechte Erfahrungen mit anderen Männern beeinträchtigt ist, kann aber ebensogut an der fehlenden Durchsetzungskraft der angebotenen männlichen Qualitäten liegen. Häufig kommt beides zusammen. Wenn ein Mann aufgibt, indem er das negative Verhalten seiner Partnerin hinnimmt, ist das ein Zeichen von Schwäche. Er gibt sich mit einer Beziehung zufrieden, in der er sein Bestes verschmäht sieht, in der nichts fruchten kann. Er sollte sich also entschließen, eine Beziehung, aus der nichts wird, zu beenden, ohne darüber enttäuscht oder wütend zu sein. Er weiß, daß er alles dafür getan hat, was möglich war.

Die Antwort der Frau auf das göttliche Männliche heißt Vertrauen. Dieses Vertrauen ist unentbehrlich für eine Beziehung und auch für sie selbst, da sie dadurch erst ihre weiblichen Qualitäten entfaltet. Eine Frau, die vertraut, ist bereit, sich hinzugeben. Sie kann sich führen lassen, ohne wissen zu müssen, worauf die Dinge genau hinauslaufen. Sie spürt die männliche Integrität, sie weiß, daß ihr Partner eindeutig und verantwortlich aus dem tiefsten Kern seiner Wahrheit heraus entscheidet. Natürlich kann sie ihr Leben auch in die eigenen Hände nehmen. Aber das will sie gar nicht. Wenn sie die männliche „Festigkeit" spürt, will sie lieber loslassen, sich entspannen und es genießen, daß ihr Partner den Kurs angibt. Damit entspannt sie sich auch in ihre eigene Weiblichkeit. Sie kann darin aufgehen, reine Bewegung, reine strömende Energie zu sein und sich ihrem Partner in vorbehaltloser Liebe zu schenken.

So ist verantwortungsvolles Herrschen immer auch *dienen*. Herrschen heißt nicht nur Weisung geben, sondern das Beste, das Eigentliche in einem Menschen zu fördern. Dies ist nicht eine der Möglichkeiten, sondern die grundlegende Aufgabe des Mannes in einer Partnerschaft. Der Mann ist für das Gedeihen einer Beziehung und für das Wohlergehen der Frau, die ihr Leben mit seinem verbindet, in höchstem Maße verantwortlich. Seine persönliche Autonomie, seine Eigenverantwortlichkeit ist hierzu die erste Voraussetzung. Erst wenn er souverän ist und sein Glück nicht von seiner Partnerin abhängig macht, ist er fähig, sein Bestes zu geben und ihr in Liebe zu dienen. Sie kann sich auf etwas beziehen, was nicht wiederum Halt sucht in etwas Flüchtigem, sondern fest in sich selbst ruht. Damit überträgt sich die „Festigkeit" so, daß die weiblichen Eigenschaften zuinnerst verklärt werden. Die Frau wird, symbolisch gesprochen, zur „Braut", die Bewegung und Form von der „zeptertragenden" männlichen Kraft empfängt. Einer Kraft, die sie anspornt, von Tag zu Tag, von Stunde zu Stunde mehr über sich hinauszuwachsen in die Offenheit einer uneingeschränkten Liebe und Hingabe, in die strahlende Quelle des weiblichen Seins. Der Frau diese Chance zur Selbstentfaltung zu bieten, heißt für den Mann, Haupt und Herr zu sein.

5. Die Magie der sexuellen Vereinigung

Auf verschiedenen Ebenen wurde bisher zu zeigen versucht, daß das innerste Streben des Mannes auf Wachstum, auf Überwindung von Grenzen gerichtet ist, um im Unbegrenzten die Fülle des eigenen, kosmisch verankerten Seins zu erlangen. Dieses Streben muß notwendig auch im *männlichen Eros* zum Ausdruck kommen, und zwar mit der ganzen elementaren Kraft der „virya", der ihn durchdringenden und durchglühenden Ur-Energie. Wenn seine eigentliche Bedeutung bisher noch ausgespart wurde, so deshalb, weil wir im Nachspüren seiner schöpferischen Dynamik ganz automatisch beim Thema der Sexualmagie enden und damit die „letzten Dinge" berühren.

„Sexualmagie" ist ein Wort, dessen Klang schon allein eine schwer widerstehliche Faszination ausübt. Das ist nicht weiter verwunderlich, da der Sexus „die größte magische Kraft der Natur" ist, die auch dem gewöhnlichen Menschen, und sei es nur in der Ahnung des dunklen traumatischen Augenblicks, eine Öffnung der Schranken seiner vereinzelten Existenz gewährt. Die Aussicht, durch eine gezielte Anwendung dessen, was schon bereitliegt, sozusagen im Handstreich eine berauschende Dimension zu erobern, ist dementsprechend verlockend und faszinierend.

Sexualmagie ist jedoch nicht der schnelle, bequeme und gar noch mit raffinierten Lüsten gespickte Weg, für den sie in manchen „erleuchteten" Kreisen gehalten wird. Sie hat ihre Grenzen und vor allem auch Risiken, die den Unbedarften nicht selten in schwerste seelische Krisen bis hin zur Besessenheit und zum „geistigen Tod" treiben. Aus diesem Grund wurden die Lehren sexueller Magie immer geheim und auf Gruppen von Einge-weihten beschränkt gehalten.

Es ist die Entscheidung des einzelnen Mannes, ob und wieweit er von ihren Mitteln Gebrauch machen will. Die Neigung zur magischen Gipfelführung ist tiefster Bestandteil des männlichen Eros. Je weiter ein Mann entwickelt ist, um so „magischer" wird sich sein Umgang mit Frauen gestalten. Er wird die Berührung mit diesem Bereich also nicht vermeiden können. Aus diesem Grund – und nur deshalb – soll das Thema der Sexualmagie hier zur Sprache gebracht werden.

Vor aller Praxis ist es entscheidend, daß man begreift, worin das Geheimnis der sexuellen Vereinigung liegt. Wer hier nicht die richtige Perspektive hat, gleicht einem Krieger, der blindlings auf eine Burg zustürmt und den Feind nicht sieht, der „verborgen hinter der Schwelle der Sinne hervorspäht".

Es wurde bisher gesagt, daß das Ereignis der sexuellen Anziehung wie der Faszinationskraft des Eros ganz allgemein durch die Spannung der Polaritäten von Yin und Yang bewirkt wird. Je mehr der Mann Mann ist und die Frau Frau ist, um so größer und bedeutsamer ist das, was sich bei ihrer Begegnung ereignet. Der Niedergang des Eros in unserer Zeit wie der „Kampf der Geschlechter" wurde durch die Angleichung beziehungsweise Verflachung der Polaritäten erklärt. Der Rückgriff auf die Urprinzipien hält aber noch eine andere Erklärung des Eros bereit. Eine Erklärung, die auf den letzten geheimen Bedeutungsgehalt von menschlicher Liebe und Sexualität verweist.

Was ist es, das Mann und Frau mit elementarer Gewalt zueinander treibt? Was steckt hinter dieser Anziehung, die ein rauschhaftes Drängen nach mehr und mehr, nach immer größerer Intensität und Durchdringung entfesselt? – Energetisch gesehen liegt auf der Hand, daß hier eine Ganzheit erreicht werden soll, die Auflösung der polaren Spannung in eine entspannende Einheit hinein. Bezieht man das auf die Psychologie der Geschlechter, geht es um ein Verlangen, die Grenzen zwischen dem Ich und dem Du mithilfe der sexuellen Liebe zu überwinden, um die Bedingtheiten eines entzweiten, vom anderen geschiedenen Seins wenigstens für den Augenblick der ekstatischen Einswerdung aufzuheben.

Diese Erklärung, so naheliegend sie ist und auch im Erlebnis der Liebenden ihre Bestätigung findet, bleibt einer vulgärdarwinistisch ausgerichteten Sexualtheorie verschlossen. Solange die Forscher glauben, daß Sexualität nur zur Weitergabe des Erbgutes „erfunden" sei (von wem wohl?), können sie weder hinreichend über die sexuelle Anziehung Auskunft geben, noch das für die menschliche Sexualität so bezeichnende Phänomen erklären, daß beide Geschlechter mit ihrer *gesamten Körperfläche* nach engstem Kontakt, ja gegenseitiger Verschmelzung streben. Das Bedürfnis, sich zu vereinigen, also „Eins" zu werden, muß biologisch gesehen rätselhaft bleiben, da zum Zwecke der Fortpflanzung eine partielle Durchdringung vollkommen ausreichen würde. Gerade in diesem so offensichtlich symbolhaften Ausdruck scheint aber das eigentliche, die treibende Kraft des Sexus zu liegen.

Zu allen Zeiten hat man gefühlt und erkannt, daß menschliche Sexualität ein Streben nach Wiedervereinigung des Männlichen und des Weiblichen zu einer übergeordneten Ganzheit ist. Der höhere Bedeutungsgehalt des Sexus wurde in mehr als einem Mythos vor Augen geführt. Einer der bekanntesten ist der Mythos des Androgynen, wie ihn Plato in seinem „Gastmahl" verarbeitet hat.

Nach Plato gab es eine (erloschene) Urrasse, deren Vertreter beide Prinzipien des Männlichen und des Weiblichen in sich enthielten. Sie waren an „Kraft und Stärke gewaltig und hatten auch hohe Gedanken", wodurch sie den Göttern gefährlich wurden. Diese lähmten ihre Potenz, indem sie sie in zwei Teile spalteten. So entstanden Wesen, die als Männer und Frauen zum Träger des einen oder des anderen Geschlechts wurden.

Der Mythos hat immer den Wert eines Schlüssels. Er will keine Märchen erzählen, sondern gegenwärtige Phänomene erklärbar machen. Hierzu bedient er sich der Symbolsprache. So darf man die Urwesen, die als kugelförmig beschrieben werden, nicht als Vertreter einer tatsächlichen Rasse auffassen. Gemeint ist vielmehr ein geistiger Zustand, ein Zustand des absoluten ungespaltenen Seins, der als solcher göttliche Qualitäten hat. Die eigentliche Zielrichtung des Mythos liegt nun darin, das sexuelle Verlangen der Menschen hierauf zurückzuführen. Wie Plato erläutert, lebt die Erinnerung an den früheren Zustand in den gespaltenen Wesen weiter und entfacht den Impuls, die Einheit erneut wiederherzustellen. In diesem Impuls sei der letzte und ewige Bedeutungsgehalt der menschlichen Sexualität zu sehen.

Sieht man den Mythos des Androgynen in einem größeren Zusammenhang, gehört er zu denen, die sich mit dem Übergang von der Einheit zur Zweiheit, vom Sein zur Einbuße des Seins und des absoluten Lebens beschäftigen. So kann er letztlich auch parallel gesetzt werden mit dem biblischen Mythos, der gleichfalls ein nach dem Bilde Gottes geschaffenes androgynes Urwesen kennt („Er schuf sie als Mann *und* als Weib", 1. Mose 1,2). Sowohl in jüdischer wie in christlicher Esoterik (zum Beispiel bei Scotus Erigena, Jakob Böhme) wurde die sexuelle Differenzierung als eigentliche Folge des Sündenfalls angesehen, der den zweigeschlechtlichen Urmenschen vom Baum des Lebens ausschloß. Adam gibt seiner Frau den Namen Eva (= das Leben, die Lebende), weil er durch sie zur Einheit zurückkehren kann.

Wenn der Eros den – unbewußten – Versuch darstellt, die Folgen des Falles zu überwinden, aus der endlichen Welt der Zweiheit herauszukommen und den Urzustand wiederherzustellen, sind die Wege zu diesem Ziel dennoch unterschiedlich. Beide Geschlechter streben danach, mithilfe des Fleisches und des Geschlechts durch die Zweiheit zur Einheit zu kommen. Wie die Einheit als Seinszustand aber verfügbar ist und zu realisieren versucht wird, ist abhängig von der Tiefenstruktur der Geschlechter. Die unterschiedliche Art, sie je zu verwirklichen, macht das Spezifische der männlichen und der weiblichen Sexualität, des erotischen Fühlens und Sehnens von Mann und Frau aus.

Was den Mann betrifft kann man sagen, daß er die Einheit als eine Bestätigung seiner selbst sucht, wie es ja auch seinem Lebensauftrag entspricht. Der Mann, der dem Sein untersteht, ist dem ewigen Ursprung der Dinge verpflichtet. Immer geht es bei ihm um Auflösung und Durchbrechen einer begrenzenden Form in die Freiheit des ursprünglichen Wesenhaften, um ein Hinauswachsen über sich selbst zu sich selbst. Die Verwandlung der eigenen Form bedingt aber auch die Verwandlung des Fremden, außer ihr Liegenden. Der männliche Eros ist darauf gerichtet, die Frau zu durchdringen, zu übersteigen, sie sich zueigen zu machen; mit der ganzen ihm innewohnenden Intensität verlangt er danach, die Frau in sich aufzunehmen, um das Männliche in der Einheit wiederzufinden und zu behaupten. In den Upanishaden heißt es darum sehr aufschlußreich: „Nicht wegen der Frau (an sich) wird die Frau vom Manne begehrt, sondern wegen des atma (des Prinzips der Unsterblichkeit)."

Auch die Frau verlangt nach der göttlichen Einheit, erfährt sie aber nicht als erhöhte Form ihrer selbst. Dem Prinzip der Materie unterstehend ist sie ein Teil des Kosmos, und als Teil vermag sie das Männliche, das die Ganzheit repräsentiert, nicht in sich aufzunehmen. Deshalb kann sie die Einheit nur in jenem Maße verwirklichen, wie sie bereit ist, sich als eigenständigen Teil aufzugeben und der Einschmelzung in das sie umfangende Männliche hinzugeben. Man mag sich noch einmal den biblischen Mythos vor Augen führen, in dem die Frau „die vom Mann Genommene“ ist.

Das Schlüsselwort weiblicher Liebe lautet Ekstase – Ekstase, das „Heraustreten“ aus sich selbst. Diese machtvoll brausende Woge will das Erlöschen, will die Vernichtung, das lustvoll-verzückte Aufgehen in dem „anderen“, das größer ist als sie selbst. So ist ihr Bedürfnis im Grunde das gleiche, wie es die religiöse Mystik beseelt: Auch der Mystiker strebt der Gottheit in einem Überschwang aus Liebe, Anbetung, Verzicht und völliger Hingabe zu. Sein Ziel ist die Auflösung im universalen Licht, womit die verlangende Sehnsucht, der Durst der Seele Befriedigung findet.

Aufgrund ihrer Konzentration auf das „andere“, außer ihr Liegende, liebt die Frau auch „persönlicher“ als der Mann. Der Mann will im Tiefsten das Weib, das Urweib ohne Gesicht, das er in dieser und jener Frau aufspürt und in sich hineinzieht. Die Frau in ihrer flüchtigen, unbestimmten Natur verlangt nach einem Beziehungspunkt, fordert die ganz konkrete Person, die ihr Wesen zuinnerst verklärt und ihr Halt gibt. „Halt mich fest, halt mich ganz fest“, ruft die Frau in Ekstase. Beim Mann wäre solch ein Verlangen nicht vorstellbar. Die Frau will den Mann als Mann spüren und in ihm will sie sein Göttliches spüren: Festigkeit, Klarheit, Bewußtsein. Der Mann aber, der die Frau mit seiner Intensität durchdringt, will sich selbst spüren. Sein Weg ist nicht der einer passiven Auflösung, eines „Genommenwerdens“, eines „Heraustretens“ aus sich selbst, sondern des zu-sich-Findens, der Wiedereroberung seines Zentrums. Hier zeigt sich der Unterschied zwischen Magie und Mystik.

Es ist klar, daß das „anspruchsvollere“ Streben des Mannes in der endlichen Welt nicht so einfach zu realisieren ist. Er sehnt sich nach seiner „Eva“, die er verloren hat, nach dem Ewig-Weiblichen, das er vollkommen integrieren möchte, um ganz zu sich selbst zu kommen. Die Frau aber, in der er es sucht, ist wie er ein begrenztes, „gefallenes“ vom göttlichen Urgrund getrenntes Wesen. Als solches ist sie auch Inbegriff aller Erscheinungsbilder, der Formen und Dinge, die fortwährend unsere Sinne beeindrucken und Erfüllung verheißen. Diese Zwiespältigkeit begründet die Tragik des männlichen Eros, sein Irren und die Zersplitterung seiner Kräfte. Der Mann kann nach dem Geschlechtsakt eine „metaphysische" Traurigkeit in sich wahrnehmen, welche die Frau nicht kennt. Die Frau kann vom Manne enttäuscht sein, wenn er nicht das hielt, was er versprach. Sie kennt aber nicht seine Traurigkeit. Die Traurigkeit des Mannes ist von den „Qualitäten" der Frau oder des Beisammenseins vollkommen unabhängig. Sie resultiert aus dem Gefühl der Ernüchterung, des „Betrogenseins" nach dem Akt, der den Himmel wollte und doch nur zu einer „Entleerung" führte.

Jeder Mann wird es schon einmal gespürt haben: er näherte sich dem Höhepunkt, erreichte den blitzdurchzuckten Moment der Vereinigung, doch wie vom Erlebnis niedergerissen und aufgelöst ertrank er in dem, was man „Lust" nennt. Und schon war alles vorbei. Die Überwindung der Zweiheit, greifbar nahegerückt und im Trauma der sexuellen Ekstase berührt, die Verschmelzung, die eine Ewigkeit hätte dauern müssen: in unerreichbare Ferne gerückt, schmerzhaft bewußt nur die Mauer, die zwei voneinander geschiedene Existenzen trennt. – Die Inhalte treten selten in einer konkreten Klarheit hervor. Sie werden verdrängt oder überlagert vom nicht unangenehmen Gefühl der postejakulativen Ermattung, in der man die Dinge halt einfach hinnimmt. Dennoch bleibt etwas von einem deprimierenden Nachgeschmack, und der führt nicht selten zu Einstellungen und Verhaltensweisen, die zur ausgeprägt dunklen Seite des männlichen Eros gehören.

Viele Männer drehen sich nach dem Beischlaf abrupt zur Seite, wollen abschalten, ihre Partnerin nicht mehr sehen. Ist das nur Lustlosigkeit oder nicht auch ein Gefühl des Gescheitertseins, das sich mit Scham und Ekel paart? Es gibt sogar Männer, die ihre Partnerin, sobald es vorbei ist, beschimpfen. Das Erlebnis des nicht-zum-Ziel-Kommens führt häufig zu einer Verachtung der Frau und des Sexuellen ganz allgemein, das für schmutzig und minderwertig gehalten wird. Diese Einstellung treibt zu Zynismus und pornographischem Geist. In immer engeren Umdrehungen konzentriert sich der männliche Eros auf reinen Lustgewinn, auf den fleischlichen Kitzel, der von jedem höheren Erleben losgelöst ist. Männer neigen zu einem Niveauverlust, der von Frauen normalerweise nicht akzeptiert wird.

Daß der Mann durch den sexuellen Verkehr nicht das findet, was er eigentlich sucht, ist auch der Hauptgrund für seine eingefleischte Polygamie. Die Biologen erklären sie anders, doch das ist hier nicht von Interesse. Folgt man der eingeschlagenen Sichtweise, irrt der Mann deshalb von Frau zu Frau, weil er niemals richtig zufrieden ist – und weil er zu dumm ist, die Ursache zu erkennen. Jeder Mann weiß, daß nach dem berauschenden Höhenflug die Ernüchterung folgt. Und daß es auch mit der besten Frau niemals so gut war, wie er vorher erhofft hat – wenigstens nicht für lange. Dennoch probiert er gerne so viele Frauen wie möglich aus, immer der Illusion erliegend, das Unerreichbare doch noch zu finden. Die vergebliche Jagd nach sexueller Erfüllung begünstigt wiederum die Begierde, die fleischliche Brunst des Mannes. Als ohnmächtiges Getriebensein, als unaufhörlicher Durst, der zwar manchmal gestillt, aber nie gelöscht werden kann, ist sie die Ursache seiner unwürdigen, sklavischen Abhängigkeit von der Frau.

Im *Gastmahl* gibt es noch einen anderen Mythos, der sich speziell mit diesem Problem beschäftigt. Es handelt sich um eine besondere Version von der Abstammung des Gottes Eros. Gottvater Zeus hielt in seinem Garten ein Festmahl. Daran nahm Poros teil, der im Laufe des Abends von Trunkenheit überwältigt wurde. Penia, die zum Betteln gekommen war, benutzte seinen Zustand, um sich mit ihm zu vereinigen, weil sie ein Kind von ihm haben wollte. Aus der fragwürdigen Verbindung entsproß der Eros.

Poros und Penia hat man in sehr verschiedener Weise zu deuten versucht. Der tiefste Sinngehalt ergibt sich, wenn man Poros als Ausdruck der Fülle (des Seins) und Penia als Ausdruck der Leere, der Einbuße (des Seins) auffaßt, also auf jene metaphysischen Größen zurückgreift, die in der griechischen Philosophie eine so große Rolle spielen. In einem Augenblick „blinder Trunkenheit" verbindet sich also das Sein mit dem Nicht-Sein. Es wird sich selbst, seiner eigentlichen Natur untreu. Der Widersinn dieser Verbindung prägt den Charakter der im Eros personifizierten Liebe und Begierde. Eros ist gleichzeitig arm und reich; obwohl er ein „furchteinflößender Zauberer" und „Unruhe schaffender Jäger" ist, trägt er in seiner Brust die Einbuße, die ihn nie zum Besitz kommen läßt. Der Jäger ist gleichzeitig der Gejagte. Der griechische Philosoph Plotin, der ausdrücklich auf den Mythos Bezug nimmt, vergleicht die fleischliche Liebe mit einer Schmeißfliege, die ständig von ihrer Begierde gequält wird. Auch wenn die Liebe Befriedigung finde, müsse sie immer wieder von neuem begehren, da die Befriedigung nur ein „Behelf ihrer Unzulänglichkeit" sei. Die wahre Fülle könne sich „nicht aus einer Mischung ergeben, sondern nur in dem bestehen, was in sich selbst die Ganzheit kraft eigener Natur trägt" (Plotin, Enn. III V 2). Mit anderen Worten: Die Begierde, die aus der Einbuße erst hervorgeht, kann nicht dadurch Befriedigung finden, daß sie Erfüllung in einem „anderen" sucht. Selbst wenn sie glaubt, sie gefunden zu haben, bezeugt sie nur ihre Einbuße, ihre Abhängigkeit, ihr Unvermögen, im absoluten Sinne zu „sein". Die nach außen gerichtete Brunst setzt die Zweiheit, das Getrenntsein von Mann und Frau voraus. Deshalb ist in den Vereinigungen, zu denen sie treibt, die Zweiheit nicht überwunden. Sie wird noch bestätigt, verfestigt, und damit beginnt ein endloser, dumpfer Kreislauf von Illusionen, Trieb und Verlangen. Das Streben zum Sein, das vom Wege abkommt, verwandelt sich in ein Streben nach Dauer, nach Fortsetzung in der Begierde, die mit immer der gleichen Einbuße wiedergeboren wird, aber auch nach Fortsetzung in der Gattung. Die Zeugung des anderen, des Kindes, tritt an die Stelle der Selbstzeugung, der androgynischen Integrierung. Und damit die Wiederholung des eigenen in vielen getrennten Existenzen, von denen jede vergeblich das Sein zu erreichen versucht.

Diesen Kreislauf, die sinnlos-verzweifelten Drehungen des Endlichen um sich selbst, sucht die mystische Sexualität und vor allem die Sexualmagie zu durchbrechen. Oberstes Ziel ist es, die seinsgerichtete Kraft des Eros zu aktivieren, damit er das Werk der Heilung, der „Chymischen Hochzeit", vollbringen kann. Hierzu muß die Fixierung auf das begehrte „andere" vollständig unterbunden werden. Gleichzeitig wird das „andere" in Form des gegengeschlechtlichen Partners vorausgesetzt, damit eine Spannung entsteht, die als Medium des Vollzugs genutzt werden kann. Die Situation der Anziehung, die bewußt zum äußersten intensiviert wird, ist dadurch mit einer Gratwanderung vergleichbar. In einem tantrischen Text heißt es, es handle sich um einen Weg, der ebenso schwierig sei, „wie auf einer Schwertklinge zu gehen oder einen Tiger im Zaum zu halten". Die Schwierigkeit liegt vor allem darin, dem „Umkippen" des Eros in seine niedere Form der Begierde entgegenzuwirken. Begibt man sich auf den Weg in die Praxis, muß man zunächst also klar unterscheiden können, daß es zwei unterschiedliche Arten, besser: Erscheinungsformen des Eros gibt. Diese Erkenntnis an sich scheint schon schwierig zu sein, da unsere Sexuologen von heute so gut wie nichts davon wissen.

Zum einen gibt es die magnetische, magische oder faszinierende Form – wie immer man sie auch nennen will – die direkt von der Polarität der Geschlechter bewirkt wird. Sie schafft einen eigentümlichen Spannungszustand, ein Fluidum zwischen Mann und Frau, das jeden Grad der Intensität erreicht. Dieser Zustand des Eros ist der für die magische Weiterführung entscheidende, da er ein Potential birgt, das schon in den ganz profanen Formen der Liebe als „rauschhaft" erlebt wird und eine erste Erhöhung des Wachsbewußtseins hervorruft. Der Rausch, die „Verzauberung", die magnetische „Exaltiertheit" kann vollkommen über das Individuelle hinaus in einen Bereich führen, in dem die Grenzen von Zeit und Raum überwunden sind. Es ist ein Erlebnis, das von den Humanisten der Renaissance als „furore" beschrieben wird, Plato spricht von einer „Manie", einem Enthusiasmus, der die Kluft zwischen göttlicher und sterblicher Natur überwinden könne. Als solche stellt er sie in den größeren Zusammenhang einer durch einen Dämon oder Gott bewirkten Verzükkung, die zur Einweihung in die Mysterien führt. Marsilio Ficino (Sopra lo amore, Vlll, 13, 14) sagt dazu, daß es sich „um jene Art von Raserei handelt, die Gott uns einhaucht, wenn er den Menschen über den Menschen erhebt und ihn in Gott verwandelt".

Davon abzugrenzen ist jener andere Eros, der ebenfalls einen Rausch beschert, sich aber ganz mit der niederen Natur verbindet, so daß er als Brunst, als fleischliche Wollust erlebt wird. Plato spricht von einer „Manie", die nicht aus göttlicher Inspiration, sondern aus „menschlicher Krankheit" herrührt. Ihr Niveau liegt nicht höher, sondern tiefer als das Prinzip der Persönlichkeit.

Der eine Eros kann eruptiv in den anderen umschlagen, wie es beim Höhepunkt der Ekstase geschieht, deren lustvolles Übermaß unerträglich erscheint, so daß sie zusammenbricht und in sausender Talfahrt in einem erlösenden Aufbäumen endet. Daneben gibt es eine allmähliche Verlagerung, die vor allem dann eintritt, wenn der Verkehr mit ein und derselben Person zur Gewohnheit geworden ist. Der „ausstrahlende" Charakter des Eros läßt immer mehr nach, die fluidische Verschmelzung zweier Wesen weicht einer angestrengten Suche nach Lust, die sich immer mehr auf bestimmte Zonen oder Organe, vor allem die Geschlechtsorgane lokalisiert. Der Endpunkt ist dann erreicht, wenn die rohe, fleischliche Lust zum Selbstzweck wird, was in manchen Fällen natürlich von vornherein vorprogrammiert ist. Mann und Frau verkehren ohne wirkliche Einswerdung, allein zum Zwecke der individuellen Befriedigung, weswegen im Kamasutra auch von „Eunuchen-Paarung" die Rede ist.

So berechtigt und unerläßlich es ist, den höheren Eros vom niederen zu unterscheiden, darf man die beiden doch nicht auseinanderreißen, als ob sie nichts miteinander zu tun hätten. Die Klammer, die beide zusammenschließt, ist das Streben zum Sein, die Vergöttlichung des gefallenen Menschenwesens. Der Wille des Individuums, die eigene Endlichkeit zu überwinden, kann niemals vollständig ausgelöscht oder unterdrückt werden. Auch in der Form der Begierde dauert das metaphysische Streben fort, gehorcht aber den Gesetzen der materiellen Ebene, die es sich selber auferlegt hat. Ans Fleisch gebunden lebt es in jenem dumpfen, verzweifelten Ringen weiter, welches den Urimpuls zum ewigen Kreislauf der Zeugung liefert. Die Wiederholung der Individuen als „Unsterblichkeit in der Großen Mutter" ist der Abglanz jener anderen Unsterblichkeit, die sich einzig im Geiste realisieren läßt. Dies vor Augen hat die Mysteriosophie von einer einzigen Strömung mit doppelten Fluß gesprochen: Wenn sie abwärts fließt, bringt sie die Menschen hervor, wenn sie aber aufwärts fließt, bringt sie Götter hervor.

Das höchste Ziel der magischen Sexualität, den „Fluß nach oben", zu lenken, bildet den breitgefächerten Inhalt verschiedenster Einweihungslehren, von denen der tantrische Yoga die derzeit bekannteste ist, da er sich nicht mehr an das Gebot der Geheimhaltung hält.

Es ist nicht die Aufgabe dieses Buches, die teilweise drastischen und nicht ungefährlichen Techniken zu vermitteln, die vom Anhalten des Atems bis zum Abschnüren des männlichen Gliedes im Moment des Orgasmus reichen. Wir meinen ohnehin, daß die Technik allein nur ein seelenloses Gerüst ist, welches für den, der sich unberufen daran emporschwingen möchte, bei der ersten Belastung einstürzt – was meistens nicht ohne verderbliche Folgen abgeht. Viel wichtiger als ein „Fahrplan" sind innere Voraussetzungen, die der nach Vollkommenheit Strebende mitbringen sollte. Wenn die rechte Geistesverfassung vorhanden ist, wird die Höherleitung der Kraft, die im Sexus wirksam ist, ganz von alleine zustande kommen. Wir werden hier also nur unterbreiten, was unerläßlich und wesentlich ist; wer sich weiter vertiefen möchte, mag die entsprechende Literatur konsultieren. Angesichts der Fülle belangloser oder irreführender Auslassungen empfehlen wir vor allem das Werk des thailändischen Arztes Mantak Chia, der unter anderem mit der Forderung nach Vermeidung des Samenverlustes den Kern der Sache trifft.

Die entscheidende Vorbedingung für jeden, der Sexualmagie praktizieren möchte, ist zweifellos, daß ein transzendenter Bezugspunkt in ihm vorhanden ist. Er muß eine Unbeweglichkeit in sich tragen, die standhaft genug ist, die Totalität des Seins in sich aufzunehmen, ohne von ihrer Mächtigkeit niedergerissen zu werden. Es ist das „Diamant"-Prinzip des Buddhismus, das strahlend und unantastbar wenigstens ansatzweise verwirklicht sein sollte.

Der Mann, der die tieferen Kräfte des Eros weckt, muß energetisch vollkommen diszipliniert sein. Das heißt nicht, daß er sich von der erotischen Situation distanzieren soll, was manchmal fälschlich darunter verstanden wird. Dann wäre eine Vereinigung gar nicht möglich oder das ganze sänke auf ein Bravourstück ohne Sinne und Geschmack herab. Es kommt gerade darauf an, die Leidenschaft bis zum äußersten Punkt zu entfachen und dennoch Herr der Situation zu bleiben. Das ist der Sinn des Gebots der Keuschheit, wie sie in Lehren initiatischer oder asketischer Richtung immer wieder gefordert wird. Keuschheit bedeutet, richtig verstanden, keine Unterdrückung der Sexualität, sondern Umwandlung beziehungsweise Verlagerung ihrer Energie auf eine höhergelegene Ebene. Die Kraft des Sexus wird dabei als tiefste Wurzel des Lebens uneingeschränkt bejaht.

Die geforderte Disziplinierung fällt einem Mann natürlich nicht in den Schoß. Sie ist das Erlebnis eines langen, mühsamen Weges der Selbstbemeisterung. Nicht von ungefähr ist die „Probe der Frau" die letzte und anspruchsvollste Prüfung, die der Gralsritter nach einer Reihe von Unternehmungen, Taten und Abenteuern zu bewältigen hat. Die geistigen Waffen, durch die er seine männliche Eignung unter Beweis stellte, müssen sich auch auf übersinnlicher Ebene wieder behaupten. Am dringendsten benötigt der Sexualmagier wohl die Kraft des „Wissens", von dem wir eingangs gesagt haben, daß es Anfang und Ende des Weges darstellt. Wissen, nicht als Besitz, sondern Macht verstanden, ist die Fähigkeit zur Durchdringung. Die Schleier der Maya, die das Gaukelspiel der Erscheinungswelt bilden, müssen durchdrungen werden, damit der Blick auf den Ursprung der Dinge frei wird. Auf den magischen Erotismus bezogen heißt das, daß man sich keineswegs von den weiblichen Reizen, die normalerweise in Bann schlagen, überwältigen lassen darf. Die Frau als das „andere" und deshalb Begehrenswerte muß überwunden werden. Der Mann soll die Leidenschaft zulassen, die Faszinationskraft der Frau in all ihrer Abgründigkeit und Intensität zu spüren – um unerschrocken durch sie hindurchzudringen zur wirklichen Energiequelle seines Verlangens. Die äußere Hülle zählt gar nichts. Der Mann muß wissen, daß sein Verlangen viel tiefer reicht, als eine Frau es befriedigen könnte. Sie ist nur die Pforte zur Seligkeit, nicht die Seligkeit selbst. Also läßt er sich durch den Schwung seines Verlangens zu jener Quelle katapultieren, die von der Frau nur versprochen wird. Und die sie dennoch als mystischen Schatz im Urgrund des göttlichen „Yin" bereithält.

Beim Anwenden sexualmagischer Praktiken ist es ratsam, in zwei Etappen vorwärts zu schreiten. Bei der oder den ersten Sitzungen sollte Körperkontakt vermieden werden, damit der subtile Austausch sich voll entfalten kann. Das ist vor allem für Anfänger wichtig. Fühlt sich der Mann im Vollbesitz seiner „virya", kann auch die körperliche Verbindung erfolgen. Die Begegnungen sollten immer im gleichen Raum stattfinden, die Stunde nach Mitternacht wird als besonders günstig gesehen (Nacht als weibliches Element). Das Paar kann zuvor meditiert und sollte am Abend wenig gegessen haben. Zur Klärung von Atmosphäre und Geist wird gern mit Essenzen, zum Beispiel Weihrauch, geräuchert.

Der fluidische Kontakt auf magnetischer Basis soll die sich nackt gegenübersitzenden Partner so intensiv wie möglich vereinigen. Hierzu ist eine starke Polarisierung nötig, die im ursprünglichen Tantrismus geradezu operativ herbeigeführt wurde, indem der Frau in verschiedene Körperstellen ein „göttliches Fluidum“ eingegossen oder hineingelegt wurde. Mann und Frau verwandelten sich in reale Inkarnationen des ewigen Götterpaares und ihre Vereinigung konnte auf höchster magischer Ebene stattfinden. Über solcherart Mittel verfügen wir nicht, doch kann die Spannung auch anders intensiviert werden, zum Beispiel dadurch, daß beide Partner vor der Zusammenkunft längere Zeit sexuell enthaltsam waren. Einige Texte verlangen, daß man auch vorher mit der „Ausnahmefrau“, wie sie gern genannt wird, keine intimen Verbindungen gehabt haben soll. Sie soll außerdem jünger als achtzehn Jahre und noch nicht Mutter sein. Solche Vorschriften sind nicht immer so leicht zu erfüllen. Im Grunde geht es bei diesen Spezifizierungen aber auch nur darum, den Kreislauf subtiler Kräfte so weit wie möglich zu aktivieren.

Entscheidend ist die Frage, welche Art Frau überhaupt noch auf sexualmagischer Linie Verwendung findet. Daß ein „selbstbewußtes“ modernes Mädchen, womöglich in Jeans und Turnschuhen, die Kraft einer „femme fatale“ ausströmt, ist eine Vorstellung, die nicht leichtfällt. Da ist bestimmter Typus nötig, der hierzulande wohl kaum noch vertreten ist. Ein Typus, der das Geheimnis gewisser Statuen weiblicher Gottheiten in sich trägt: jungfräulich, erhaben, unnahbar, dabei ausgestattet mit dem Versprechen einer verzehrenden Sinnlichkeit, also der Kraft des „passiven Aktiven“.

Auch der Mann muß gewisse Anforderungen erfüllen, die nicht ohne weiteres gegeben sind. Davon abgesehen, daß er ein Mann sein muß, ist es für ihn entscheidend, die besondere Ausstrahlung einer Frau – ihre Tiger-Natur, wie sie manchmal genannt wird – in aller Intensität zu spüren. Wenn er angesichts seiner nackten Partnerin nicht denselben erschrekkenden Schwindel spürt, wie man ihn vor der Enthüllung eines Mysteriums wahr-nimmt, geht es nicht mehr um Sexualmagie, sondern um einen profanen Akt mit allen gewöhnlichen Konsequenzen.

Als weiteres geht es darum, die fluidische Spannung zu befestigen und zu steigern, ohne daß sie von der fleischlichen Lust verdrängt wird. Das kann man vor allem erreichen, indem man geistig präsent bleibt. Lassen Sie Ihre Phantasie nicht abschweifen in sexuelle Vorstellungsbilder. Konzentrieren Sie sich auf Ihre Partnerin mehr als auf Ihren Körper, auf Ihre Empfindungen. Und bleiben Sie nicht an der äußeren Hülle haften, sondern fühlen Sie sich in Ihre Partnerin ein: in ihre Seele, ihre weibliche Energie, in ihr innerstes Wesen. Der Prozeß der geistigen Einfühlung und Durchdringung findet seine Entsprechung in einer Präsenz des Körpers. Halten Sie ihn entspannt und voll gegenwärtig. Entspannen Sie insbesondere die Vorderseite, den Bauch- und Brustraum, sinken Sie aber nicht zusammen. Lassen Sie Ihren Atem tief und gleichmäßig ein- und ausströmen. Zwerchfell und Bauch sind Orte der Kraft. Atmen Sie erst in den Bauch, so daß er sich wölbt und Sie einen leichten Druck auf den Genitalien spüren. Der Atem steigt dann von selbst in die Brust auf. Halten Sie ihn nicht fest, sondern lassen Sie ihn sogleich wieder ausströmen.

Sie kennen diesen natürlichen Rhythmus von Ihrer Meditation, und hoffentlich auch aus dem Alltag, wo er bereits zur Gewohnheit geworden sein sollte. Im weiteren sollten Sie Ihren Atem mit dem Ihrer Partnerin harmonisieren: Wenn Sie ausatmen, atmet Ihre Partnerin ein und umgekehrt. Es entsteht dadurch ein fluidischer Kreislauf, der den natürlichen Magnetismus intensiviert. Sinn der „platonischen Lehrzeit", die sich über verschiedene Sitzungen ausdehnen kann, ist die Übung der Selbstbeherrschung. Die Faszination Ihrer Partnerin soll Sie immer mehr einfangen und umschlingen, es soll ein Feuer entfacht werden, das jeden gewöhnlichen Mann zu einer chaotischen, gierigen Handlung triebe. Sie aber steigern Ihre subtile männliche Qualität in genau dem Maße, wie Sie den Ansturm der verzehrenden weiblichen Energie spüren und tief in sich aufnehmen. Damit verwandeln Sie die mit der körperlich-mänlichen Eigenschaft verbundene Passivität in Ihr aktives Selbst-sein zurück.

In der zweiten Etappe nehmen Sie körperlichen Kontakt auf. Zunächst durch leichte und sanfte Berührungen, dann durch ganzkörperliche Umarmung. Wenn sich Ihre Erregtheit steigert, ist es wichtig, die Sexualenergie in Fluß zu halten, so daß sie sich nirgendwo „aufstaut". Spüren Sie Ihre Partnerin mehr als sich selbst. Phantasieren Sie nicht. Sex spielt sich nicht im Kopf oder in den Genitalien ab, sondern in Ihrem ganzen Körper. Wenn Sie merken, daß sich Ihre Muskeln verkrampfen, Ihr Atem schneller und flacher wird, entspannen Sie ganz bewußt. Atmen Sie tief und ruhig weiter, die Energie fließt dann wieder frei und der Drang zu ejakulieren verringert sich.

Bringen Sie Ihren Atem in Übereinstimmung mit dem Ihrer Partnerin. Sie können in diesem Stadium einen direkten und unmittelbaren Kreislauf schließen, indem Sie sich gegenseitig über den Mund einatmen.

Spüren Sie die Begierde der Frau. Atmen Sie ihre Lust in sich ein. In einer sich steigernden schwindelhaften Erregung, die immer mehr fortschreitet, werden Sie bald das Gefühl der Verschmelzung bekommen, die Empfindung, sie vollkommen in sich zu haben. In diesem Zustand kann es – auch ohne körperliche Penetration – bereits zur Ekstase, zur Aufhebung des normalen, individuellen Bewußtsein kommen.

Wenn Sie Ihre Partnerin genital durchdringen, können Sie sich entschließen zu ejakulieren. Das ist nun freilich ein Punkt, der allerhand Körperbeherrschung erfordert. Auf keinen Fall dürfen Sie sich nach außen ergießen, Sie müssen vielmehr Ihren Samen zwingen, über die Wirbelsäule nach oben zu steigen. Dazu sollten Sie vorher gelernt haben, die Muskeln im unteren Bereich des Rumpfes, also Anus, Genitalien und das dazwischenliegende Perineum, für mehrere Sekunden kräftig zusammenzuziehen. Gleichzeitig werden Rumpf und Becken in Richtung der Wirbelsäule nach oben gezogen, unterstützt durch ein tiefes Einatmen.

In Yoga-Kreisen wird auch empfohlen, den Atem so lange wie möglich anzuhalten, die Fäuste zu ballen und die Augen nach oben zu drehen. Dadurch kann die mit dem Samen verbundene „virya" anstatt nach außen zu fließen, den ganzen Körper durchdringen und das Bewußtsein in eine „Trunkenheit von astralem Licht" tauchen. Es fragt sich jedoch, ob bei diesen gewaltsamen Interventionen, zumindest für den nicht voll Routinierten, nicht gleichzeitig auch eine Distanzierung von der erotischen Situation entsteht, so daß der ganze subtile Prozeß in Gefahr gerät.

Weniger risikoreich als der tantrische Yoga-Weg ist zweifellos die chinesische Variante des Tao-Yoga, die eine Verhaltung des Samens empfiehlt und damit zum gleichen Ergebnis gelangt. Die Verhaltung dürfte bei einer sich steigernden und verfeinernden Begierde auch keine besonderen Schwierigkeiten bereiten. Schon im Bereich der profanen Erotik kann ein besonders hoher Grad an Begierde den normalen physiologischen Abschluß verhindern. Die magische Liebe mit ihrer Bewußtseinsverlagerung führt aber zu einer noch stärkeren Trennung der psychischen von den parallel laufenden organischen Prozessen, so daß die Krise der Ejakulation zumeist gar nicht stattfindet. Das wiederum ist sehr positiv, da sich hiermit die Umwandlung der erwachenden Kraft des ganzen, von der Frau und von der Vereinigung hervorgerufenen Erlebnisses ankündigt. Die Lust, anstatt mit dem kurzen, spasmodischen Augenblick zu verenden, wird durch die Verlagerung auf eine subtile Ebene „fixiert“ beziehungsweise stabilisiert. Sie geht in einen kontinuierlichen, „end“-losen Zustand über, der keinen physiologischen Bedingtheiten mehr unterliegt. In einem Kreislauf, in dem die Frau nur noch Nahrung, kein Gegenüber mehr ist, verwirklicht sich die Verschmelzung des unbeweglichen, starren Schiwa mit seiner Gattin, die „Vereinigung von Himmel und Erde“, wie der chinesische Taoismus sagt, oder, im Wortlaut der Alchemie, von „Adam dem Roten mit Eva der Weißen“ zur Wiedergeburt des Androgynen, von dem gesagt wurde, daß er sogar den Göttern Furcht einflößte. Es ist das „Mysterium der 3“, die sich das Ziel der sexualmagischen Umwandlung produziert: das Eine, indem es sich mit der weiblichen Zwei verbindet, kehrt zu sich selbst zurück. Die Frau wird als Eva (die Lebenspendende) zum „Tor, durch das man zu Gott eingeht“. Jenseits einer von Raum und Zeit existierenden Lust blitzt das Nirvana auf, das jähe Bewußtwerden der Einheit, der Nicht-Zweiheit und damit die „große Befreiung“.

5.1. Gefahren der Sexualmagie

Zwei große Prüfungen und Versuchungen gibt es, die das Werk der Vollendung bedrohen. Die erste und gefährlichste besteht darin, daß sich der Mann in der Phase der Amalgierung, der Verschmelzung mit der weiblichen Urkraft, von seiner Begierde fortreißen läßt und sich in die Frau ergießt. Da die virya hochgradig aktiviert ist und seinen Samen viel intensiver durchdringt als normalerweise, hat der Samenverlust ganz andere Folgen als beim profanen Verkehr. Hinzu kommt, daß durch die Anregung im fluidischen Kreislauf nicht nur der Mann, sondern auch die Frau ihr subtiles Wesen steigert. Das ist natürlich der Sinn des Prozesses, man sollte jedoch bedenken, daß das weibliche Element in zahlreichen Überlieferungen nicht nur mit einer „Verführung", sondern auch mit der Kraft des „Dämonischen" in Verbindung gebracht worden ist. Der Grund liegt in der natürlichen Neigung des Prinzips der Materie, sich zu binden und damit die „Form" zu vereinnahmen. Wenn nun die Frau, die wesenhaft aus „Begierde" besteht, weil sie „brünstig" ist nach dem Sein, das sie nicht besitzt, ihre magische Schakti-Natur verwirklicht, kann diese dämonische Seite offen zutage treten. Sie manifestiert sich in einem unerbittlichen Aufnehmen und In-sich-verschlingen des magischen Mann-Seins, so daß man von einem „saugenden Tod" sprechen konnte, den der Mann durch die Frau erleidet. Da er die weibliche Kraft in die tiefste Schicht seines Wesens hat eindringen lassen, besteht die Gefahr einer vollständigen sexuellen Vergiftung. Der Mann kann zum Werkzeug der Kraft degradieren, derer er sich eigentlich nur als Mittel bedienen wollte. Sein Leben fällt einer brünstigen Lust zum Opfer, sein magisches Mann-Sein erlischt. Das ist das Schicksal des Königs Amfortas, dem eine *vergiftete Lanze* eine *glühende Wunde an seinem Geschlecht* beibrachte, so daß er *die Kraft verlor* und unfähig wurde, weiter sein Königsamt auszuüben. Hier wiederholt sich im Kern die Gefahr des Machtbesitzes: Wenn das Zentrum nicht fest steht, reißen die um es sich drehenden Kräfte des Ich mit sich fort und nehmen von ihm Besitz anstatt von ihm selbst besessen zu werden.

Das Problem bei der Sexualmagie liegt auch darin, daß man die Ebene der Beherrschung verlassen kann, ohne sich dessen deutlich bewußt zu sein. Anstatt den Sexus als Mittel zur Aufnahme von Kontakten mit dem Übersinnlichen zu verwenden, geht es immer mehr darum, das sexuelle Erlebnis zu intensivieren, ohne es zu verwandeln. Das ist das Kennzeichen der sogenannten Roten Magie, die in manchen Kreisen die dort betriebenen sexualmagischen Praktiken dominiert. Damit sei auch vor x-beliebigen Tantra-Kursen gewarnt, die heute wie Pilze an jeder Straßenecke hervorschießen. Entsprechend der unbedenklichen Zulassung schwacher oder sogar gestörter Naturen zu einem Weg, den früher nur Ausnahmemenschen beschreiten durften, ist ihr Anliegen unter jedes Niveau gesunken. Wenn sie auch kaum in der Lage sind, eine tiefere Wesensschicht zu eröffnen, weil sie meist harmlose, halberotische Spielereien betreiben, ist die Zielsetzung doch verderblich. Wie in der ganzen New-Age-infizierten „Spiritualität" läuft Integration nicht auf Selbstfindung und Extremisierung der eigenen Form, sondern auf Angleichung und Vermischung heraus. Verwirklicht wird nicht das übernatürliche Selbst, sondern gesteigerte Selbstentfremdung, das Pseudosein einer trüben Geschlechtersauce, der es natürlich auch nichts ausmacht, die es sogar normal und „menschlich" findet, bisexuell zu sein.

Die zweite große Versuchung der Sexualmagie besteht darin, daß man die überragenden Erfahrungen auf die jeweilige Partnerin projiziert und damit erneut in weibliche Abhängigkeit gerät. Gewiß ist die Partnerin daran keineswegs unbeteiligt, doch handelt es sich um Erfahrungen, die man nach einhelligem Votum der Tao-Meister möglichst auch allein und für sich verwirklichen soll. Auch in buddhistischen Tantra-Texten ist die Rede von Meistern, die zwar durch Sexualpraktiken die Einleuchtung erlangt haben, dann aber einem anderen Weg ohne Verwendung der Frau gefolgt sind.

Anhand des kosmologischen Hintergrundes wurde bereits gezeigt, daß der Mann aufgrund der einfachen Tatsache seines Mann-Seins zu einer übernatürlichen Verwirklichung seiner Selbst gelangen kann. Dem entspricht eine Weisheit des Tantra-Yoga, die den Geist dieser Disziplin zusammenfaßt: „Was brauche ich eine Frau außerhalb von mir? Ich habe eine Frau in mir." Nach der Yoga-Lehre ist die Göttin im menschlichen

Organismus in Form einer elementaren Kraft anwesend. Gewöhnlich „schläft" sie in einem subtilen, an der Basis des Rückgrats gelegenen Zentrums und wird kundalini genannt, weil sie wie eine Schlange gewunden ist. In diesem Zustand behindert sie nach der Lehre das männliche Yang, indem sie es unterjocht und nach außen wendet. Symbolisch wird das auch so dargestellt, daß sie die Öffnung des Phallus von Schiwa versperrt, wodurch der Samen der Wiedergeburt nicht aufsteigen kann. Durch Anwendung komplizierter Techniken kann der Yogi ihre Windungen lösen und sie veranlassen, bis zum Scheitel emporzuschießen, wo sie sich mit dem dort gelegenen männlichen Zentrum vereint. Es kommt zu einer vollkommenen Verschmelzung, zu einer Auflösung des Schakti-Prinzips im Schiwa-Prinzip, so daß man in der hermetischen Tradition auch vom „Tod der Frau spricht", die Voraussetzung ist für die Große Befreiung, die Lösung der kosmischen Fessel.

Dieser „Blitzweg zur Einheit" setzt außergewöhnliche Geist- und Körperbeherrschung voraus und kann für den unzureichend Gerüsteten Wahnsinn und Tod (nicht im initiatischen, sondern realen Sinne) bedeuten, weswegen wir auch nicht weiter bei dieser Extremform verweilen.

Es ging auch nur darum, noch einmal deutlich zu machen, daß der Mann das entscheidende Potential schon in sich trägt. Kundalini-Yoga ist eine der Möglichkeiten, die in ihm liegende Urkraft zu wecken, Sexualmagie eine andere. Daneben gibt es weitere, weniger riskante Möglichkeiten der initiatischen Öffnung, die um das Thema Herausforderung, Verzicht und Grenzüberschreitung kreisen; sie waren Gegenstand dieses Buches. Ein Mann, der nach Höherem strebt, wird immer dazu tendieren, in der einen oder anderen Form sexualmagisch tätig zu werden. Und sei es auch nur, indem er sich mehr auf die Partnerin als die eigene Lust konzentriert und aufhört, bei jeder Vereinigung zwanghaft zu ejakulieren. Er kann diesen Weg noch weiter beschreiten, er sollte sich aber immer der *Relativität* der Praxis der Sexualmagie im Ausdrucksgefüge männlicher Selbstentfaltung bewußt sein. Einer Relativität, die übrigens auch schon Plato bekannt war, wenn er den göttlichen Enthusiasmus, die Manie, die der Eros hervorruft, in einen größeren Zusammenhang stellte, indem er ihr eine Manie der Musen, der prophetischen Gabe Apollos und die der

Dionysos-Jünger zuordnete (Phaidros, 265b). Als gemeinsamer Grund aller Möglichkeiten bleibt die *Begeisterung,* eine „helle Trunkenheit", welche objektiv über das individuelle Dasein hinaus zu den Spielarten übersinnlicher Wesensschau führt – im Liebenden ebenso wie im künstlerisch Schaffenden wie auch im Krieger, der seine Angst besiegt oder in demjenigen, dessen Visionen die Grenzen von Zeit und Raum überwinden. Ist der Sieg des Mannes gefestigt, empfängt er das Zepter und löst sich vom Hilfsmittel. Er braucht keine Frau, keinen Krieg und keine Palette mehr, denn er ist in sich selbst der Beherrscher der Elemente, eben ein Gott.

6. Mann und Familie

Abschließend noch einige Überlegungen zur Stellung und Aufgabe des Mannes in der Familie. Wenn die Familie, sofern sie intakt ist, der Frau eine optimale Entfaltungsmöglichkeit bietet, kann das für den Mann, mit Vorsicht gesagt, nicht ohne weiteres vorausgesetzt werden. Schon der gewöhnliche Mann kennt den Drang, sich von Bindungen zu befreien, zumal von der Bindung an eine einzige Frau. Der überlegene Mann, der den Weg der Selbstschöpfung geht, wird mit der Eingliederung in einen so engen Verband, welcher zeitliche, emotionale und wirtschaftliche Verpflichtungen fordert, möglicherweise noch größere Schwierigkeiten bekommen.

Doch das ist nicht einmal das Problem. Auch als Vater und Ehemann lassen sich schließlich bestimmte Aspekte des Mann-Seins verwirklichen, und wer sich dazu berufen fühlt, wird eine Beschränkung, auch einen Verzicht, in anderen Bereichen willig in Kauf nehmen.

Das eigentliche Problem besteht darin, daß die Institution Familie in einer Zeit des hochgezüchteten Individualismus beträchtlich ins Wanken geraten ist. Die Vervielfachung der gescheiterten Ehen und der damit zusammenhängenden Trennungen und Scheidungen sprechen eine deutliche Sprache. Vor allem die Frau ist nicht mehr bereit, auf den Partner einzugehen, auch nur das kleinste Zugeständnis zu machen. Beim ersten Konflikt rennt sie tödlich beleidigt zum Scheidungsrichter und redet von seelischer Grausamkeit. Die global verflochtene Wirtschaftsstruktur, welche die noch geduldeten Arbeitskräfte als frei verschiebbares Potential behandelt, gibt der Ehe und der Familie den Rest. Besonnen setzt man Prioritäten; Kinder sind für die leistungsbewußten Doppelverdiener ohnehin schon Luxusartikel, wenn nötig wird eben auch noch die Zweierbeziehung geopfert.

Der Trend zur sozialen Atomisierung ist nichts, worüber man klagen müßte. Wenn Mann und Frau sich nicht mehr vertragen, wenn Sex, Eigensinn und Beruf eine neue Orientierung verlangen, dann sollen sie sich aus dem Wege gehen.

Die Auflösung der Familie ist immerhin ehrlich; sie zeigt, daß etwas verschwindet, was ohnehin keinen eigenständigen Wert mehr besaß. Schon lange vorher wurde die Institution allein durch die Ängste und Nützlichkeitserwägungen einer kleinbürgerlichen Moral am Leben erhalten. Einer Moral, der es völlig gleichgültig war, wie es hinter der äußeren Ehefassade zuging. Wenn Mann und Frau auf dem Standesamt waren und anschließend kirchlich getraut wurden, konnten sie mehr oder weniger tun, was sie wollten: sich belügen, betrügen, verprügeln oder einfach aus Trägheit und Konvention zusammenbleiben. Hauptsache, ihr Zusammenleben wurde als Grundzelle der Gemeinschaft, aus der der Nachwuchs emporsprießen mußte, anerkannt.

Die Kinderschar war dann auch der Kitt der Ehe, ihre eigentliche Rechtfertigung. Diese Verplattung wurde natürlich durch eine kirchliche Sexualmoral unterstützt, die der ehelichen Verbindung keinerlei höheren und eigenständigen Wert anzuerkennen vermochte. Die Geschlechtlichkeit wurde als Übel betrachtet, die Ehe als kleineres Übel, als Zugeständnis an diejenigen, die auf Sexualität nicht verzichten konnten. So wurde der Sinn der Ehe auf eine banale biologische Tatsache zu beschränken versucht, die sündhafte Sexualität rechtfertigt sich allein durch die Kinderzeugung im kirchlich abgesegneten Rahmen.

Nach dem Zusammenbruch des von Kirchenmoral und Spießerkleingeist errichteten Ordnungsgefüges, das die Familie jahrhundertelang künstlich stabilisierte und ihr den Glorienschein von Erhabenheit aufdrückte, obwohl sie nicht anders war als eine biologische und soziologische Zwangseinrichtung, sehen wir heute die unausweichlichen Folgen. Geheiratet wird, wenn überhaupt, aus den frivolsten und lächerlichsten Motiven, zum Beispiel weil es vor dem Altar „so schön feierlich“ ist oder weil man die Ehe (vor allem in den USA) als moralisches Deckmäntelchen einer Art Edelprostitution benutzt: man heiratet, trennt sich und heiratet wieder, sooft man Lust hat. Oder man heiratet nach den Kriterien plattester Nützlichkeit, wegen steuerlichen Vergünstigungen oder weil der Mann eine Geldbeschaffungsmaschine ist.

Wenn man die Auflösung der Familie im Letzten begreifen und gleichzeitig ihre Chancen in heutiger Zeit illusionslos abschätzen möchte, sollte man wissen, was ursprünglich ihre Einheit begründete.

Wir können uns die Familie kaum anders vorstellen denn als kleinbürgerliche Institution mit mehr oder weniger sentimentalen Bindungen. Tatsächlich war es in jeder höheren Tradition aber gerade ein überpersönliches, geistiges Element, das ihr Halt und Prägung verlieh. Es wurde eingebracht durch das Oberhaupt der Familie, den Vater, dessen Autorität einen festen Bezugspunkt bildete. Das Wort Vater entstammt derselben etymologischen Wurzel wie Herr und Herrscher. Die äußere Herrschaft des Vaters (potestas) war nur die natürliche Folge der „inneren“ Herrschaft, die sich als geistig-geistlicher Einfluß auswirkte. Durch sie war er „formgebend“, indem er die einzelnen Mitglieder der Familie in einen sinnstiftenden Zusammenhang stellte, durch den sie ihre Bestimmung im Leben erfuhren. Der Einfluß des Vaters wirkte aber auch generationsübergreifend im Sinne der Weitergabe einer geistigen Strömung, einer Tradition, einer ideellen Erbschaft. Hiermit wurde die rein blutsmäßige Fortsetzung der Familie durch ein spirituelles Moment überhöht, das sie auch mit der Kraft und der Weisheit der Ahnen verband. Besonders deutlich zeigte sich dies in den antiken adeligen Gemeinschaften, in Griechenland und Rom. Der Vater war Priester des heiligen Feuers, Sinnbild des göttlichen Erbes einer jeden Familie, und erschien seinen Kindern, Verwandten und Sklaven als „Held“, als Mittler einer wirksamen Beziehung zum Übersinnlichen. Als „Herr der Lanze und des Opfers“ verkörperte er die königliche und die priesterliche Herrschaft in einer Person. Seine unumschränkte Autorität, die auch über Leben und

Tod verfügte, schmiedete die Familie zu einem einzigen Körper in diesem und jenem Leben zusammen. Gemeinsam begangene Riten machten die Einheit immer wieder aufs Neue erfahrbar. Damit war die antike Familie weit mehr eine religiöse als eine blutsmäßig bedingte Gemeinschaft.

Natürlich lassen sich diese Verhältnisse nicht einfach in unsere Gegenwart übertragen. Man sollte sie aber von Zeit zu Zeit in Erinnerung rufen, um zu ermessen, welch bindende und zentrierende Kraft in einer Familie der Traditionswelt vorhanden war. Wie kann die Familie weiterhin eine feste Mitte haben, die sie zusammenhält, wenn der Vater ihr heute so fremd wurde, daß sein geistig-emotionaler Einfluß praktisch an Null grenzt? Der Bruch zwischen alten und jungen Generationen, die sich zunehmend fremd und feindselig gegenüberstehen, ist nur eine der Folgen der väterlichen Verflüchtigung. Ein Königreich ohne König verwüstet und löst sich auf. Eine Weile, vielleicht über mehrere verdunkelte Generationen, vermag die Herrschaft auch abgelöst von ihrer ursprünglichen Grundlage weiterzuwirken. Dann muß sie durch eine starre, unorganische Ordnungseinrichtung ersetzt werden, schließlich zerfällt auch diese und nichts bleibt zurück als der Staub durcheinanderwirbelnder Individualitäten, die ihren eigenen, schattenhaften Bedürfnissen folgen.

Immerhin wird man dadurch gezwungen, den Blick wieder auf das Wesentliche zu richten. Wenn das Geranke von Scheinmoral, Lebensnot und sozialer Anpassung, das die Familie stützte und gleichzeitig überwucherte, fortfällt, wenn sich auch freie Gefühlsbindungen („Kameradschaftsehe") als unzuverlässig erwiesen haben, zeigen sich die Belange dieser Gemeinschaft erneut in nüchterner Klarheit.

Zwei Dinge sind für die Einheit und den Bestand der Familie (Ehe) wohl ausschlaggebend: Zum einen muß jeder der Partner bereit sein, sich selbst zugunsten des anderen zurückzustellen. Auch das Gefühl der Zuneigung sollte von einer bestimmten Art, *überpersönlich* zu fühlen, begleitet und letztendlich übertroffen werden. Liebe und Sympathie sind vergänglich, Opfer und Hingabe zeitlos. Zum anderen muß die Familie (Ehe) *geführt* werden. Nicht gewaltsam und nicht aus der Froschperspektive der bloßen Pragmatik, sondern aus einer Geisteshaltung heraus, die ihr Wert und Daseinsberechtigung gibt.

Mit diesen Voraussetzungen wird nun wiederum das Problem deutlich. Auch wenn die Tugend der väterlichen Autorität vorhanden ist – prinzipiell müßte man sie beim höherentwickelten Mann voraussetzen –, wird sie sich wahrscheinlich nicht entfalten können, da ihr Vorurteile und Taubheit bei den neuen Generationen den Weg versperren.

Es geht nicht nur darum, daß die Partnerin ihren Lebensroman bei der Heirat zumeist schon hinter sich hat und einseitig festgelegt ist, daß sie, auch wenn sie „unschuldig" ist, im Laufe der Zeit in Kreise geraten wird, die ihr eine „gesunde Selbstverwirklichung" predigen – dies mag der Mann noch als interessante Herausforderung betrachten –, die Gefahr ist vor allem die, daß der eigene Nachwuchs entgleist. Ein Katholik, Peguy, hatte bereits vom Vatersein als vom „großen Abenteuer des modernen Mannes" gesprochen. Auch bei sorgfältigster Erziehung gibt es heute keine Gewißheit mehr, daß die Kinder geraten.

Vollkommene Gewißheit gab es zwar nie, es gab aber auch noch nie ein derartiges Auseinanderklaffen zwischen dem Anspruch des Geistes und der sogenannten Realität. Wenige Jahre vermag man dem Kind einen einigermaßen geschützten Raum zu bieten. Spätestens mit der Einschulung drängt aber die Öffentlichkeit hinein und erzieht kräftig mit. Rousseau meinte, die beste Erziehung, die man einem Kinde vermitteln könne, bestehe darin, es vor den Einflüssen seiner Umgebung zu bewahren. Gerade das aber ist bei einer derartig aggressiven und aufdringlichen Atmosphäre, wie sie die heutigen Massen verbreiten, unmöglich geworden. So wird man auch als verantwortungsvoller Vater damit zu rechnen haben, daß man den Kindern möglicherweise nicht mehr verleiht als die Tatsache ihres bloßen Lebens. So schön und beglückend das auch nach gängiger Anschauung sein mag, für den höherstehenden Mann ist das nicht der Sinn seiner Vaterschaft. Er wird es wahrscheinlich bedauern, sich darauf eingelassen zu haben, denn Kinder zeugen und in die Welt setzen können andere auch, dazu bedarf es keines besonderen Lebensziels und auch nicht des „Gartens der Ehe", den Nietzsche mit dem Anspruch umkleidet: „Nicht fort sollst du dich pflanzen, sondern hinauf!"

Trotz allem mag sich der Mann, den wir angesprochen haben, entscheiden, eine Familie zu gründen. Für diesen Fall sei die Aufmerksamkeit noch auf einige Punkte gelenkt.

Zunächst zur Frage des Alters. Aus naheliegenden Gründen sollte der Mann sich ruhig etwas Zeit lassen mit der Vaterschaft. Vater sein ist nicht nur ein biologisches Phänomen, es setzt auch eine erhebliche Reife voraus. Diese Reife fällt einem nicht in den Schoß, sondern muß erworben werden. Und zwar *bevor* das Kind in Erscheinung tritt. Spirituelle Vaterschaft umfaßt so wichtige Dinge wie Selbsterkenntnis, das Wissen um den eigenen Weg, das Wissen um die Beziehung von Mann und Frau, Verantwortlichkeit und die Eigenschaft, selbstlos führen zu können. Diese Tugenden sollten in ungebundener Lebensbegegnung gewonnen und auch gefestigt werden, damit sie sich auf dem Prüfstand der Ehe und der Familie bewähren können. Das erfordert naturgemäß Lebensjahre.

Als weiteres könnte zum Vorteil des reiferen Alters angeführt werden, daß sich die seinsmäßige Entwicklung auch körperlich kristallisiert, und zwar im Samen des Mannes, der als schöpferische Substanz mit dem Geist in geheimnisvoller Beziehung steht. Was heute vielleicht befremdlich klingt, war traditional Gewißheit: der Mann kann als Zeugender nicht nur das „Bluts"-Prinzip weitergeben, sondern auch ein „heroisches" Element, das die einfache Biologie übersteigt. Wir erinnern, daß der Begriff „virya" in der Hindu-Tradition sowohl den männlichen Samen als auch eine transzendente Kraft bezeichnet. Ist diese im Mann lebendig, kann sie – zumindest dem männlichen Nachkommen – einen Nährboden bieten, der seine positive Entwicklung begünstigt.

Was das Alter der Partnerin angeht, gelten ganz andere Ge-sichtspunkte. Aus verschiedenen Gründen darf sie erheblich jünger sein als der Mann. Einmal zum Wohle der Nachkommenschaft: Wenn der Vater vor allem für geistige Werte verantwortlich ist, sollte die Mutter, wie es ihrer Natur entspricht, die seelische und die leibliche Wohlfahrt des Kindes besorgen. Je vitaler und frischer sie ist, um so größer die Aussicht auf einen gesunden Nachwuchs. Die beste Gebärfähigkeit und auch Nervenkraft hat die Frau unter Zwanzig.

Eine junge oder sehr junge Frau ist auch deshalb von Vorteil, weil sie sich besser anpassen kann. Die abendländischen Frauen gehen heute mit falschen Voraussetzungen in die Ehe. Sie heiraten, wenn sie alt sind, wenn sie Karriere gemacht und mit Männern herumexperimentiert haben. Das Erlebnis der Hochzeit und des Kinderkriegens soll dann sozusagen das i-Tüpfelchen auf der Lebenstorte darstellen. Schließlich können sie sich, wenn sie alles ausprobiert haben, ja auch noch als Frau beweisen. – Solche Geschöpfe sind, nüchtern gesagt, für die Ehe untauglich. Wie sollen sie sich noch hingeben können und offen für das ganz Neue sein, das die besten Kräfte von ihnen fordert?

Es ist durchaus bezeichnend für diese Art Frauen, daß sie gerne nach einem Mann greifen, der deutlich jünger ist als sie selbst. Neben der üblichen Nachäfferei von allem, was männlich ist, zeigen sie damit vor allem, daß sie sich nicht mehr verändern, sondern den (unerfahrenen) Mann beherrschen wollen. Außerdem soll dieser durch seine Jugend die Falten ihrer Verbrauchtheit glätten. Solche perversen Beziehungen können natürlich nicht funktionieren und es wundert einen schon sehr, daß sich Männer überhaupt dafür hergeben.

Gerade heute sollten die Frauen *wesentlich* jünger sein als ihr Lebenspartner. Ihre Offenheit sollte noch nicht erstickt, ihre Sehnsucht nach Liebe noch nicht durch Affären vergiftet sein. Die Spuren des ersten Mannes sind unauslöschlich und leider oftmals fatal. Meist sind es lausige Burschen, denen sie sich in frühester Jugend aus Unbedarftheit und Gruppenzwang hingeben. Da ihr Gefühlsleben früher als das der Jungen entwickelt ist, sind sie bereit zu lieben, manchmal mit nie wiederholbarer Intensität. Die Jungen aber benutzen sie als Klosett für ihr unausgegorenes Triebleben. Aufgrund ihrer großen Anpassungsfähigkeit auch in dieser Hinsicht gewöhnen sich Mädchen an unverbindlichen Sex. Obwohl sie ursprünglich Liebe und Bindung wollten, übernehmen sie häufig das auf Triebabfuhr ausgerichtete männliche Sexualverhalten. Mit jedem neuen Sexpartner stirbt aber etwas in ihnen, und irgendwann sind sie für eine echte Beziehung wie *totes* Gestein. Darum sollte die Heirat der „Lebenserfahrung“ zuvorkommen, die Frau also möglichst jung sein. Der Mann dagegen sollte kein grüner Junge mehr sein, sondern fest im Leben stehen und vor allem Verantwortung übernehmen können. Die hieraus resultierende Altersspanne hat auch einen Wert in sich. Die Anziehungskraft zwischen den Geschlechtern, die tsin-Energie, entfaltet sich stärker, wenn der Mann um einige Jahre älter ist. Leider herrscht in Bezug auf die Altersspanne in unserer scheinbar so liberalen Gesellschaft eine erstaunliche Heuchelei und Kleinkariertheit. Wenn ein Mädchen, das noch nicht ganz volljährig ist, mit einem erwachsenem Mann „geht“, löst das die größte Entrüstung aus und ist sogar strafbar. Ein viel jüngeres Mädchen darf aber mit gleichaltrigen Jungen herummachen, das ist dann gut und dient zu ihrer Entwicklung. Wovor hat man also tatsächlich Angst: vor frühzeitigem Sexualverkehr oder von einer Bindung, die nicht der geheiligten Gleichheitsdoktrin entspricht? – Ein Mann, dem ein junges Mädchen gefällt, wird sich vom Hammelgeschrei seiner Umwelt nicht irritieren lassen. Viele Mädchen verlangen nach einer erfahrenen Hand, gerade heute. Man braucht ja nicht so weit zu gehen wie der hundertjährige Orientale, der eine Vierzehnjährige ehelichte. Das Mädchen erklärte übrigens der um Fassung ringenden westlichen Presse: „Nur ein reifer Mann weiß, wie eine Frau wirklich behandelt sein möchte“.

Zur Ehe: Paulus hat Recht und vertritt die tradierte Auffassung, wenn er die Ehe im Brief an die Epheser (5,31-32) als „großes Geheimnis“ bezeichnet. Die Kirche hat später ein Sakrament aus der Ehe gemacht, das sich auf die Betreffenden niedersenkt wider Verdienst und Würdigkeit. Sie gab vor, daß die Attribute der heiligen Ehe, der Ehe als Mysterium, auf jedem allzumenschlichen Niveau ihre Wirkung entfalten könnten. Damit hat sie das Heilige profaniert, entwertet. Das Wort „Geheimnis“ bewahrt das Unaussprechliche der Verbindung, einer Verbindung, die wesensmäßig zum Ziel hat, die innere Spannung in der Beziehung von Mann und Frau zu verwandeln und auf höherer Ebene wirksam werden zu lassen. Auch ohne Trauschein ist diese Verbindung im rechten Geist geschlossen, alles andere ist unverbindlich, weswegen wir auch bewußt den Begriff der Ehe aufgreifen. Ehe ereignet sich nicht durch äußerliche

Verfügung, sondern durch das Bewußtwerden einer heilig-geheimnisvollen Beziehung bei gegenseitigem Treuegelöbnis.

In diesem Sinne unterschieden die Römer und auch schon die Griechen zwei Arten der Ehe: einerseits die profane Ehe als Zeichen des bloßen Eigentumsrechts an der Gattin, andererseits die sakrale Ehe, deren Kernstück in Griechenland die „agape", die reine Liebe bildete. Letzteres wurde als so fundamental erachtet, daß, wenn es fehlte, die Gültigkeit der Ehe angefochten werden konnte.

Es ist wichtig, daß sich der Mann, der die Ehe führt, des sakralen Hintergrundes bewußt ist. Die Gemeinschaft mit einer Frau, die sein Leben teilt, sollte niemals zur platten Gewohnheit werden. Sein Leben selbst würde dadurch heruntergezogen. Er soll seine Partnerin aufrichtig lieben und immer für sie das Beste wollen. Er muß Verantwortung übernehmen können. Seine Partnerin schenkt ihm Vertrauen und beglückt ihn mit ihrer Hingabe. Dessen muß er sich würdig erweisen.

Im Rahmen der ehelichen Gemeinschaft wird sich die Polarität der Geschlechter vor allem *ergänzend* auswirken. Das Gefühl, im Partner einen erfrischenden, inspirierenden Gegenpol zu sich selbst zu finden, verleiht einer Ehe Geheimnis, Spannkraft und Dauer. Hierfür muß man jedoch etwas tun. Viele Partner machen gerade im ersten Überschwang der Gefühle den Fehler, ständig zusammenzuhocken und sich bedenkenlos aneinander zu sättigen. Damit richten sie ihre Gemeinschaft auf schnellste Weise zugrunde. Sie gleichen sich auf die übelste Art aneinander an, übernehmen Allüren und gegengeschlechtliche Muster bis sie sich anöden und die berauschende Mitgift des Eros für den gemeinsamen Lebensweg eine erbärmlich ausgebeutete Mine zurückläßt. Um Gemeinschaft zu pflegen ist auch Distanz nötig, sonst hat man keine Gemeinschaft, sondern Vermischung. Vor allem der Mann sollte darauf achten, daß er sich in der Ehe Freiräume schafft beziehungsweise erhält, Stunden der Einsamkeit, der langen Spaziergänge, Umgang mit Freunden, Herausforderungen für Geist und Körper, um seine eigene, innere Kraftquelle neu zu erschließen.

Das gilt besonders, wenn Arbeit oder Familie ihn stark beanspruchen. Gerade dann sollte er vorrangig an sich selbst denken. Was nützt es, wenn er sich abgekämpft von der Arbeit der Frau und den Kindern widmet, aber eigentlich lieber ausspannen, meditieren oder mit anderen Männern ein Bier trinken möchte? Die Familie wird einen Vater und Gatten erleben, der nicht mehr er selbst ist. Sie wird seinen Mangel an Integrität spüren, seinen Mangel an Geradlinigkeit; die Ehefrau wird ihm nicht mehr vertrauen, die Kinder werden seine Autorität hinterfragen und die Kollegen werden ihn ausnutzen, weil er schwach ist. Besser, ein Vater widmet sich zehn Minuten seiner Familie, dann aber voll präsent und aus ganzem Herzen, als wenn er aus falschem Pflichtgefühl seine letzten Reserven verbraucht und niemand damit nützt.

In diesem Zusammenhang könnte man auch über eine flexible Arbeitsverteilung nachdenken. Das traditionale Verständnis: „Frau an den Herd" – „Mann ins feindliche Leben" hat zwar eine tiefere Berechtigung, führte aber durch starre Beibehaltung unter veränderten Rahmenbedingungen als einer der Hauptfaktoren die heutige Katastrophe des Mannes herbei. Unter modernen Arbeitsbedingungen ist der Mann zu selten bei Frau und Kindern, um seinen Einfluß maßgeblich wirksam machen zu können. Zusätzlich belastet ihn häufig noch die erlebte Sinnlosigkeit seiner Arbeit. Warum also sollte eine Aktivität, die ihre Beziehung zum einen oder zum anderen Geschlecht verloren hat, nicht von beiden Teilen gemeinsam getragen und damit erträglich gemacht werden? Und wenn eine Frau sogar Spaß an einem bestimmten Beruf hat – warum soll der Mann sich dann nicht um den Haushalt kümmern, wenn er zugleich die Chance darin sieht, dem Stumpfsinn seiner Büroarbeit zu entrinnen?

Die Grenze des „Rollentausches" liegt immer dort, wenn Mann oder Frau Gefahr laufen, ihre tiefere Natur zu verletzen und ihren geschlechtsspezifischen Einfluß auf Ehe oder Familie einzubüßen. Solange der Mann, der als Hausmann schafft, in Einklang mit seinen männlichen Zielen steht, die ihn zu größerer Bewußtheit führen, ist alles in Ordnung. Solange die Frau, die auswärts schafft, ihren Beruf nicht höher stellt als ihre Beziehung und ihre Familie, ist alles in Ordnung. Wenn die Ehefrau, was ja vorkommen soll, „ihr eigenes Leben" zu führen gedenkt und der Mann an die zweite Stelle rückt, sollte dieser sich fragen, warum er mit ihr zusammenlebt. Das feminine Geschenk, das die Frau in eine Beziehung einbringen sollte, ist Intimität, Vertrautheit und Wärme. Wenn Kinder heranwachsen, brauchen sie große Mengen davon, noch mehr als der Mann.

Betrachtet man eine Familie als Organismus, ist der Mann der *ordnende Geist* in ihr, die Frau die *verbindende* Seele. Beide Funktionen gehören zusammen, beide sind gleich wichtig. Eine Familie ohne Mutter ist eine tote Familie, aus der die Wärme schwindet und jeder seine Vereinzelung spürt. Eine Familie ohne Vater ist zwar lebendiger, aber kopf- und orientierungslos. Die Erfahrung hat wohl bewiesen, daß beim Fortfall des einen Partners der andere seine Funktion übernehmen kann. Aber eben nur schlecht und recht. Immer bleibt eine schmerzhafte Lücke, die nicht zu schließen ist. Ein Mann mag sich noch so viel Mühe geben, nie kann er seine Kinder im gleichen Maße umhegen wie es der Mutter im Blut liegt. Eine Frau prägt darüber hinaus durch ihr feines ästhetisches Fühlen die Wohnlichkeit eines Heimes. Sie ist in ihrer Familie das wärmende Feuer, das Mann und Kinder häufig genug genießen, ohne zu ahnen, was sie an Sorgfalt und Liebe aufbringt.

In der brahmanischen Tradition wurde die Frau und Mutter als Opferflamme verehrt. Es hieß, daß man über sie meditieren solle.

Der Vater, egal ob er einen Beruf ausübt oder „Hausfrau" ist (was ja bekanntlich mehrere Berufe beinhaltet), hat die Bestimmung, seine Familie auf sicherem Kurs zu führen. Und dies nicht nur materiell, sondern vor allem auch spirituell. Bei letzterem herrscht ein gewaltiger Nachholbedarf. Die Reduzierung des Vaters auf einen Brötchenbeschaffer hat ihn zur grauen Maus gemacht. Die Wiedereroberung einer völlig ausgeblendeten Dimension würde ihm dazu verhelfen, seine wirkliche, machtvolle Väterlichkeit zurückzugewinnen. Die Familie muß wieder zur Fluchtburg werden, zu einem geschützten Raum, den man hinter sich zuschließen kann. Nachdem sie bewußt zerschlagen und ihrer Autonomie beraubt wurde, muß sie zur Keimzelle eines Geistes werden, den ihre Mitglieder vor den Übergriffen der sogenannten Gesellschaft schützt. Viele solcher Keimzellen würden eine „Revolution von unten" in Gang setzen. Sie würden Menschen entlassen, die nicht beliebig manipulierbar sind, sondern Persönlichkeit, Ehre und ein Gefühl für Werte besitzen, die sie in Ämter und Institutionen tragen ... Fürwahr ein vermessenes Ziel für die neuen Väter, dennoch das einzige, das sowohl ihnen wie der Familie als Institution überhaupt eine Daseinsberechtigung gibt.

Zur Nachkommenschaft: Wenn sich ein Mann für Kinder entscheidet, sollte er wissen, warum er sie unter Mitwirkung seiner Frau in die Welt setzt. Einem Menschen das Leben zu schenken, ist eine gewaltige Sache. Da sollte es schon um mehr gehen als um den Reflex der Fortpflanzung oder darum, die Ehe zu kitten oder darum, weil Babys so niedlich sind oder darum, weil Eltern und Großeltern es auch schon in dieser Weise getrieben haben. Nur wer verantwortlich handelt, kann auch Verantwortung übernehmen. Für Kinder hängt Leben und Tod, Glück und Selbstentfaltung von der Verantwortlichkeit ihrer Eltern ab.

Die Erziehung beziehungsweise Prägung des Kindes fängt früher an, als die meisten Eltern sich träumen lassen. Inzwischen hat es sich halbwegs herumgesprochen, daß schon Embryonen im Mutterleib auf die Reize der Außenwelt reagieren. Sie fangen die Stimmungen ihrer Mutter auf und empfinden sie mit, sie können auch gute von schlechter Musik unterscheiden, besser als manche Erwachsenen. Die Prägung des Kindes beginnt aber schon im Moment der Zeugung. Es hat unbedingt Auswirkungen, wenn ein Kind nach einer durchsumpften Nacht in gierigem Sinnestaumel auf einem Autorücksitz entsteht und ebenso, wenn es in vorbereiteten Rahmen mit großer Liebe und Ehrfurcht gezeugt wird. In den Kulturen des Altertums machte man oft einen Unterschied zwischen einer Verbindung der rein erotischen Art und jener, die auf die Zeugung des Kindes abzielte. Wenn sich ein Mann in der zweiten Absicht der Ehefrau näherte, folgte das Paar oft einem bestimmten Ritus, der Reinigungs- und Sühnezeremonien einschloß. In einem bekannten indoeuropäischen Ritual, das die Entsprechungen des Männlichen und des Weiblichen mit Himmel und Erde einschließt, heißt es an einer bestimmten Stelle:

„Wie Feuerkeim die Erde hegt,
Das Himmelsweib den Blitzgott trägt,
Und wie der Pole Frucht und Wind,
So leg ich in dich, – N.N! – das Kind."
(Brhadaranyaka-upanishad Vl, 4, 20-22)

Man kann diese Rituale nicht einfach nachahmen, es ist aber viel erreicht, wenn man überhaupt ein Gefühl für die Ehrfurcht bekommt, die ihre Ausführung charakterisierte. Die Vorstellung, daß der Zeugungsakt heilig ist, indem er als Fortsetzung oder Nachbildung der göttlichen Schöpfung aufgefaßt und erlebt wurde, war fester Bestandteil der traditionalen Kulturen.

Eine ähnliche Achtsamkeit, von der man nur lernen kann, waltete bei der Namensgebung des Kindes. Nomen es omen. – Jeder Name hat eine bestimmte Bedeutung und leitet ein Stückweit den Schicksalsweg. Wer Modenamen aus Presse und Fernsehen aufgreift, darf sich nicht wundern, wenn er Schablonen züchtet. Den Namen des Sohnes sollte der Vater bestimmen, den Namen der Tochter die Mutter.

Es würde zu weit führen, nun noch zu einzelnen Fragen der Kindererziehung Stellung zu nehmen. Das ist nicht mehr unsere Aufgabe und würde auch leichtens ein neues Buch füllen. Deshalb zum Schluß nur noch einige Stichpunkte.

Der Geburtsvorgang kann bekanntlich traumatische Wirkungen haben und fordert besondere Rücksicht. Zu diesem Thema ist reichlich Literatur vorhanden, zum Beispiel F. Leboyer: *Die sanfte Geburt.* Zu empfehlen sind Unterwassergeburten. Das Kind ist im ersten Lebensjahrsiebt von den Kräften des Mondes durchdrungen, steht daher der Mutter näher und ist in besonderem Maß auf sie angewiesen. Die „Sonne“ des Vaters ist aber ebenfalls unerläßlich. Die Mutter gibt Nahrung für Körper und Seele, der Vater fördert den Geist, aber auch die Ertüchtigung in der Welt.

Man soll eingedenk sein, daß „erziehen“ von „educare“ – hervorziehen kommt. Nicht stempeln, sondern das Eigene sich entwickeln lassen. Nicht aufzwängen, sondern immer nur anbieten. Und vertrauen, daß es auf fruchtbaren Boden fällt. Das Kind lernt durch Nachahmung. Die beste Gewähr, daß die Botschaft der Eltern gehört wird, ist die, daß sie selbst danach handeln. Eltern haben einen enormen Vertrauens-Bonus. Der Vater ist in der kindlichen Seele Gott-Vater, die Mutter die Jungfrau Maria. Beide sind unfehlbar. Trotzdem können sie ihren Respekt verscherzen – und dann läuft nichts mehr.

Äußerst wichtig: Vertrauen schaffen beziehungsweise erhalten. Mit jeder Frage, mit jedem Problem dürfen Kinder zu ihren Eltern kommen – auch zum Vater. Deshalb braucht er sich nicht zum Kumpel machen. Er soll mit den Kindern spielen, „Abenteuer" bestehen (Lagerfeuer, Mutproben) und ihnen aus guten Büchern vorlesen. Der Sohn soll zur Wehrhaftigkeit erzogen werden (Karate), denn Auseinandersetzungen mit der Umwelt sind vorprogrammiert. Er soll friedlich sein, aber auch zuschlagen können, wenn seine Ehre oder die Ehre seiner Familie beleidigt wird.

Eltern sind eine Einheit aus Sicht des Kindes und auch wie es wirklich sein sollte. Man sollte überlegen, was Streit zwischen Eltern für Kinder bedeutet – erst recht, was die Scheidung bedeutet.

Last not least: Es gibt nicht nur leibliche, sondern auch spirituelle Vaterschaft, die losgelöst von der Bindung des Blutes sich oft über sie erhebt. Man sprach von einer Verbindung zwischen Meister und Schüler, zwischen Initiator und Initiant. Man muß bereit sein, Menschen zu führen, ohne zum Missionar zu werden – Kontinuität in den Gipfellinien bewahren. „Alle wertvollen Menschen sind Brüder ungeachtet der Rasse, des Landes oder der Zeit, in welcher sie gerade leben". (Alain de Benoist)

Verzeichnis der am häufigsten verwendeten Literatur

Berdiaeff, Nikolai: *Der Sinn des Schaffens*, Tübingen, 1927

Bly, Robert: *Eisenhans*, Ein Buch über Männer, Knaur, München, 1993

Castaneda, Carlos: *Reise nach Ixtlan, Die Lehre des Don Juan*, Fischer Frankfurt/ Main, 1975

Castaneda, Carlos: *Eine andere Wirklichkeit. Neue Gespräche mit Don Juan*, Fischer Frankfurt/Main

Deida, David: *Der Weg des Mannes, Yin und Yang in der Beziehung zu Frau, Sexualität und Beruf*, Knaur, München, 1997

Dürckheim, Karlfried Graf: *Mächtigkeit, Rang und Stufe des Menschen*, Aurum, Freiburg (3. Aufl.), 1988

Dürckheim, Karlfried Graf: *Zen und Wir*, Fischer, Fankfurt / Main, 1974

Evola, Julius: *Cavalcare la tigre - Den Tiger reiten*, Arun, Engerda

Evola, Julius: *Metaphysik des Sexus*, Klett-Cotta im Ullstein TB, Frankfurt, Berlin, Wien, 1983

Evola, Julius: *Revolte gegen die moderne Welt*, Ansata, Interlaken, 1982

Evola / Gruppe von Ur: *Magie als Wissenschaft vom Ich*, Band I Grundlegung der Initiation, Ansata, Interlaken, 1998

Evola / Gruppe von Ur: *Magie als Wissenschaft vom Ich*, Band II Schritte zur Initiation, Ansata, Interlaken, 1997 (1. Aufl.)

Frater V.D: *Handbuch der Sexualmagie. Praktische Wege zum eingeweihten Umgang mit den subtilen Kräften des Sexus*, akasha, Haar, 1986

Fromm, Erich: *Haben oder Sein. Die seelischen Grundlagen einer neuen Gesellschaft*, DTV, Nördlingen (4. Aufl.), 1984

Kopp, Wolfgang: *Befreit euch von Allem. Ein radikaler Wegführer im Geiste des Zen und der christlichen Mystik*, Ansata, 1991

Krebs, Pierre (Hrsg.): *Das unvergängliche Erbe, Alternativen zum Prinzip der Gleichheit*, Grabert, Tübingen, 1981

Müller, Lutz: *Der Held*, Kreuz-Verlag, Zürich, 1987

Wittmann, Ulla: *Leben wie ein Krieger. Die verborgene Botschaft in den Lehren des Yaqui-Zauberers Don Juan*, Ansata im Scherz-Verlag, 1988

Schult, Arthur: *Astrosophie. Kosmisches Signaturenlehre des Menschenbildes*, Turm-Verlag, Bietigheim, 1986 (4. Aufl)

Zeitschrift:

Männer. Ein starkes Geschlecht, Connection special Nr 17, Niedertaufkirchen, I/93

Weitere Bücher aus unserem Programm:

Oliver Ritter

Mysterium Weib - Das verborgene Wesen der Frau

Wie der Mann in *Magische Männlichkeit*, wird auch die Frau aufgerufen, ihr ureigenes Wesen zu verwirklichen. Nur in der Polarität kann es zu einer wahren Geschlechterbegegnung und zu einer Heilung der Erde kommen.

Grundlage ist auch in diesem Buch die traditionale Lehre von den im Kosmos wirkenden Urprinzipien. Darauf aufbauend stellt Ritter fünf weibliche Archetypen dar, die je eigene Entwicklungswege eröffnen: *die Mutter - die Schamanin - die Geliebte - die Bezaubernde - die Jungfrau.*

Der Autor vereint die Erkenntnisse der traditionalen Philosophie mit Hinweisen aus der analytischen Psychologie, der Theologie, der Kunst, der Mythen und Märchen und selbst der Belletristik zu einer grandiosen Gesamtschau. So werden tiefe Einblicke in die weibliche Seele möglich, gleichzeitig in den Zusammenhang des Naturganzen. Dennoch wird das »Mysterium Weib« nicht entzaubert, es wird im Gegenteil erst bewußt gemacht. Am Ende steht Ritters Forderung: Wir brauchen eine neue Frauenbewegung!

204 Seiten, 7 s/w-Abb., Broschur, ISBN 3-934291-20-1, **Preis: 14,00 Euro**

Heinz Klein

Briefe zum Tao Te King

Neben seiner Neuübersetzung des *Tao Te King* liegt auch das grundlegende und ausführliche Werk von Heinz Klein zu diesem taoistischen Klassiker vor.

Ist der Taoismus wirklich mehr als eine Philosophie? Enthalten Laotses Verse in der Tat Aussagen, die noch Gültigkeit haben für den Menschen unserer Zeit? Können die rätselhaften und paradoxen Äußerungen des alten Meisters dem heutigen Leser eine Hilfe bei der Suche nach der Antwort auf die Sinnfrage sein? Diese und ähnliche Fragen werden immer wieder gestellt.

Aus dem Briefwechsel, den der Autor mit einigen Suchern führte, entstand diese Sammlung von Briefen zu allen 81 Versen des *Tao Te King*. Die Aussagen der Verse werden aus dem Feld historisierender Philologie und chinesischer Begriffswelt in die Aktualität unseres heutigen Lebens transponiert.

Einer der am Briefwechsel beteiligten Sucher schrieb: »Der Weg, der im *Tao Te King* verborgen liegt, wird durch die Erklärungen in den Briefen endlich offengelegt.«

ca. 320 Seiten, mehrere s/w-Abb., ISBN 3-934291-36-8, **Preis: 15,50 Euro**